RAUS AUS BERLIN

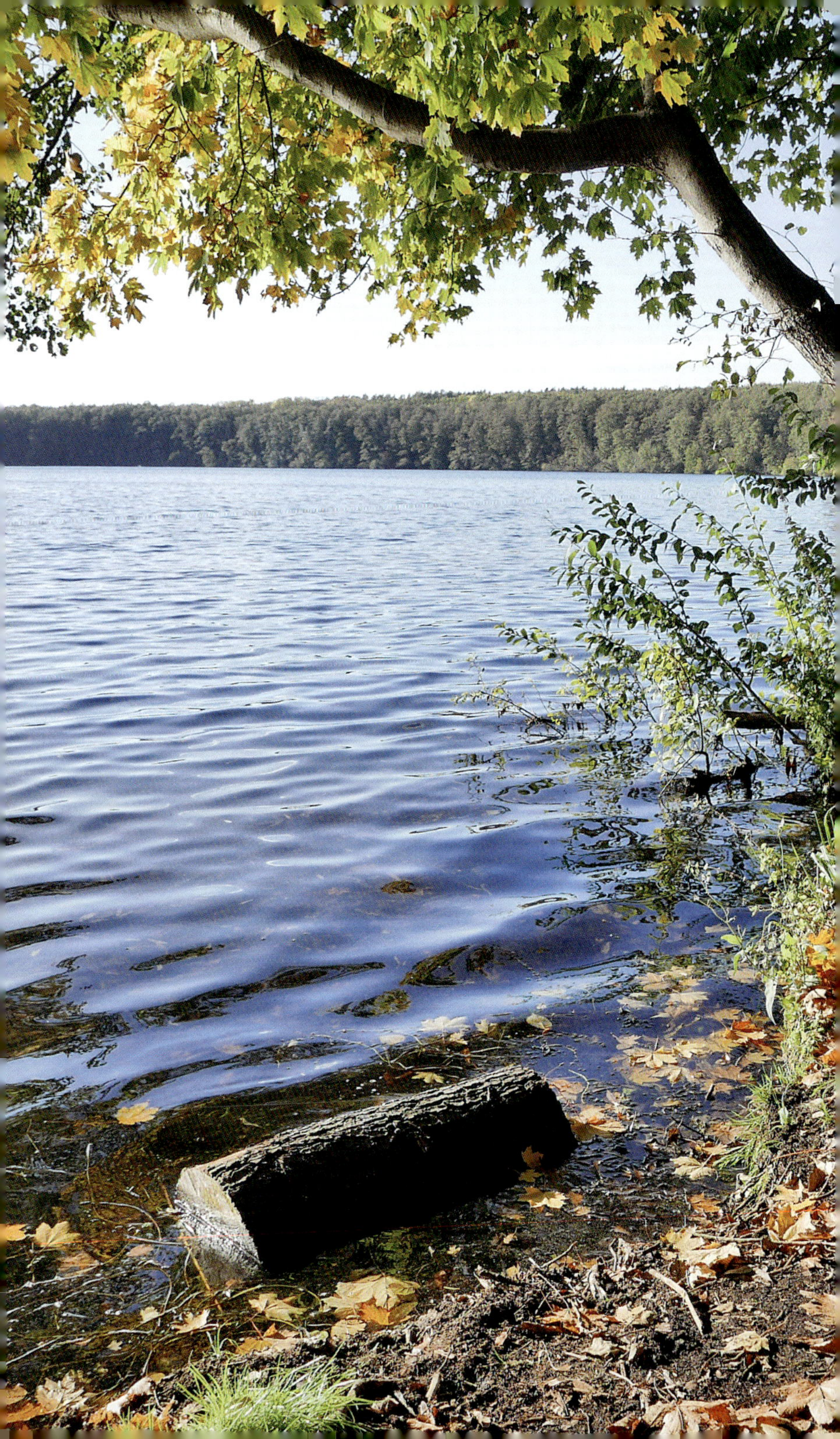

Ilona Schäkel

Raus aus BERLIN

Die schönsten Ausflüge für Aktive

BeBra Verlag

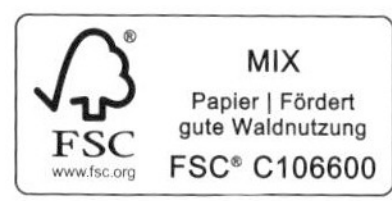

Stand der Informationen: Januar 2024

Bibliografische Information der Deutschen Nationalbibliothek
Die Deutsche Nationalbibliothek verzeichnet diese Publikation in der Deutschen Nationalbibliografie; detaillierte bibliografische Daten sind im Internet über http://dnb.d-nb.de abrufbar.

Asternplatz 3, 12203 Berlin
post@bebraverlag.de
Lektorat: Feline Achilles, Berlin
Umschlag: Fernkopie, Berlin (Foto: Ilona Schäkel)
Satz: typegerecht berlin
Schrift: Milo 9,5/13,4 pt
Druck und Bindung: DZS, Ljubljana
ISBN 978-3-89809-241-8

www.bebraverlag.de

Inhalt

Im Nordwesten

Im Nordosten

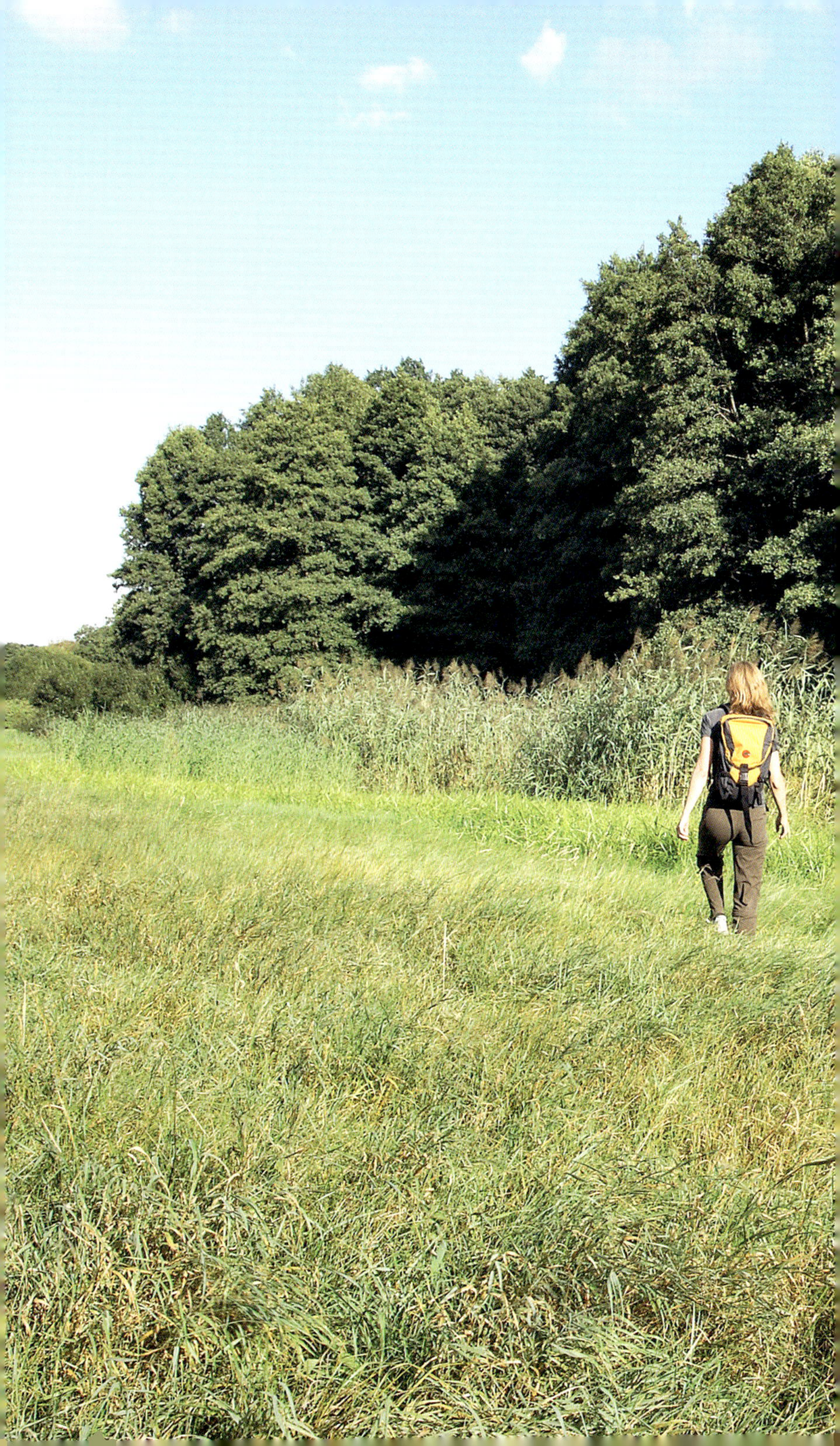

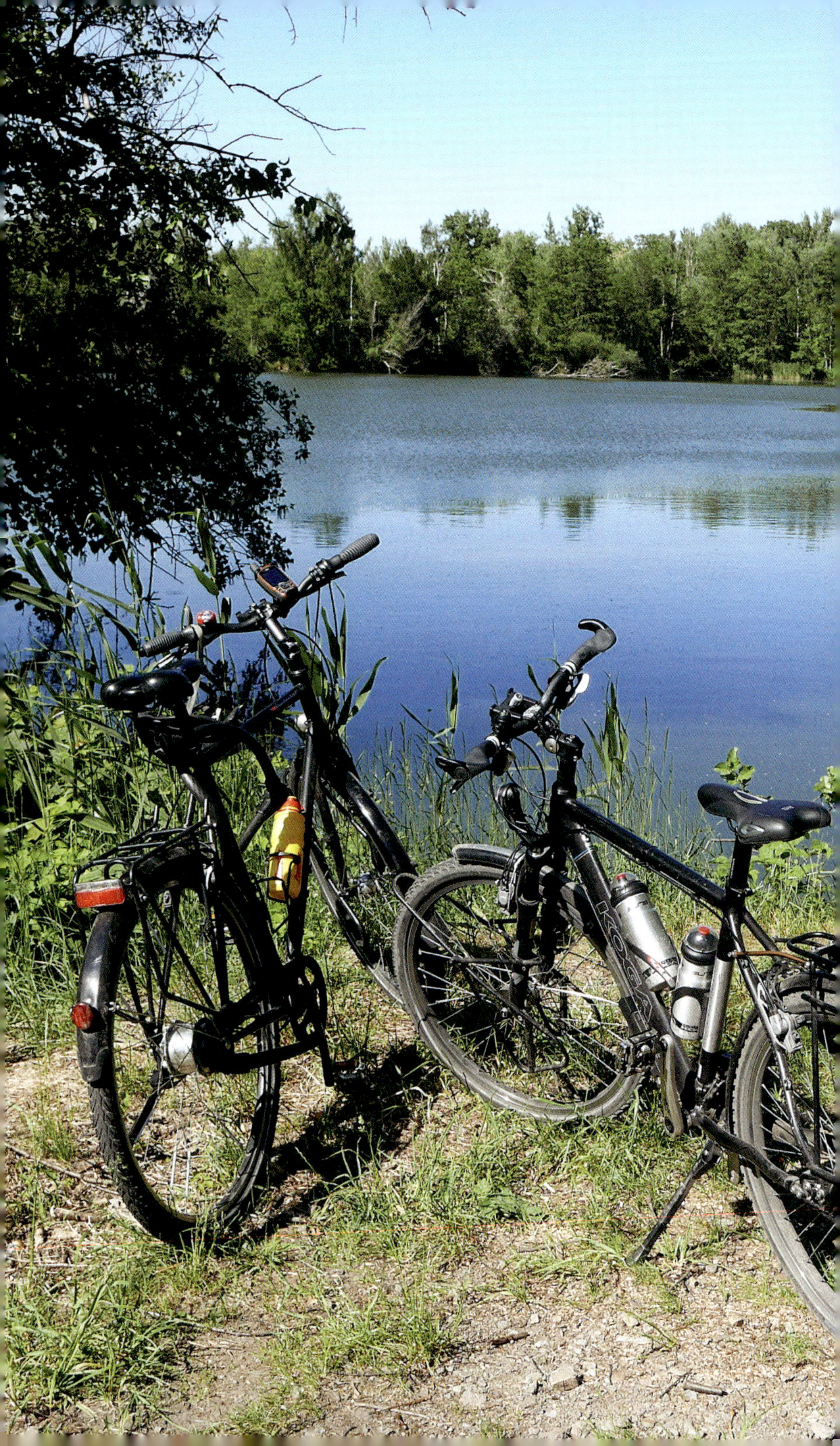

Raus aus Berlin!

Berlin ist großartig – wild, bunt, inspirierend. Und manchmal ganz schön anstrengend. Kein Wunder, dass es Jahr für Jahr mehr Einheimische vor die Tore der Stadt zieht, raus ins Grüne. Nirgendwo geht das besser als in Berlin, denn kaum eine andere europäische Großstadt hat so viel Wasser, Wald und Wiesen im Umland. Ob Waldbaden, Yoga am See oder Glamping im Tiny House, spätestens seit den Corona-Jahren boomt der Trend zu kleinen Fluchten in die Natur. Social Media befeuert unsere Outdoor-Sehnsucht mit Hochglanzbildern von einsamen Landschaften und atemberaubenden Naturerlebnissen. Wenigstens am Wochenende entschleunigen und Draußenzeit im Grünen genießen – wer träumt nicht davon?

Die Kehrseite der Medaille: An besonders beliebten Ausflugszielen kann es vor allem im Sommer inzwischen mächtig trubelig werden. Aber keine Sorge, denn rund um Berlin gibt es vor allem eins: viel Platz! Oft muss man sich nur eine Spur abseits bewegen, ein bisschen mehr Zeit einplanen, die berühmte Extra-Meile gehen, um eine einsame Wildnis-Auszeit zu erleben. Warum nicht mal im Winter wandern? Die Nacht im Zelt verbringen? Oder einen Arbeitstag unter der Woche blaumachen?

Freuen Sie sich auf 20 naturnahe Ausflüge für Aktive, zu Fuß, per Rad oder mit dem Boot in grüne Oasen rund um die Hauptstadt – vom Watzmann im Oderbruch bis zum Seenland in der Lausitz. Fast alle Abenteuer sind ganzjährig zu erleben, aber meist bietet sich eine Jahreszeit besonders an, die in der Tourenbeschreibung empfohlen wird.

Sämtliche Touren sind mit öffentlichen Verkehrsmitteln erreichbar, manchmal in Kombination mit dem Rad. Kein Grund also, Abgase in die Landluft zu blasen, Forstwege zuzuparken oder Wildtiere mit Motorenlärm aufzuschrecken. Sparen Sie sich einfach mal den Berliner Stadtverkehr und beginnen Sie Ihr Detox vom Alltag direkt vor der Haustür. Probieren Sie es aus!

Und noch eine Bitte in Sachen Nachhaltigkeit. Der altbekannte Outdoor-Kodex »Nimm nur Erinnerungen mit, hinterlasse nichts außer Fußspuren!« macht sich nicht nur auf Insta-Kacheln gut, sondern auch in der Kohlenstoffwelt. Und jetzt nichts wie raus in Grüne – genießen Sie Ihre kleinen Fluchten aus Berlin!

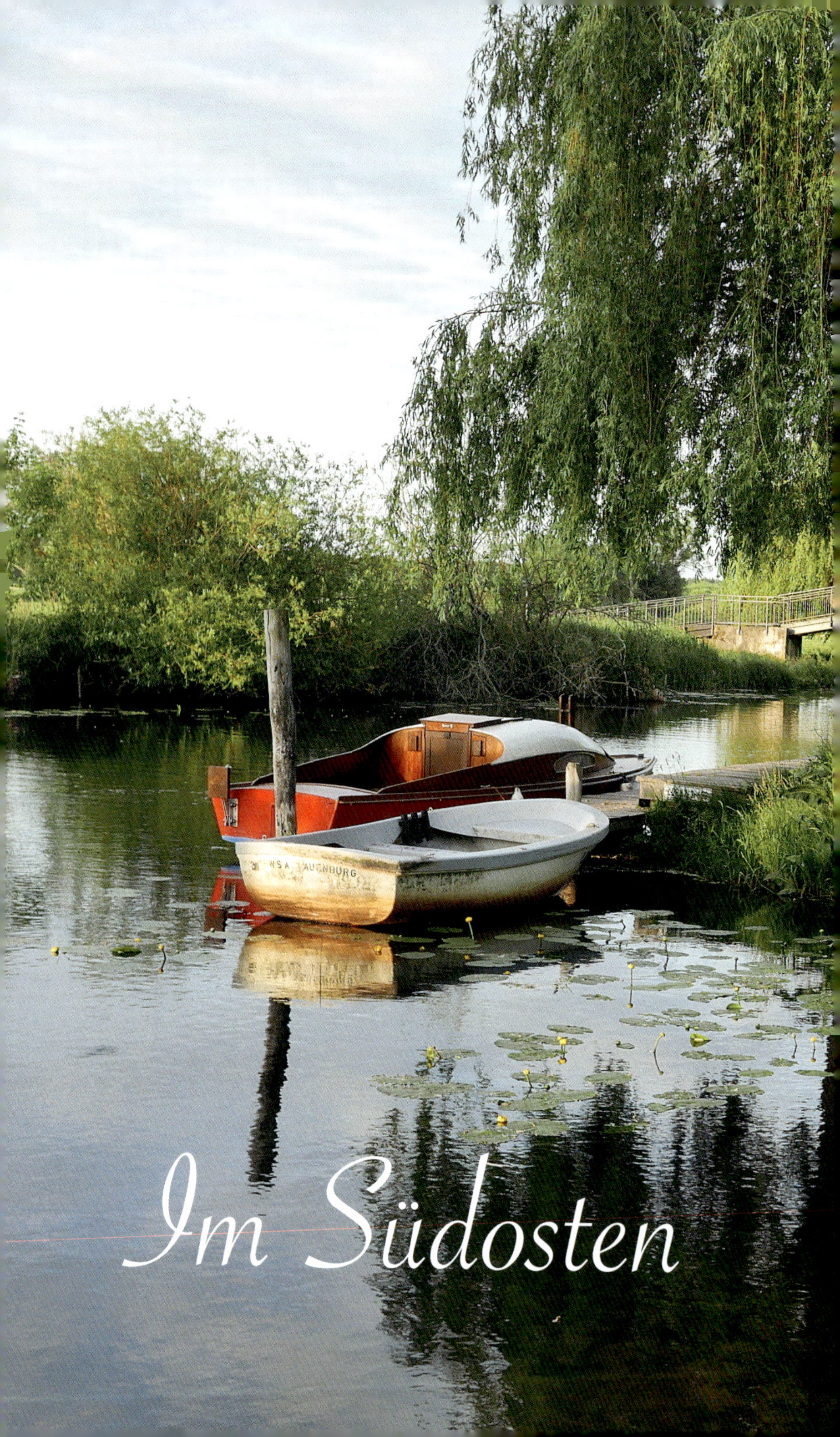

Im Südosten

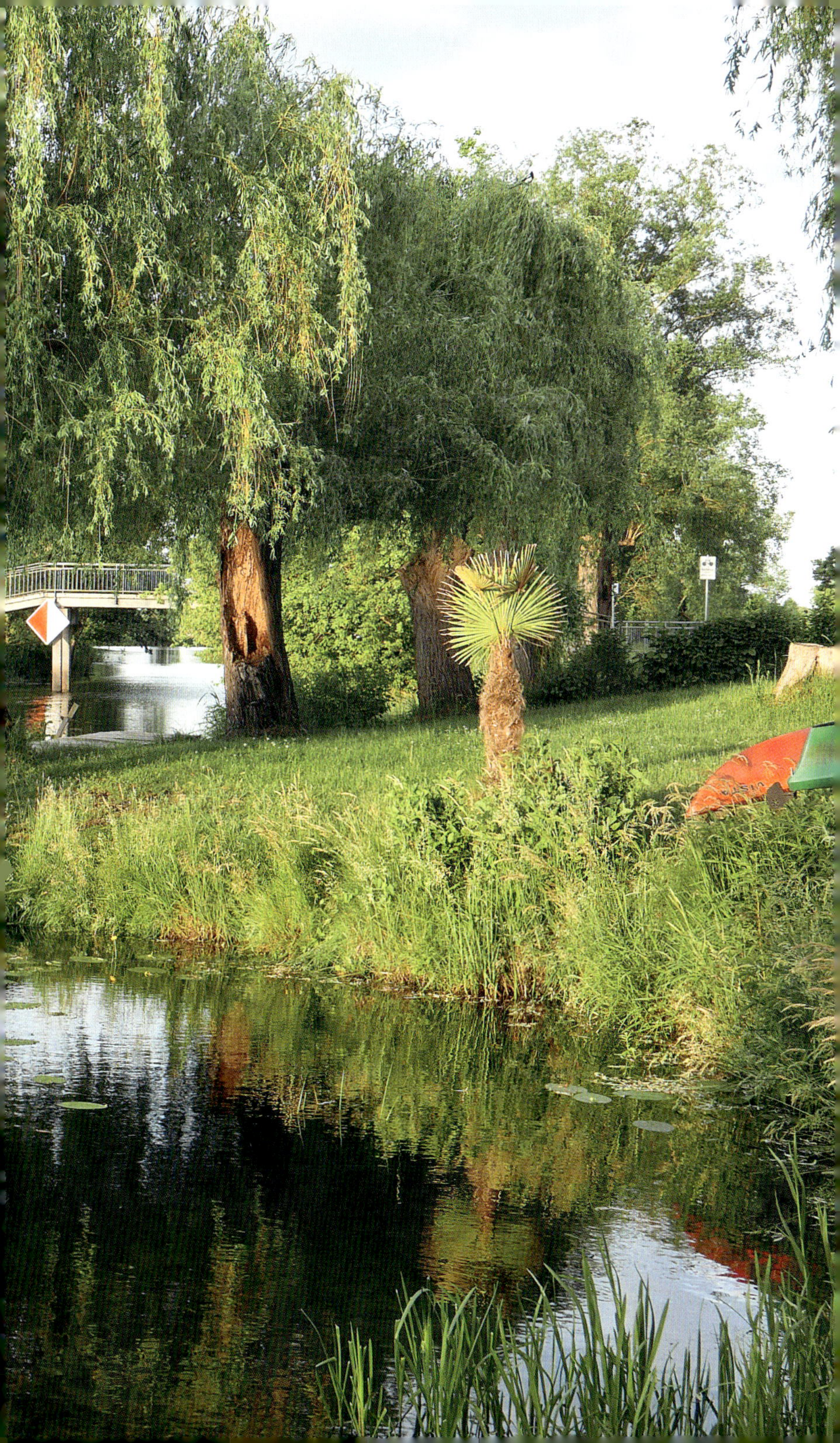

1 »Sieh-dich-um« im Schlaubetal

Seenland Oder-Spree, Naturpark Schlaubetal

Kurz und knapp: Der Schlaubetal-Wanderweg folgt dem wilden Bachlauf der Schlaube und führt durch urwaldartige Wälder, vorbei an Seen, die von ihr gespeist werden. Als Tagestour ist die Wanderung etwas für ausdauernde Trekking-Fans: Von Kieselwitz im Süden bis Müllrose im Norden sind es gut 26 Kilometer, wer an der Quelle beginnt, läuft noch einmal gut zwei Kilometer länger. Am besten wandert man von Süden nach Norden, weil die Rückkehr nach Berlin dann leichter ist.

Variationen: Alternativ lässt sich die Tour auch auf zwei Tage verteilen, Übernachtungsmöglichkeiten gibt es zum Beispiel auf dem Campingplatz am Schervenzsee, im Hotel Forsthaus Siehdichum oder in der Jugendherberge an der Bremsdorfer Mühle. Der Zauber des Bachtals entfaltet sich aber auch auf kürzeren Touren, zum Beispiel bei einer Runde um den Großen Treppelsee oder den Hammersee.

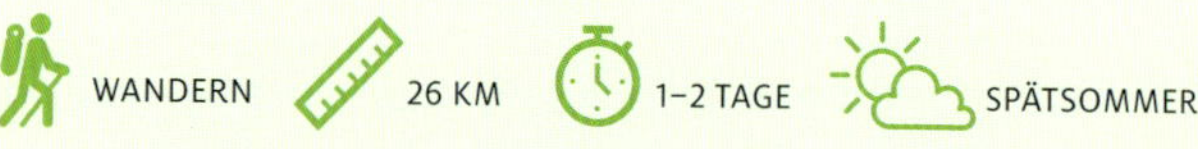

Im Bus von **Jacobsdorf** nach **Kieselwitz** bin ich der einzige Gast. Dabei zieht der Spätsommer draußen noch einmal alle Register. Gut eine Stunde dauert die Fahrt mit der Ausflugsline A400, die Wanderer bequem bis ins südliche Schlaubetal bringt. Der Schlaubetal-Wanderweg, der durchgehend mit einem blauen S markiert ist, beginnt zwar offiziell im Quellgebiet südlich des Wirchensees, leichter zu erreichen ist aber das etwas nördlich davon gelegene Kieselwitz.

Tal der Wassermühlen

Die **Kieselwitzer Mühle**, heute ein schlichtes Wohnhaus, liegt am Eingang des Naturparks und erinnert daran, wie wichtig die Wasserkraft für die Wirtschaft im Mittelalter war. Entlang des Flusslaufs der Schlaube, Dorche und Oelse wurden damals unzählige Mühlen gebaut, zum Mahlen von Getreide und Ölsaaten, als Hammer- und Sägemühlen oder zum

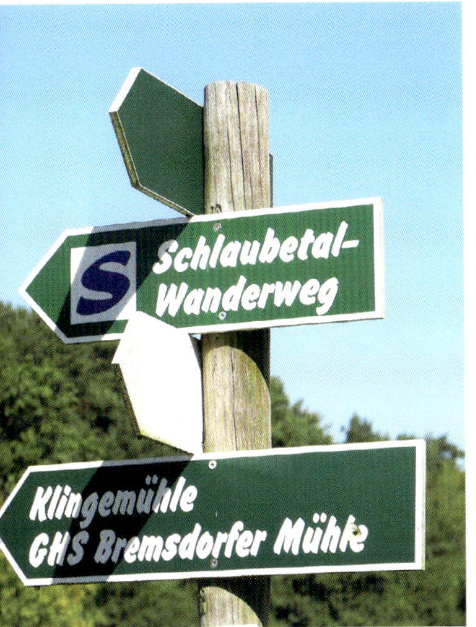

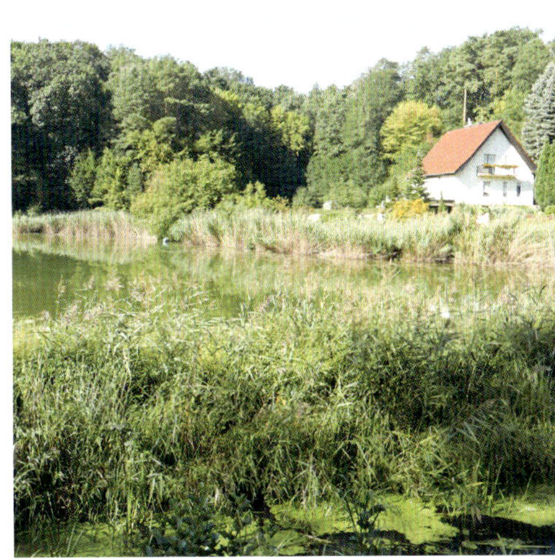

Einstieg in die Schlaubetal-Wanderung an der Kieselwitzer Mühle

Walken von Stoffen. Wie viele es in der Region über die Jahrhunderte gab, weiß keiner so genau, aber einige sind bis heute erhalten.

Hinter der Kieselwitzer Mühle biegt der Weg scharf rechts ab und führt durch hoch aufschießende Buchen. Die Morgensonne wirft so harte Schatten auf den Boden, dass mir fast schwindelig wird. Gleich neben dem Pfad gluckert die **Schlaube** in ihrem morastigen Bett, fließt mal geschäftig, mal stumm und ausladend durch geheimnisvollen Erlenbruch, verschwindet hin und wieder gänzlich im dunklen Unterholz. Morsche, moosbewachsene Baumstämme lagern quer über dem Bach und bieten zwei weißen Enten die perfekte Bühne. Der Weg, anfangs noch schnurgerade, schwingt sich zunehmend dramatisch über Hügel und durch Schluchten, mal wandere ich auf Augenhöhe mit dem Bach, mal meterhoch über der Schlaube hart am Abhang.

Erst in der Nähe der **Bremsdorfer Mühle**, wo es eine Jugendherberge gibt, kommen mir die ersten Spaziergänger entgegen. Auch diese Mühle ist schon seit 1960 nicht mehr in Betrieb, sondern wird als Ausflugsgaststätte betrieben, erst kürzlich ist das historische Fachwerkgebäude abgebrannt und wird gerade renoviert, immerhin steht das Mühlrad noch.

Abstecher: Kloster Neuzelle

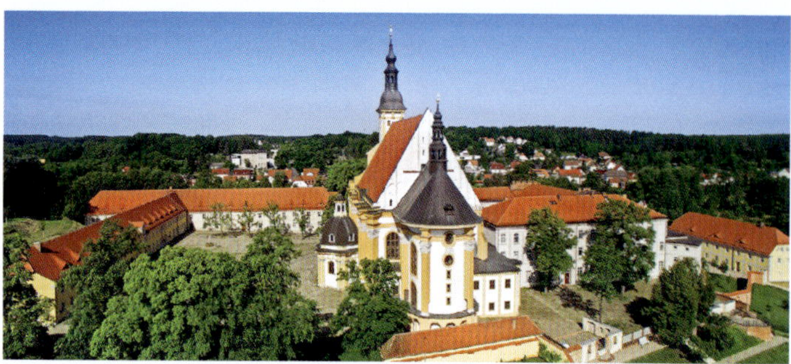

Auf einer Anhöhe mit Blick auf das Odervorland liegt eine prunkvolle Anlage, wie man sie eher im tiefsten Süden Deutschlands erwarten würde: honiggelbe Barockarchitektur mit Zwiebeltürmchen, Weinberg und Klostergarten – das Zisterzienserkloster Neuzelle. Am 12. Oktober 1268 von Markgraf Heinrich dem Erlauchten aus dem Haus Wetting in Gedenken an seine verstorbene Ehefrau gestiftet, ist das Kloster heute eine der wenigen noch vollständig erhaltenen Klosteranlagen Europas. Im Mittelalter weitete das Kloster seine Grundherrschaft über mehr als 30 Dörfer in der Umgebung aus, auch die Mühlen im Schlaubetal mussten regelmäßig Abgaben und Frondienste an den katholischen Orden leisten. Als einziges Kloster der Niederlausitz stemmte sich Neuzelle gegen die Reformation und blieb katholisch. Nachdem die Anlage im Dreißigjährigen Krieg schwer beschädigt worden war, wurde aus dem spätgotischen Bau im 17. Jahrhundert ein wahres Barockwunder. Im jungen Preußen ging es in Neuzelle weltlicher zu: 1817 verstaatlichte Friedrich Wilhelm III. das Zisterzienserkloster, heute ist es in Besitz einer landeseigenen Stiftung. Allerdings kehrten nach 200 Jahren die Zisterzienser ins Kloster zurück, seit 2018 wohnen wieder sieben Mönche im katholischen Pfarrhaus. Um die religiöse Tradition neu zu beleben, plant der Orden einen Klosterneubau in Treppel auf einem ehemaligen Stasi-Gelände, acht Kilometer Luftlinie von Neuzelle im Wald gelegen. Bei schönem Wetter ist auch der Besuch des barocken Klostergartens empfehlenswert.

Anfahrt: Zum Beispiel mit dem Bus von der Bremsdorfer Mühle über Eisenhüttenstadt nach Neuzelle (ca. 35 min).

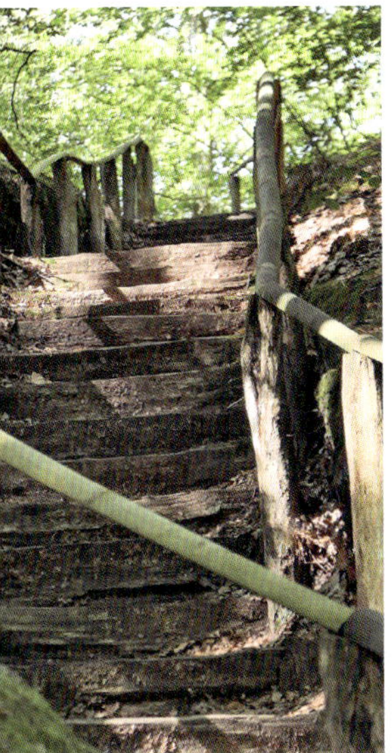
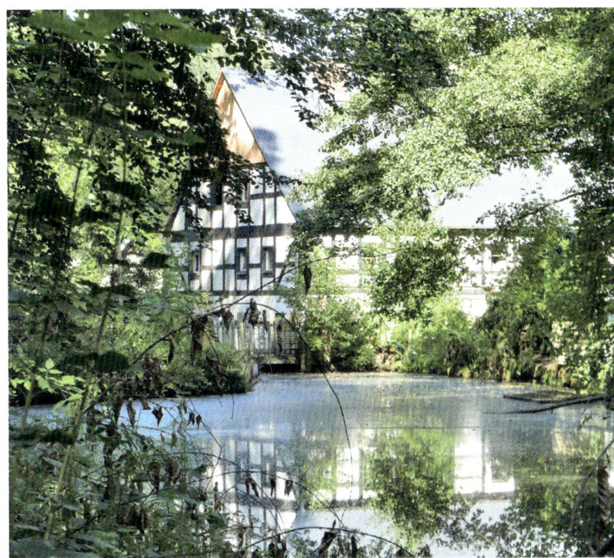

An der Bremsdorfer Mühle – im Sommer herrscht hier oft Hochbetrieb.

Auf der anderen Seite der Bundesstraße liegt der **Große Treppelsee**, unergründlich und mit seinen romantischen Buchten der schönste unter den Schlaube-Seen. Vom westlichen Ufer aus kann man einen Abstecher zum Aussichtspunkt »Himmel und Hölle« machen, ich halte mich rechts und folge dem Wanderweg. Von der Badestelle beim Naturcampingplatz wehen Stimmfetzen herüber, spätestens hinter einer Grillhütte, wo eine Holzbrücke über das Planfließ führt, kehrt wieder Ruhe ein. Ich balanciere über abgewetzte Baumwurzeln, die sich wie ein Netz aus Adern über den Uferweg ziehen. Bucheckern, die reif aus ihren Kapseln springen, landen mit einem leisen Klicken auf dem Boden, in manchen Bäumen verfärbt sich schon das Laub. Der Herbst lässt zaghaft grüßen.

Tropisch Brandenburg

Zwischen Treppelsee und **Kupferhammer** wirkt die Natur dann beinahe tropisch – wäre das Klima nur ein bisschen drückender, könnte man glatt vergessen, dass das hier kein Dschungel-Trekking, sondern eine Wanderung im östlichen Brandenburg ist. Üppig eingewachsen schlängelt sich die Schlaube durch den Wald, auf dem moosgrünen Wasser schaukeln

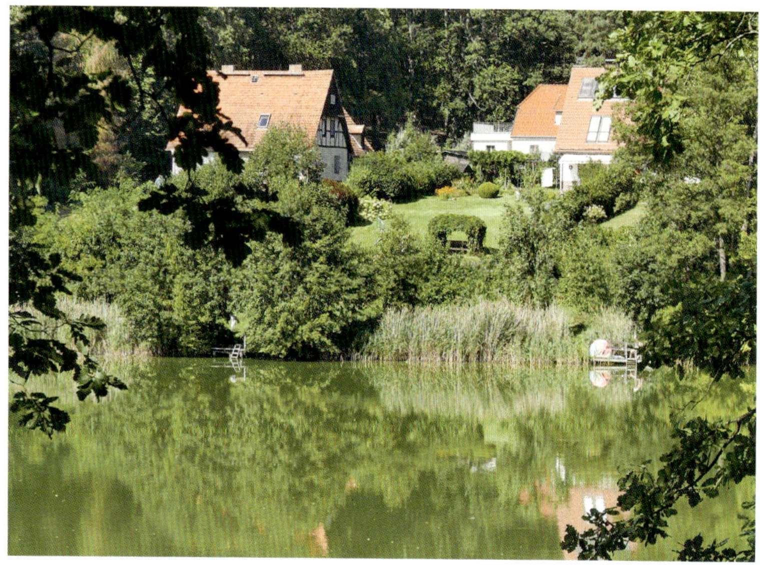

Forsthaus Siehdichum am Hammersee

Teichrosenblätter, mittendrin kleine Inseln aus Ästen und umgestürzten Baumstämmen, die unter Farnen und Gräsern fast verschwinden. Hellgelbe Falter, Köcherfliegen und Libellen sausen durch die Luft. Ein Bild, wie es Claude Monet nicht schöner hätte malen können.

Auf einer Landzunge im **Hammersee** liegt das **Forsthaus Siehdichum**, das heute ein Hotel ist. Woher der Name stammt, weiß niemand so genau. Angeblich soll es auf der Anhöhe, wo später das Forsthaus errichtet wurde, einmal ein gleichnamiges Jagdhaus gegeben haben. Ob die Erbauer mit der seltsamen Bezeichnung Besucher vor den Gefahren der umliegenden Moore und Sümpfe warnen oder sie einladen wollten, der Natur Aufmerksamkeit zu schenken, ist ungeklärt.

Kurz vor dem Ausflugslokal **Kupferhammer**, auch dieser Bau ist eine ehemalige Mühle, nimmt die Schlaube plötzlich Fahrt auf und plätschert über rundgewaschene Steine eine Gefällestrecke hinunter zur Wehranlage im Ort.

Im Restaurant empfiehlt sich eine kleine Pause, denn hinter dem Dorf fließt die Schlaube meist abseits des Wegs als schmaler Bach, der bis Müllrose nur noch selten in Erscheinung tritt.

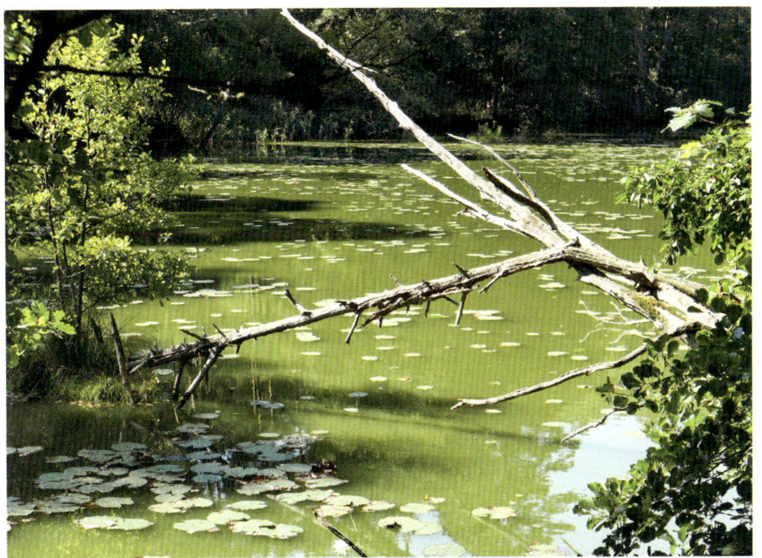

Die Schlaube zwischen Großem Schinkensee und Langesee

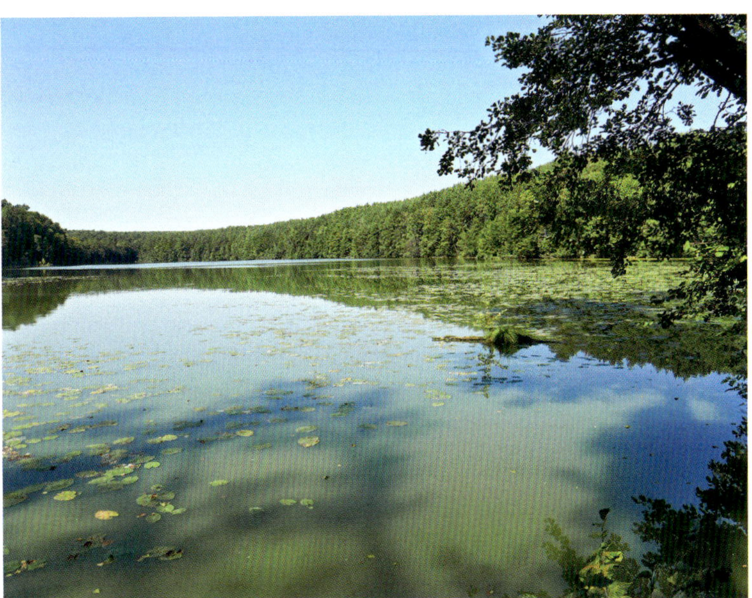

Macht seinem Namen alle Ehre: der Langesee

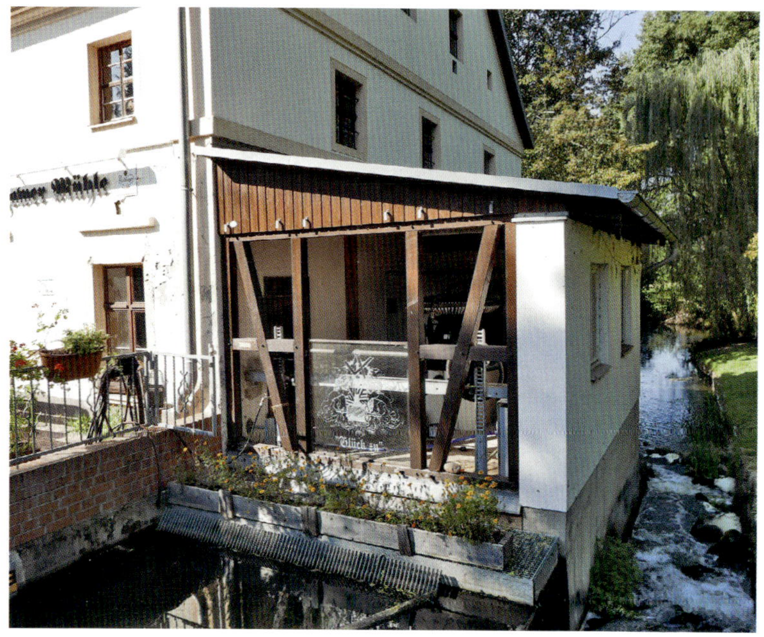

Historische Mühlentechnik in der Ragower Wassermühle

Die Landschaft wird flach und trocken, es duftet nach Kiefern und warmem Sand, der Naturpark zeigt sich von seiner sanfteren Seite.

Das sanfte Schlaubetal

An der **Ragower Mühle** wird die Schlaube noch einmal aufgestaut, um das Mühlrad anzutreiben. Sie ist die einzige noch funktionstüchtige Wassermühle entlang des Bachlaufs und ein technisches Denkmal, das nach Voranmeldung besichtigt werden kann. Der ehemalige Wohnbereich der Mühle wurde zum Gasthof mit angeschlossenem Biergarten ausgebaut.

Bis zum **Müllroser See** ist die Wanderung weniger spektakulär, dafür lädt der klare See zum Abschluss noch zum Baden ein. Schon aus der Ferne sieht man den markanten Ziegelsteinklotz am Horizont, die Getreidemühle von Müllrose. Was eher an einen gründerzeitlichen Industriebau erinnert, ist vermutlich die älteste Mühle im Schlaubetal, 1275 wird sie erstmals urkundlich erwähnt. Bis heute produziert die früher mit Schlaubewasser betriebene Mühle Getreide.

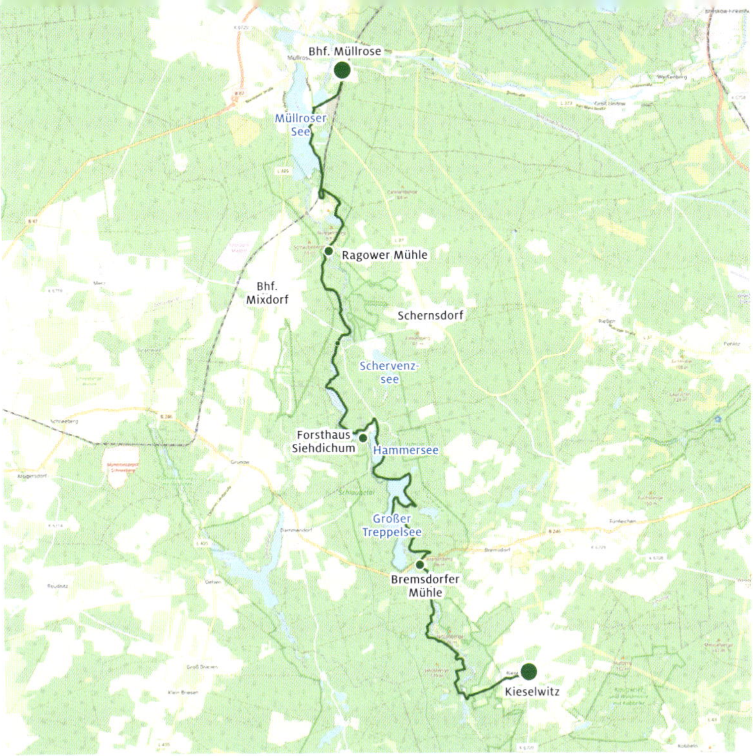

Bhf. Müllrose
Müllroser See
Ragower Mühle
Bhf. Mixdorf
Schernsdorf
Schervenz-see
Forsthaus Siehdichum
Hammersee
Großer Treppelsee
Bremsdorfer Mühle
Kieselwitz

Hin und weg: Hinfahrt mit dem RE 1 und Bus A400, zurück mit der RB 36 und dem RE 7 (jeweils ca. 2 h). Die Ausflugslinie A400 verkehrt an Wochenenden und Feiertagen von Mai bis Oktober viermal täglich und fährt auch Haltestellen an der Bremsdorfer Mühle und am Kupferhammer an, sodass frühere Ausstiege möglich sind.

Schlafen und Schlemmen: Ein guter Ausgangspunkt, um das Schlaubetal zu erkunden, ist der Naturcampingplatz am Treppelsee nahe der Bremsdorfer Mühle (schlaubetal-camping.de), ein kleiner Platz mit viel Schatten und Badestelle.

Bonustipp: Wer jetzt seine Leidenschaft für Mühlengeschichte entdeckt hat, kann die Region auf dem rund 80 Kilometer langen Mühlenwanderweg erkunden, der von Müllrose auch über das Kloster Neuzelle führt. Weitere Infos unter www.berlin.de/tourismus/brandenburg/1176495-1098592-muhlen-wanderweg.html

Tour auf Google Maps

2 Südsee(n) in Brandenburg

Naturpark Dahme-Heideseen / Biosphärenreservat Spreewald

Kurz und knapp: Der perfekte Sommerausflug für Badelustige und Kontemplative. Zwischen Wendisch Rietz und Oderin passiert die Tour mindestens 15 der schönsten Seen südlich von Berlin. Sie verläuft durch den Naturpark Dahme-Heideseen und das Biosphärenreservat Spreewald überwiegend flach auf einsamen Wanderwegen. Die Strecke ist leicht an zwei Tagen zu schaffen, liefert aber auch reichlich Gründe, sich mehr Zeit zu lassen.

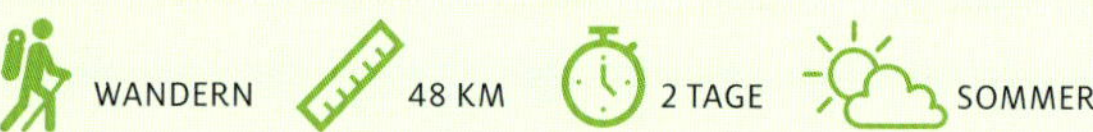

Mehr Wanderglück geht nicht: Wiesen und Wälder strotzen vor Kraft wie ein paar Halbstarke in der Dorfdisko. Saftiges Grün in allen Schattierungen. Die Sonne knallt vom schwimmbadblauen Himmel, die Wassertemperatur in Brandenburgs Seen liegt bei 18 Grad und der Ausflugsverkehr hält sich dank Vorferienzeit noch in Grenzen. Das alles zusammen macht diese zwei Etappen auf dem 66-Seen-Wanderweg, der einmal rund um Berlin führt, zu einem Outdoor-Kurzurlaub mit Genussgarantie.

Schöner baden am Springsee (ca. 7 km)

Wir gönnen uns einen sanften Einstieg und wandern nach Feierabend die ersten sieben Kilometer vom **Scharmützelsee** am Bahnhof **Wendisch Rietz** entlang der Glubigseenkette zum Springsee. Der Naturcampingplatz am **Springsee**, der sich fast am gesamten östlichen Ufer entlangzieht, ist zwar fest in Dauercamperhand, aber auf dem terrassierten Gelände lässt sich auch für Tagesgäste noch ein schattiges Plätzchen auf einem Zeltplateau mit Blick auf den glitzernden See ergattern. Und nicht nur das: Das klare, weiche Seewasser verführt sogar wählerische Badeprinzessinnen wie mich zu einer Runde zwischen Haubentauchern und Blesshühnern, die stoisch ihr Revier durchpaddeln – motorisierter Bootsverkehr ist hier tabu.

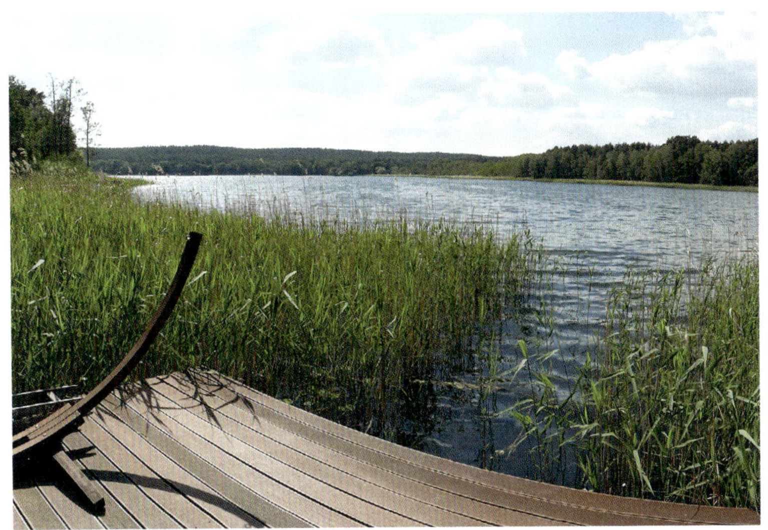

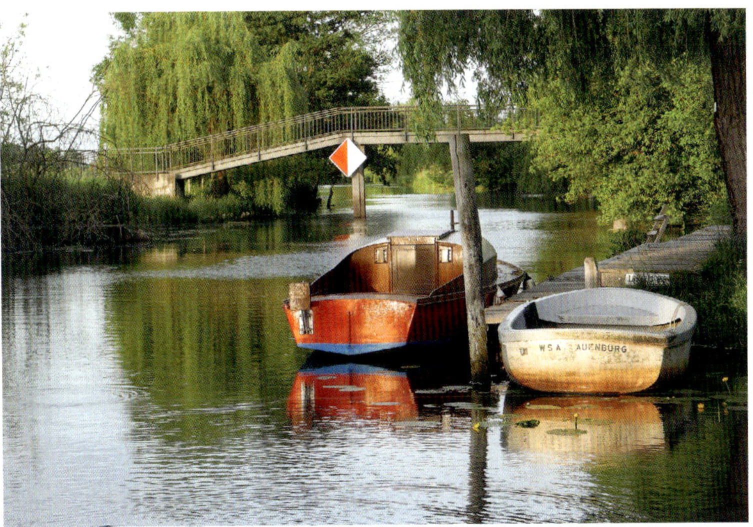

Badeparadies Glubigsee (oben), Anleger an der Spree bei Neuendorf

Neuendorf – das Tor zum Unterspreewald (ca. 19 km)

Am nächsten Tag folgen wir der Seenkette weiter nach Süden, vorbei am Großen und Kleinen **Melangesee**, **Grubensee** und **Godnasee** – allesamt verschwiegene Perlen, umgeben von nicht viel mehr als Wald und Schilf.

Via **Alt-Schadow** geht es zum **Neuendorfer See**. Der Wanderweg führt teils über verschlungene Waldpfade und Forstwege, seltener über befestigte Straße oder Panzerplatte, oft unmittelbar am Ufer entlang. Wer keine Menschenseele um sich mag, ist hier verdammt richtig.

Etwas trubeliger geht es erst wieder rund um **Neuendorf am See** zu, dem Tor zum Unterspreewald. Die Region ist Feriendomizil und das kleine Örtchen ein beliebter Stopp auf dem Gurkenradweg. Am südöstlichen Ufer des Sees drängeln sich aufgehübschte Bungalows, zu DDR-Zeiten ein Ferienlager für Mitarbeiter der Betriebe aus dem Umland.

Wer die Extrameile nicht scheut, sollte einen Abstecher auf die **Halbinsel Sölla** machen. Als Teil des Landschaftsschutzgebiets ist sie gänzlich unbebaut und lädt im baumbestandenen Uferstreifen zum Picknicken und Nichtstun ein.

Erste Reihe an der Spree

Entspannt, besonders unter der Woche, geht es auch auf dem kleinen Wasserrastplatz von **Neuendorf** zu. Die saftige Zeltwiese liegt direkt am Spreeufer nahe der Einmündung in den Neuendorfer See – ein begnadetes Plätzchen für laue Sommerabende am Lagerfeuer oder ein kühles Bad nach einem langen Wandertag.

Ab Neuendorf führt die Route noch einmal fünf bis sieben Kilometer auf öden, gepflasterten Straßen nördlich oder südlich der Spree nach **Leibsch**, dem offiziellen Ende dieser Etappe auf dem 66-Seen-Wanderweg. Eine Herausforderung, die wir uns für den nächsten Tag aufheben.

Unterwegs im Biosphärenreservat Spreewald (ca. 21 km)

Nach einer zähen Ortsdurchquerung auf der Hauptstraße durch **Leibsch** verläuft die Tour für die nächsten fünf Kilometer schnurgerade durch plattes, kanaldurchsetztes Wiesenland, das Gemütsmenschen mit großer Lust am Weitblick gefallen dürfte. Wer anders tickt, wechselt besser von der trostlosen Panzerplatte auf den unbefestigten Weg auf der Deichkuppe, denn auf dem Dahme-Umluft-Kanal sorgen wenigstens ein paar Paddelboote hin und wieder für Abwechslung. Von den Feuchtwiesen zweigt die Route ab durch den Wald nach **Köthen**. Ab dem Ortsschild sind es allerdings noch einige Kilometer über asphaltierte Straße bis zum alten Dorfkern, der einst eine Halbinsel bildete.

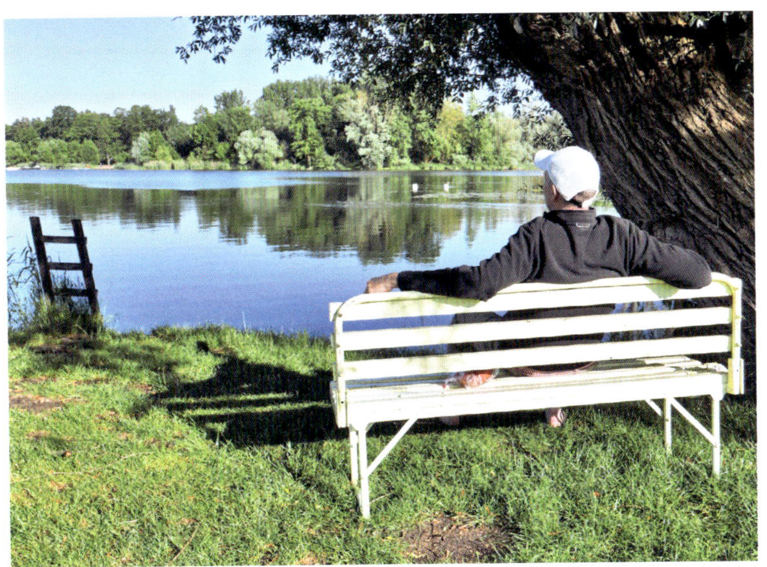

Baden und Ausspannen am Wasserrastplatz Quappe

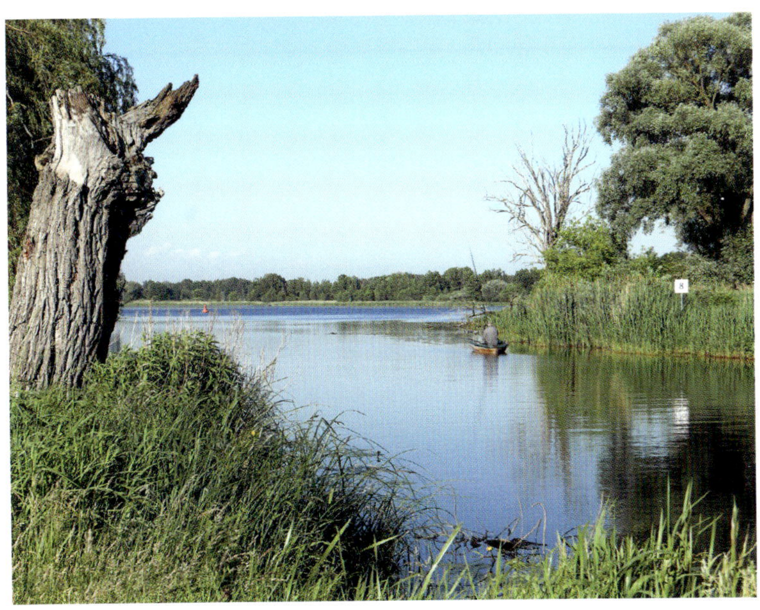

Beliebtes Angelterrain: Spreemündung in den Neuendorfer See

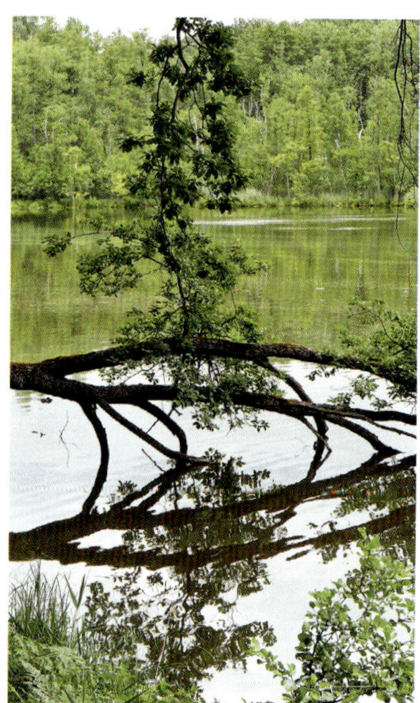

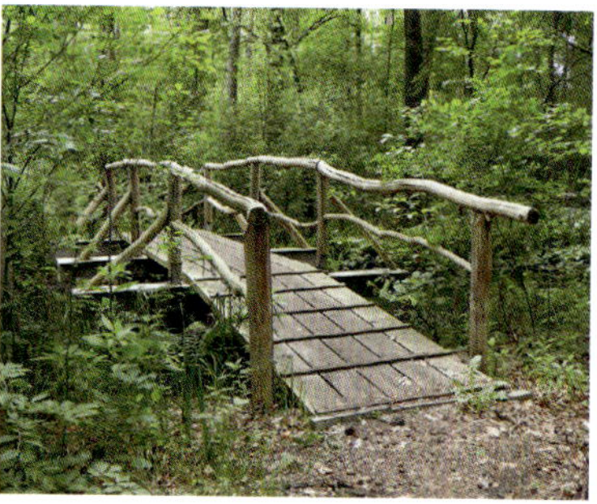

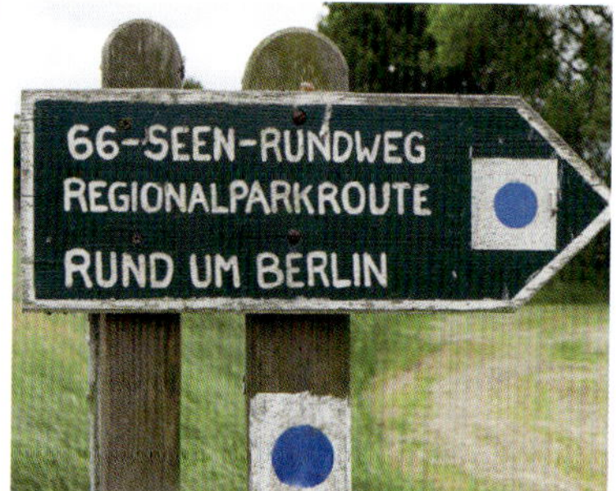

Abstecher Heideseen: Die Tour folgt teils dem 66-Seen-Rundweg.

Das beschauliche Dörfchen mit seinem famosen Badeplatz geht auf eine Siedlung aus dem 8. Jahrhundert zurück. Wendische Fischer und Bauern errichteten damals ihre Häuser auf Holzpfählen, auch »Koten« genannt, mitten im Sumpf – daher der heutige Ortsname. Köthen ist Ausgangspunkt für eine lauschige Runde um die Heideseen, eine romantische Seenplatte, vor 20 000 Jahren von Gletschereis geformt. Geblieben sind sechs moorige, naturbelassene Seen, versteckt im verwunschen Erlenbruchwald – leider auch ein feuchtfröhliches Mücken-Eldorado.

Zurück auf Höhe des **Köthener Sees** biegen wir scharf nach Westen ab und stapfen wacker eine gute Stunde durch märkischen Sand und Kiefernwald zum Bahnhof **Oderin**. Am Horizont ragt silbrig-glitzernd die Cargolifter-Halle in **Brand** wie ein futuristisches Habitat aus dem flachen Heideland empor. Unter dem U-Boot-ähnlichen Zeltdach verspricht der Indoor-Wasserpark »Tropical Island« echtes Südsee-Feeling. Nach 15 Bilderbuchseen, viele davon mit Eins-a-Badequalität, ist das zumindest im Sommer ein nicht ganz so verlockendes Angebot.

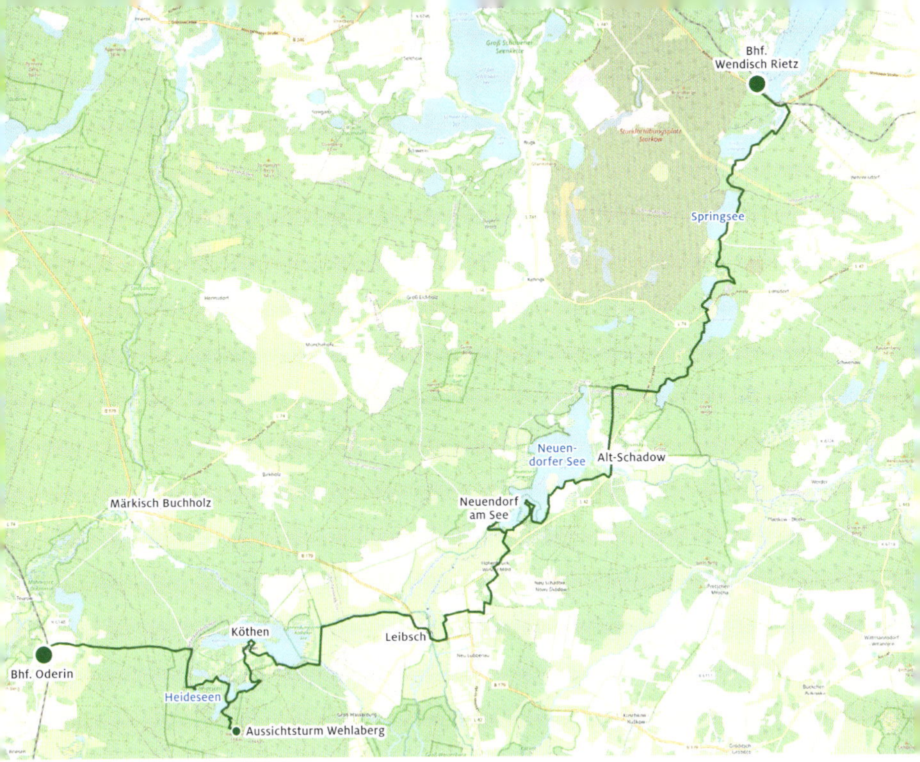

Hin und weg: Ab Berlin-Ostkreuz mit der RB 24 und der RB 36 nach Wendisch Rietz, zurück ab Bad Oderin mit der RB 24, Fahrtzeit Hinfahrt 1:12 h, Rückfahrt 46 min

Schlafen und Schlemmen: Naturcampingplatz Springsee (www.springsee.de); in Köthen gibt es eine kleine Jugendherberge; Wasserrastplatz Quappe in Neuendorf (mit Grillstelle, Pavillon und sanitären Anlagen)

Bonustipp: Vom südlichsten Heidesee, dem Schwanensee, lohnt ein kleiner Abstecher zum Aussichtsturm Wehlaberg (144 m, ca. 1,3 km von der Schutzhütte entfernt). Der 28 Meter hohe Holzturm, an sich schon einen Ausflug wert, bietet wirklich einen grandiosen Rundumblick über die schier endlosen Wälder und vielen Seen der Umgebung. Bei klarer Sicht ist sogar der Berliner Fernsehturm in der Ferne zu sehen.

Tour auf Google Maps

3 »Willkommen in der Zwischenzeit«

Lausitzer Seenland

Kurz und knapp: Diese zwei- bis viertägige Fahrradrundtour im Lausitzer Seenland (Seenland-Route) ist eine faszinierende Reise durch eine Region im Umbruch: vom bedeutenden Braunkohlerevier zur größten künstlich angelegten Wasserlandschaft Europas. Die Tour passiert 16 geflutete Seen und verläuft über flache, überwiegend asphaltierte Radwege, oft abseits des Straßenverkehrs.

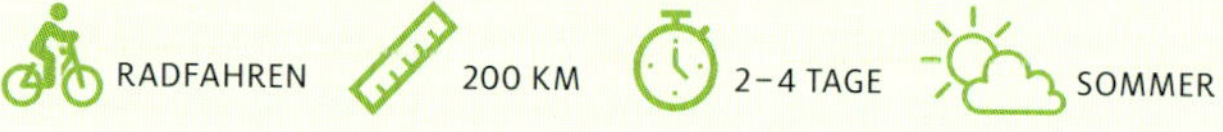

»Gott schuf die Lausitz, der Teufel die Kohle darunter«, heißt ein sorbisches Sprichwort. Fast 150 Jahre lang bestimmte die Braunkohle das Leben in der Region, sie strukturierte die Landschaft, befeuerte die Industrie und spendete den Menschen Licht, Wärme und Broterwerb. Sie ließ aber auch Flüsse versauern, Wälder sterben und färbte die Wäsche grau. Um sie zu gewinnen, mussten zahlreiche Dörfer weichen. Wer mit offenen Augen auf der Seenland-Route radelt, lernt viel über die wechselvolle Geschichte der Lausitz, die das südliche Brandenburg, den Osten Sachsens und Teile Polens umfasst. Ein Zuwanderungsland, geprägt von sorbischer Kultur und deutscher Arbeitsmigration, in einer Zeit zwischen Niedergang und Neuanfang. Auf der **Reppister Höhe** bekommt man eine Ahnung davon.

Pioniere und Visionen: Von Senftenberg nach Spremberg (ca. 61 km)

Der erste Anstieg auf der Seenland-Route führt direkt auf einen Friedhof. Am Aussichtspunkt **Reppist** kurz hinter Senftenberg erinnern Gedenksteine und rostige Stelen an sieben Dörfer, die in den 1950er-Jahren dem Tagebau Meuro weichen mussten. Die einstige Grube ist heute ein See, der Großräschener, einer von mehr als zwanzig, die bis Ende der 2020er-Jahre die europaweit größte künstlich angelegte Wasserlandschaft bilden sollen – von Glückauf zu Ahoi!

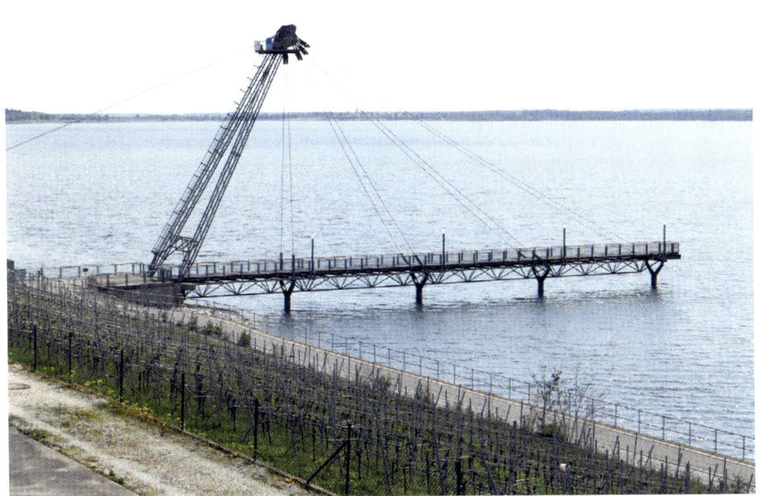

Weinberg an der Seebrücke am Großräschener See

Die Flutung des Tagebaus Meuro begann 2007, zwölf Jahre später wurde am Nordufer ein Hafen mit Mole, Seebrücke und Hotels eingeweiht. Doch die Dürresommer von 2018/19 ließen den Traum vom baldigen Tourismusboom vorerst platzen. Der Wasserspiegel sank, bis heute darf der **Großräschener See** nur mit Ausnahmegenehmigung befahren werden. Auch andere Seen der Region leiden unter der Wassernot. Erst jüngst verabschiedeten die Länder Sachsen, Brandenburg und Berlin eine gemeinsame Strategie gegen den Wassermangel in der Lausitz.

Erfolgsgeschichte schreibt dagegen der Weinanbau oberhalb des Sees. Vor mehr als zehn Jahren pflanzte die sächsische Winzerfamilie Wobar an der steilen Böschung des Großräschener Sees über 5000 Rebstöcke und knüpfte damit an eine jahrhundertelange Tradition des Weinanbaus in der Lausitz an, der mit der Industrialisierung aufgegeben worden war. Inzwischen heimsen die robusten Weine aus bester Südhanglage sogar international Preise ein. Im Herbst laden die Lausitzer Pioniere zu öffentlichen Weinbergführungen und -verkostungen ein.

Der schnurgerade **Ilsekanal**, eine künstlich angelegte Wasserstraße, verbindet den Großräschener mit dem Sedlitzer See, dem größten der in-

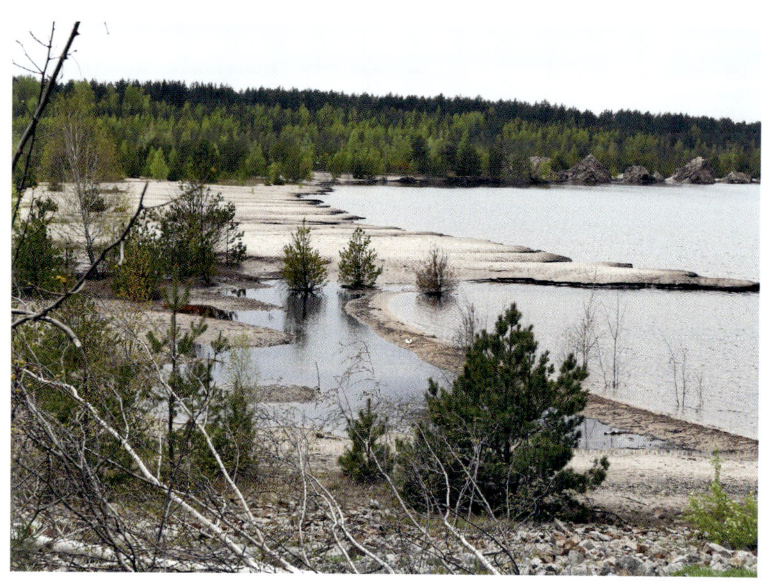

Blunoer Südsee: Das Südufer ist dem Naturschutz vorbehalten.

neren Seenkette. Auf der Uferseite des Radwegs warnen alle paar hundert Meter Schilder: Sperrbereich! Betreten verboten, Lebensgefahr! Auch am **Sedlitzer See** ist die Flutung ins Stocken geraten, die touristische Nutzung von Wasser und Uferbereichen bleibt noch bis voraussichtlich 2025 untersagt. Für die Zukunft ist Großes geplant: ein Landeplatz für Wasserflugzeuge, ein Campingplatz, Flächen für Gewerbe und exklusives Wohnen am Wasser. Noch sprießt Gras auf dem riesigen Parkplatz bei Lieske und der barrierefreie Uferweg zum Strand ist verwaist. Immerhin gibt es einen kleinen Imbiss.

Am **Partwitzer See** haben wir die Grenze zu Sachsen passiert. Hier geht es schon belebter zu: Der Strand ist fertig aufgeschüttet und zum Baden freigegeben. Damit sich allerdings der Badespaß mit der Gesundheit verträgt, dreht seit 2016 Tag für Tag ein Sanierungsschiff seine Runden, das den durch Rückstände des Bergbaus sauer gewordenen PH-Wert absenken soll. Wem das zum Baden nicht geheuer ist, kann schon mal mit Jetskis über den See brausen.

Einen völlig anderen Charakter hat der **Blunoer Südsee** mit seinen schwarzen Sandhügeln, an dessen Südufer ein ausgedehntes Natur-

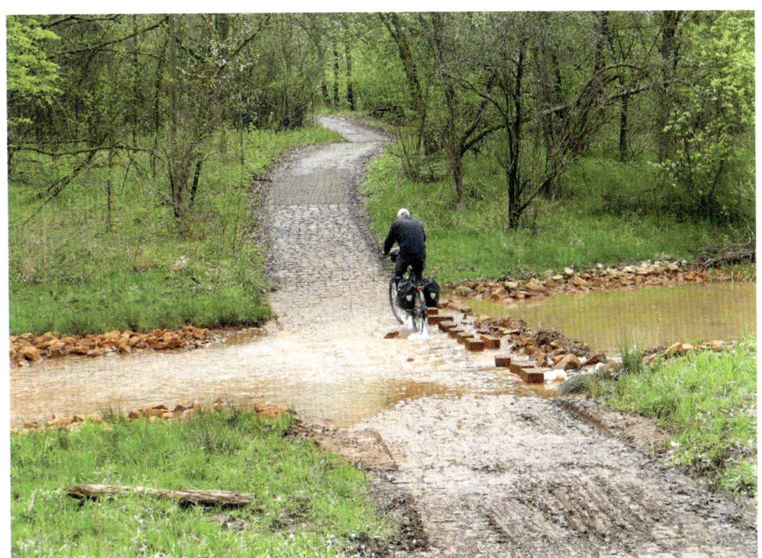

Furt an der Ruhlmühle über die Spree

schutzgebiet entsteht. Der asphaltierte Radweg verläuft parallel zum befestigten Nordufer, an dem Besenginster und Pappeln Pionierarbeit leisten. Hinter dem überdachten Picknickplatz am »Überleiter 3« schwenkt der Weg nördlich ein in das sorbisch geprägte Dorf **Bluno**. Zwischen Bluno und dem **Spreetaler See**, der vollmundig als »Motorwassersportzentrum« für sich wirbt, verläuft der Radweg wenig charmant über rumpelige Forst- und Feldwege. Auf dem letzten Abschnitt nach **Spremberg** geht es durch das Herz der ostdeutschen Braunkohleveredlung, durch Schwarze Pumpe. Einst gehörte das gleichnamige Gaskombinat zu den weltweit größten Betrieben zur Verwertung und Veredlung des braunen Goldes. Nach dem Mauerfall wurden viele marode Anlagen stillgelegt.

Altlasten und Aussichten: Von Spremberg nach Uhyst (ca. 45 km)

Die Montanindustrie prägt weiterhin die Landschaft, nicht nur weil die Kühltürme der Kraftwerke Schwarze Pumpe und Boxberg den Horizont dominieren, sondern auch wegen der vielen kleinen Altlasten am Wegesrand: stillgelegte Bahntrassen, verlassene Werkssiedlungen, Gasleitungen, die im Nirgendwo enden. Auch die Spree, deren Lauf wir am Morgen

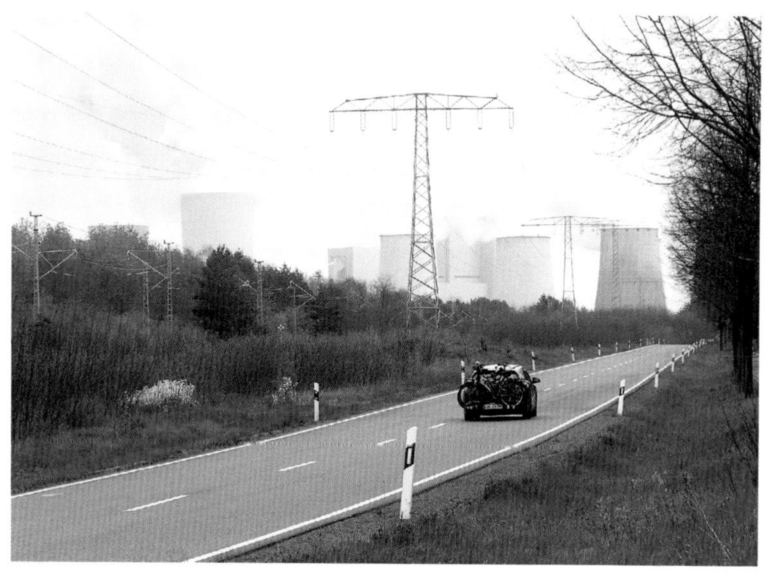

Seit mehr als 50 Jahren in Betrieb: das Braunkohlekraftwerk Boxberg

des zweiten Tages bis zum **Bärwalder See** folgen, hat unter den Folgen der industriellen Nutzung zu leiden. Damit die rostroten, essigsauren Rückstände des Tagebaus nicht in den Spreewald und die Hauptstadt gespült werden, wird der Fluss entlang des Oberlaufs in aufwendigen Verfahren behandelt. An der Furt bei **Ruhlmühle** pflügen die Fahrradreifen noch immer durch roten Matsch.

Ungeachtet dessen wird, wenn es nach dem Willen der sächsischen Landesregierung und der tschechischen Betreiberfirma geht, im Kraftwerk Boxberg noch bis 2038 weiter Braunkohle verstromt. Abgebaut wird sie im Tagebau Nochten, einem der letzten aktiven in der Lausitz. Doch vielerorts regt sich Widerstand, besonders im sorbisch geprägten Dorf Mühlrose, um dessen Abriss seit Jahren erbittert gestritten wird.

Die Fahrt auf dem Radweg neben der frisch geteerten und reichlich befahrenen Spreestraße nach **Boxberg** ist eintönig. Das Kraftwerk vor Augen geht es immer geradeaus, vorbei am Truppenübungsplatz Oberlausitz. Der Motorenlärm wird in regelmäßigen Abständen vom Rattern der Güterzüge übertönt, die Braunkohle aus dem Abbaugebiet zum Kraftwerk transportieren oder mit leeren Kohlewaggons zurückkehren.

Wo das Dürrbacher Fließ in den **Bärwalder See** mündet, gibt es abseits des Verkehrs einen überdachten Rastplatz, der uns vor einem Wolkenbruch schützt. Ein paar hundert Meter weiter wurde eine Hügellandschaft aus Sand angelegt, die aus der Luft betrachtet, wie ein Ohr geformt ist. Das »Landschaftsbauwerk Ohr« ist ein Kunstprojekt, das sich auf einer Länge von 350 Metern und einer Breite von 250 Metern am nordöstlichen Ufer des Bärwalder Sees erstreckt. In seinem Zentrum liegt ein schlichtes Amphitheater, in dem im Sommer kulturelle Veranstaltungen stattfinden, vom Aussichtsturm in 18 Meter Höhe hat man einen Panoramablick zum Kraftwerk und über den See.

An der Strecke: Schloss Uhyst

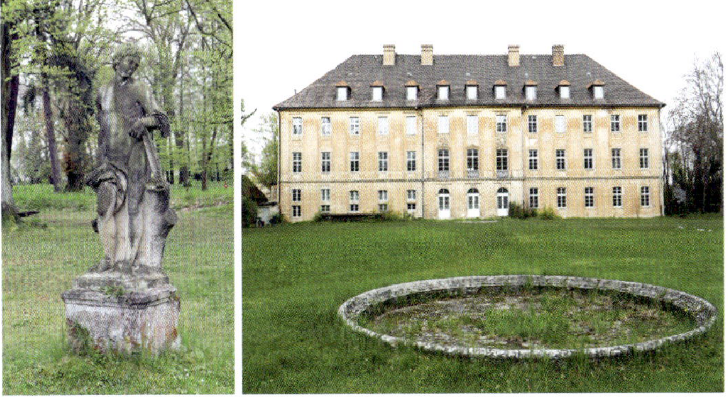

Das Schloss hat – wie vieles in der Lausitz – eine wechselvolle Geschichte und viel Potential: Als Familiensitz des sächsischen Adelsgeschlechts von Gersdorff Mitte des 18. Jahrhunderts gebaut, ging es durch unzählige Hände. Es war Priesterseminar, SS-Stützpunkt und Tuberkulosestation, bevor es 1992 wieder in Privatbesitz zurückfiel, aber seither nie mehr bewohnt wurde. Mit dem Leerstand begann der Verfall, es kam zu Zwangsversteigerung und Immobilienspekulation. Ein niederländisches Paar wollte das Schloss neu beleben, aber daraus wurde nichts. Ein Förderkreis entwickelte Ideen – von Spezialklinik über Elite-Gymnasium bis zum Sporthotel –, aber auch die verliefen im Sand, die weitere Nutzung ist ungewiss. Der Schlossgarten ist frei zugänglich.

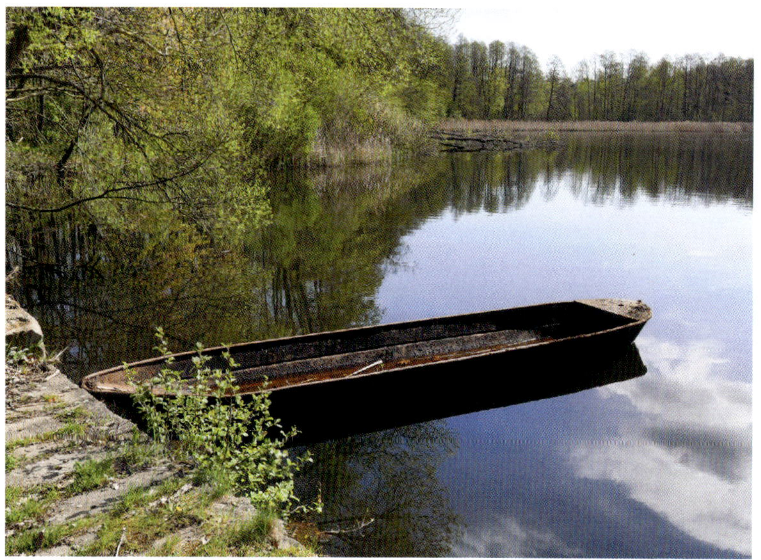

Im Biosphärenreservat Oberlausitzer Heide- und Teichlandschaft

Der Bärwalder See ist schon seit 2015 als Badesee ausgewiesen, doch zumindest in der Vorsaison scheint der Traum vom Tourismus auch hier noch nicht eingelöst. In der **Marina Klitten** wartet eine Armada an Hausbooten auf Kundschaft, Campingplätze und Badestrände wirken keineswegs vom Ansturm der Massen bedroht. Willkommen in der Zwischenzeit.

In **Uhyst** liegen Lust und Last eng beieinander. Wer von der Seeseite anreist, kann das Neue Schloss nicht übersehen. Der dreistöckige, neoklassizistische Bau liegt herrschaftlich am Ende einer breiten Schneise mit Blickachse über den See bis zum Kraftwerk Boxberg. Hinter dem Schloss befindet sich eine öffentlich zugängliche, barocke Parkanlage mit Skulpturen und Schmuckbecken, eingerahmt von Eichen, Buchen und Erlen.

Niedergang und Neubeginn: Von Uhyst nach Hoyerswerda (ca. 54 km)

Zwischen Uhyst und Lohsa durchquert die Seenland-Route das **Biosphärenreservat Oberlausitzer Heide- und Teichlandschaft**, eine historisch gewachsene Kulturlandschaft, die von Flachwasserseen, Bächen und

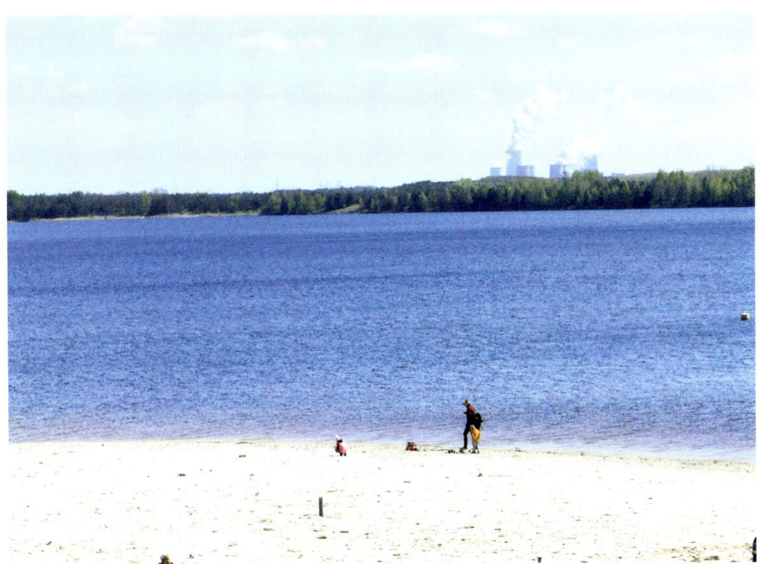

Strand Lohsa am Dreiweiberner See, Blick auf das Kraftwerk Boxberg

Gräben geprägt ist. Schon im 13. Jahrhundert nutzten zugezogene Bauern die Teiche für die Fischzucht. Um Anbauflächen zu gewinnen, legten sie Moore trocken und holzten Wälder ab, die Böden trockneten aus und boten Heidekraut ideale Bedingungen.

Trotz oder gerade wegen dieser Eingriffe hat sich zwischen Bautzen und Hoyerswerda ein artenreicher Lebensraum für Vögel, Insekten und Amphibien entwickelt. Wer tiefer in die Natur mit ihren über 350 Teichen eintauchen will, kann ab Friedersdorf einen Abstecher auf den Seeadlerrundweg machen.

Durch **Mortka**, wo sich ein Privatmann eine Feldsteinburg nach mittelalterlichem Vorbild bauen ließ, rollen wir weiter nach **Knappenrode**. Hier ragt mitten im Wald eine Backsteinkathedrale aus dem sächsischen Sand, die Brikettfabrik Knappenrode, eine von 116, die es über die Zeit in der Lausitz gab. Heute ist der Gründerzeitbau ein Industriedenkmal, das in seinem original belassenen Inneren eines der modernsten Industriemuseen Deutschlands beheimatet.

In den 1950er-Jahren entwickelte sich die Lausitz zum »Schaufenster der DDR« – Braunkohle war der einzige heimische Rohstoff auf ost-

An der Strecke: »Energiefabrik Knappenrode«

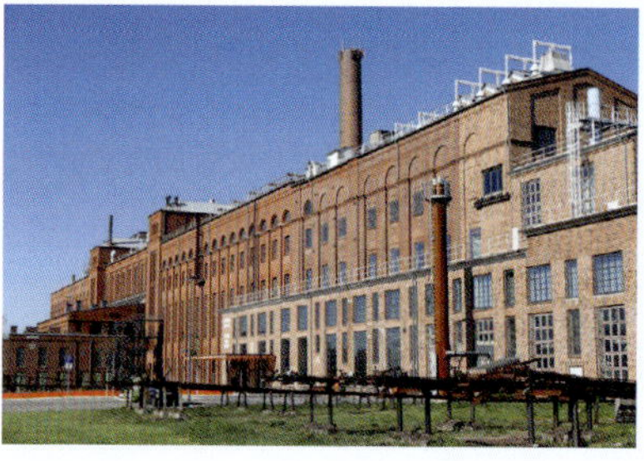

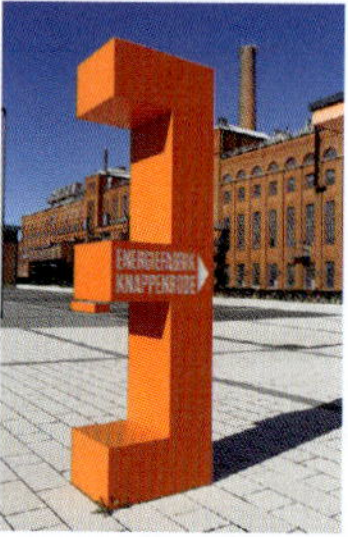

Wer verstehen will, warum die Menschen in der Lausitz auch wider besseren Wissens bis heute um die Kohle streiten, sollte die »Energiefabrik Knappenrode« besuchen. Die multimediale Ausstellung in den historischen Gebäuden der Brikettfabrik macht den Wandel des Lausitzer Reviers von seinen Anfängen bis in die komplizierte Gegenwart als Urlaubs- und Energieregion begreifbar. Schon die sorbischen Heidebauern nutzten im 18. Jahrhundert die braunen Klumpen zum Heizen und Kochen. Mitte des 19. Jahrhunderts begann die industrielle Verwertung der Braunkohle in der Lausitz. Den Zweiten Weltkrieg überstand die Fabrik beinahe unbeschädigt. Zwar wurden auch in Knappenrode die modernsten Maschinen von den Sowjets reparationsbedingt demontiert, aber schon ab 1947 liefen die Briketts mit dem Aufdruck »Rekord« wieder über das Förderband. Mit älteren Maschinen, aber dem Elan des Neubeginns wurde die Produktion hochgefahren, in Spitzenzeiten arbeiteten über 1000 Menschen in drei Schichten im Werk, davon 40 Prozent Frauen. Bis zu 3500 Tonnen Briketts wurden täglich gepresst, die den Berlinerinnen und Berlinern warme Wohnstuben bescherten. Für die Beschäftigten war die Fabrik mehr als ein Arbeitsplatz, sie bedeutete Ansehen, Wohlstand und Familie. Mit der Stilllegung der Fabrik 1993 endete für viele eine Ära. Wie aus Rohkohle durch Sieben, Mahlen, Trocknen und Pressen die schwarzen »Ziegelsteinchen« (frz. »briquette«) hergestellt wurden, erfährt man beim Rundgang durch die sieben Stockwerke der Fabrik, der auch akustisch ein Erlebnis ist. Auf dem Außengelände sind historische Schienenfahrzeuge und alte Tagebautechnik zu besichtigen, von der Aussichtsplattform in 22 m Höhe blickt man über die Wälder und Seen des Lausitzer Bergbaulands.

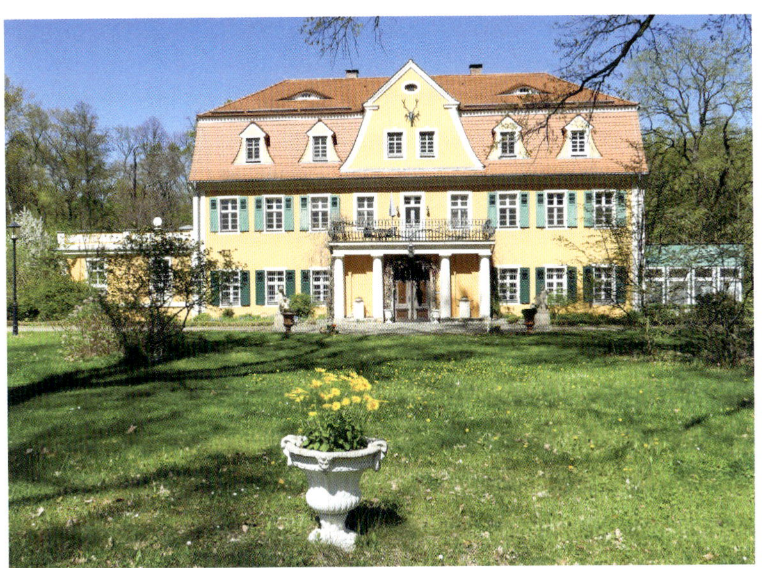

Idyllische Ruhe am Fledermausschloss Weißig

deutschem Boden. Die Bergbauindustrie war gierig nach Arbeitskräften, Dörfer und Städte im »Energiebezirk Cottbus« explodierten, wie das 20 Kilometer entfernte **Hoyerswerda**, wo die Einwohnerzahl von 7000 nach dem Zweiten Weltkrieg auf über 71 000 Anfang der 1980er-Jahre in die Höhe schoss.

Die Planwirtschaft schuf eine sozialistische Musterstadt mit Wohnkomplexen in Plattenbauweise für die Beschäftigen des Kombinats Schwarze Pumpe. Nach dem Mauerfall folgte mit den rassistischen Ausschreitungen ein weniger rühmliches Kapitel der Stadtgeschichte. Die Schließung vieler heruntergewirtschafteter DDR-Betriebe führte zu einem massiven Bevölkerungsrückgang, sodass bis 1997 Tausende Wohnungen abgerissen wurden. Heute wirkt Hoyerswerda wie ein zu groß gewordener Mantel. Wir rollen durch Häuserfluchten über leere Paradestraßen der Neustadt.

Zurück zu den Wurzeln: Von Hoyerswerda nach Senftenberg (ca. 50 km)

Am nächsten Morgen zeigt uns Hoyerswerda ein ganz anderes Gesicht. Vorbei am mittelalterlichen Schloss, einer Wasserburg aus dem 13. Jahr-

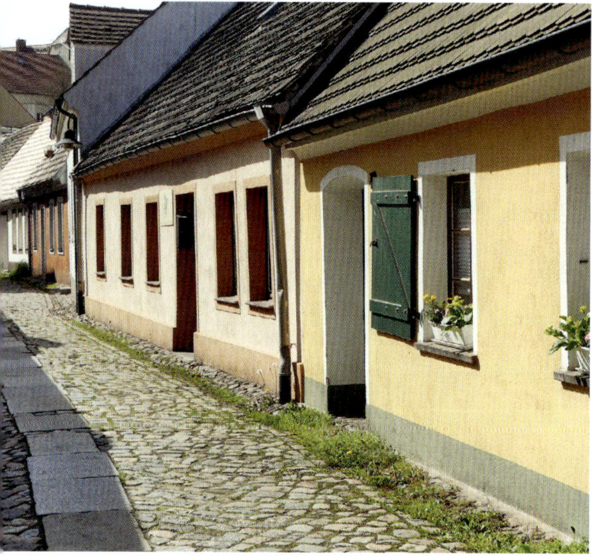

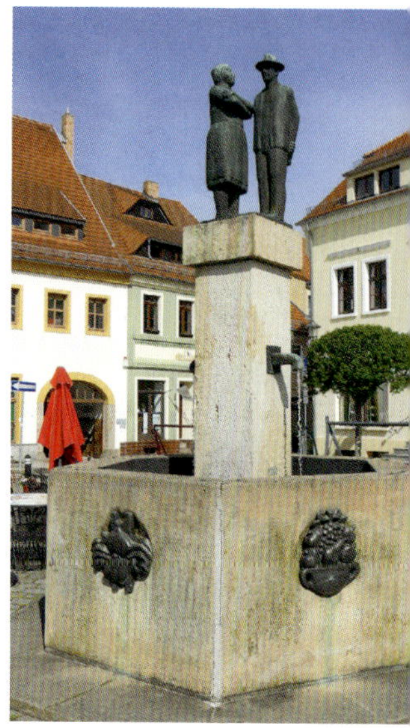

Historische Mitte von Hoyerswerda, Sorbenbrunnen auf dem Marktplatz

Begegnungen: Die Sorben

Auf dem Marktplatz in Hoyerswerda, zwischen den renovierten Stadthäusern, steht ein sorbisches Bauernpaar auf einer Säule im Brunnen. Der »Sorbenbrunnen« soll daran erinnern, dass das sorbische Volk die Lausitz über Jahrhunderte geprägt hat. Einst dominierten sie das gesamte Gebiet vom südlichen Brandenburg bis ins östliche Sachsen, doch durch Zuwanderung und Arbeitsmigration, vor allem für die Braunkohleindustrie, wurden die Sorben zunehmend verdrängt. Schätzungen gehen von rund 60 000 Sorbinnen und Sorben aus, die noch in der Lausitz leben, ihre Ethnie ist als nationale Minderheit anerkannt.

Die sorbische Sprache wird in Obersorbisch und Niedersorbisch unterschieden und gilt als vom Aussterben bedroht. Viele Vereine und Organisationen kämpfen um den Erhalt von Kultur und Traditionen. Mit Erfolg, wie es scheint, in vielen Vorgärten weht die sorbische Flagge, es gibt zweisprachige Ortsschilder und sorbische Bräuche erfahren einen Boom.

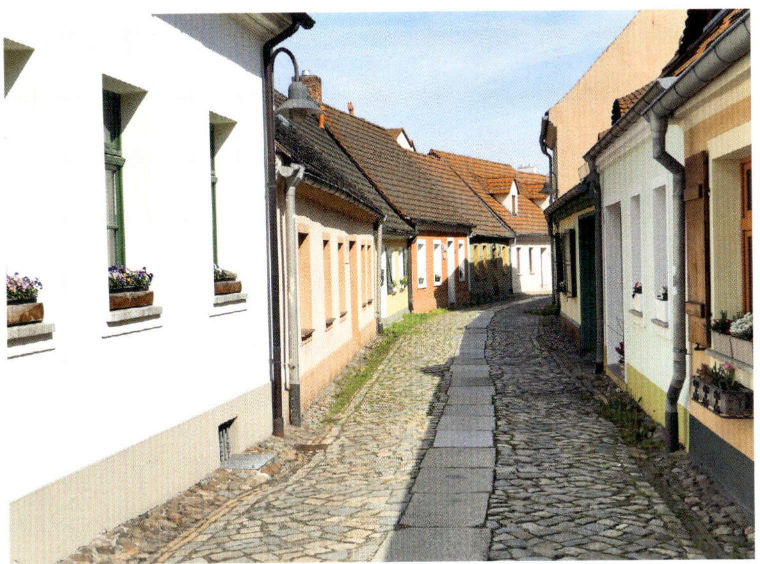

Spaziergang durch die Handwerkergasse Lange Straße

hundert, schlendern wir über den historischen Marktplatz und durch die Lange Straße, eine verwinkelte Handwerksgasse mit eingeschossigen Häusern aus dem 18. Jahrhundert und damit die älteste Straße der Stadt.

Erleben lässt sich sorbische Kultur zum Beispiel in der **Krabat-Mühle Schwarzkollm**. Die Menschenmassen, die sich an Veranstaltungstagen in das kleine Dorf ergießen, sind nicht jedermanns Sache, andererseits gibt die »Schwarze Mühle« einen lebendigen Einblick. Der Sage nach war der Krabat ein gütiger Zauberer, der seine Magie dafür einsetzte, den Bauern ihr karges Leben zu erleichtern, indem er Ackerland fruchtbar machte, Regen schickte oder Sümpfe trockenlegte. Als Waisenjunge war Krabat dem Ruf des Raben gefolgt und hatte in der Schwarzen Mühle zusammen mit anderen Gesellen das Müllerhandwerk und die schwarze Magie erlernt. An diese Geschichte, die Stoff für viele Bücher und Filme war, erinnern auch die Rabenfiguren, die überall in Schwarzkollm zu entdecken sind.

Auf dem **Erlebnishof Krabat-Mühle** informiert der Verein, der das Areal in Anlehnung an die Figur des »sorbischen Faust« errichtet hat, über Trachten, Bräuche und Handwerkskunst. Ein ganzer Raum widmet

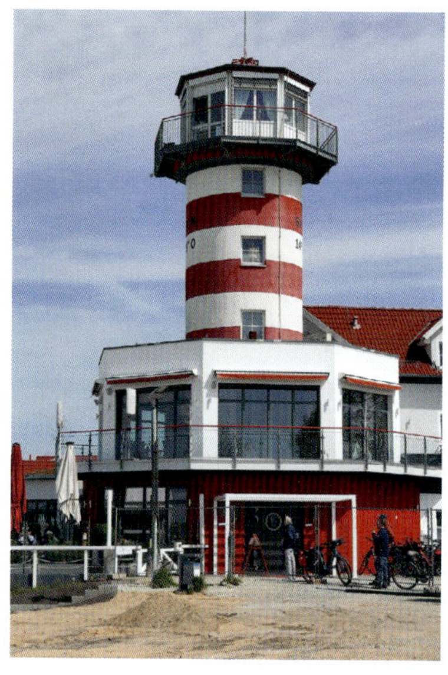

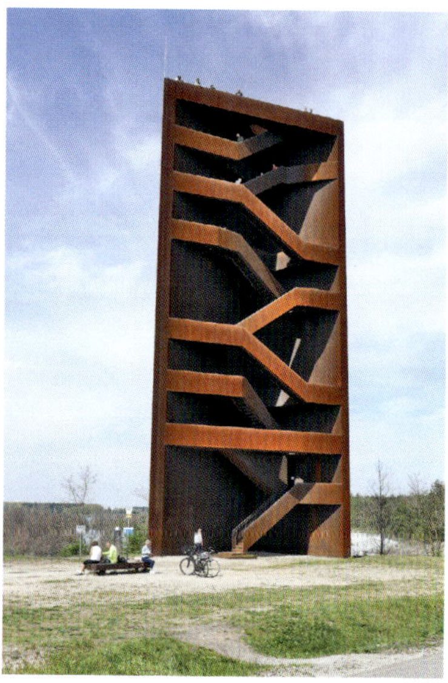

Landmarken: Leuchtturm-Lausitz, »Rostiger Nagel« (rechts)

sich dem sorbischen Schriftsteller Jurij Brĕzan, dessen Werke teils aus der Sagenwelt um den Krabat schöpfen.

In **Laubusch** radeln wir durch eine ehemalige Werkssiedlung, die seit den 1920er- bis Anfang der 1990er-Jahre zur Brikettfabrik Erika gehörte. Nach dem Ende der DDR wurden – anders als in Knappenrode – die Fabrik und weite Teile der Werkskolonie abgerissen. Es ist der letzte Ort auf der Strecke, an dem es noch buchstäblich nach Braunkohle riecht, ab dem **Geierswalder See** dominiert der Duft von Sonnencreme.

An den westlichen Seen ist der Wandel zur Tourismusregion schon fast gelungen, zumindest nimmt die Zahl der Ausflugsgäste spürbar zu. Die schwimmenden Ferienhäuser sind zum Markenzeichen für das neue Seenland geworden.

An der **Schleuse Koscher Kanal** lohnt sich ein Abstecher zum »Rostigen Nagel«, einer begehbaren Landmarke aus Stahl, die an die Bergbauvergangenheit der Lausitz erinnern soll und einen schönen Rundumblick über die westlichen Gewässer der Seenplatte gewährt. Der Ferienort **Großkoschen** am Südufer des Senftenberger Sees bietet alles, was das erholungssuchende Herz höherschlagen lässt: neben Stränden und Schiffs-

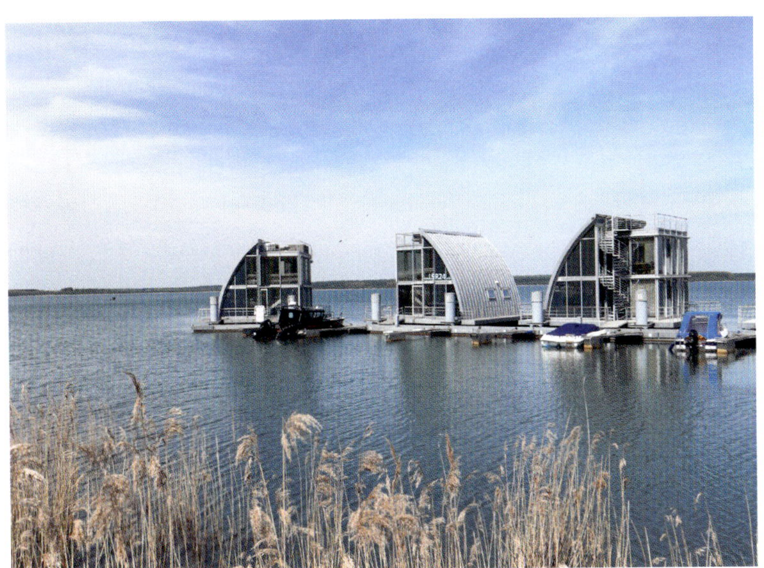

Schwimmende Ferienhäuser auf dem Geierswalder See

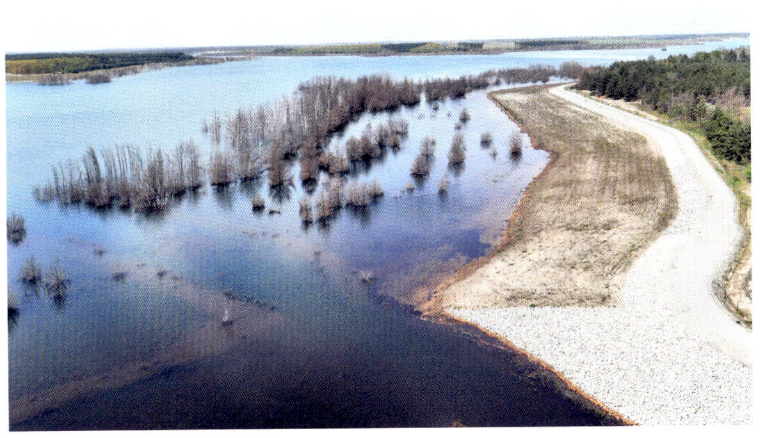

Blick vom »Rostigen Nagel« auf den Sedlitzer See

Abstecher: Besucherbergwerk F60

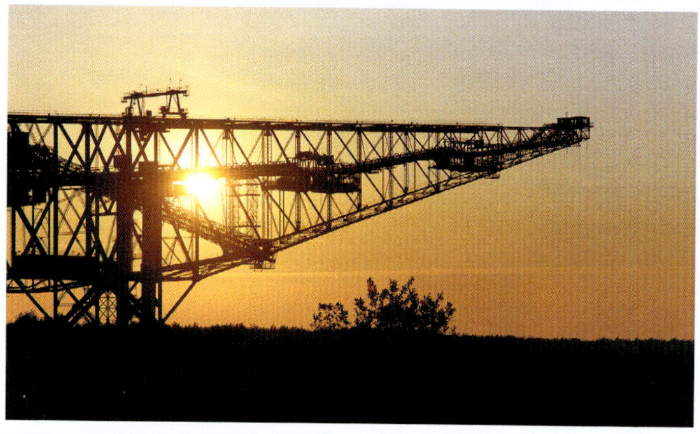

Bei Lichterfeld am Bergheider See, ungefähr 25 km von Senftenberg entfernt, liegt ein stählerner Koloss mitten in der Heide. Die F60, auch der »liegende Eiffelturm der Lausitz« genannt, ist eine der größten beweglichen Maschinen der Welt: 11 000 Tonnen schwer, 80 m hoch, 200 m breit und einen halben km lang. Hoch aufgestellt würde sie den Eiffelturm um 178 m überragen. Bis 1992 transportierte die mächtige Stahlbrücke den Abraum von zwei Schaufelbaggern im Tagebau Klettwitz-Nord auf die Abraumhalde, heute gewährt sie spannende Einblicke in die Lausitzer Bergbaugeschichte. Von der Aussichtsplattform in 75 m Höhe hat man einen beeindruckenden Rundumblick über die Lausitz. www.f60.de

anlegern gibt es Restaurants, Bars, Ferienhäuser und ein Amphitheater. Auf dem Fahrradweg sausen motorisierte Rentner mit ihren E-Bikes um die Wette, die Picknickbänke sind von Familien belegt und am Imbiss Südsee kredenzt die Inhaberin Soljanka.

Der letzte Höhepunkt unserer Seenlandtour ist der »**Schiefe Turm**«, der mit seiner zehnprozentigen Neigung den italienischen Namensvetter locker schlägt. Von der Aussichtsplattform in gut 31 Meter Höhe schaut man über üppigen Wald und den Senftenberger See mit seinen naturgeschützten Inseln – fast könnte man hier die Bergbauvergangenheit der Lausitz vergessen.

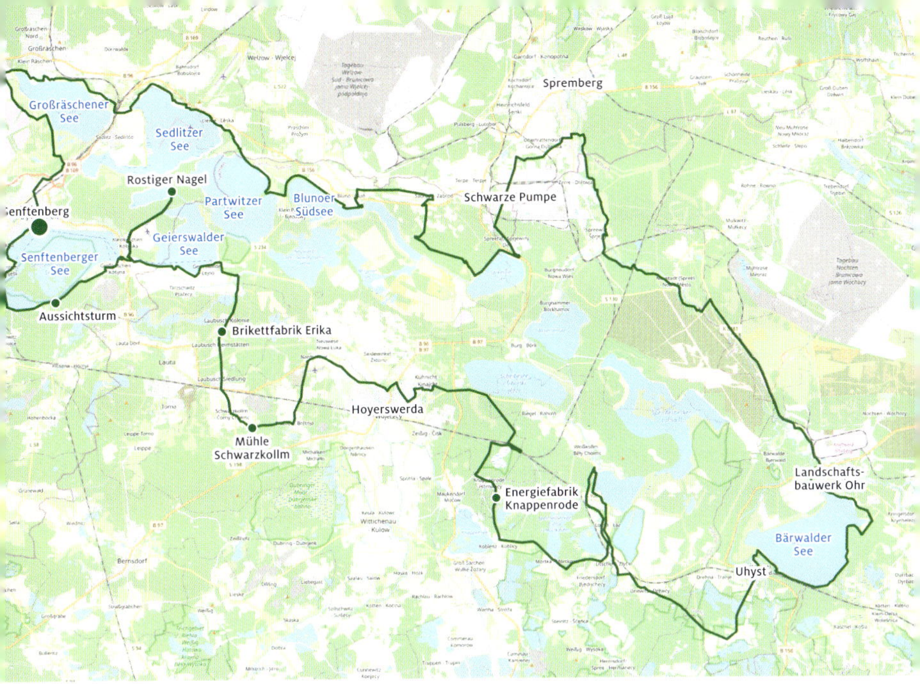

In einem Bogen fahren wir die letzten Kilometer durch den Senftenberger Ortsteil Niemtsch mit seinem schönen Schlosspark, entlang der Schwarzen Elster weiter zum Stadthafen Senftenberg und durch die Stadt zurück zum Bahnhof.

Hin und weg: Vom Hauptbahnhof mit dem RE 7 nach Senftenberg (ca. 1:30 h) und auf demselben Weg zurück

Schlafen und Schlemmen: Schwimmende Häuser auf dem Geierswalder See (www.open-water-resort-lausitz.com)

Bonustipp: Gundermann Sammlung & Schaltzentrale, audio-visueller Infopoint zum Leben und Werk des »singenden Baggerfahrers« Gerhard Gundermann in der KulturFabrik e. V., Bürgerzentrum Braugasse 1

Tour auf Google Maps

4 Berliner Sumpf – Wanderung durch das Erpetal

Landschaftsschutzgebiet Erpetal

Kurz und knapp: Stadtnahe und trotzdem erstaunlich verwunschene Wanderung entlang der Erpe (Neuenhagener Mühlenfließ). Verläuft auf der Grenze zwischen Berlin und Brandenburg durch artenreiche Feuchtwiesen und schönen Mischwald. Teilstück des europäischen Wanderwegs E11. Ideal für eine kurze Rauszeit.

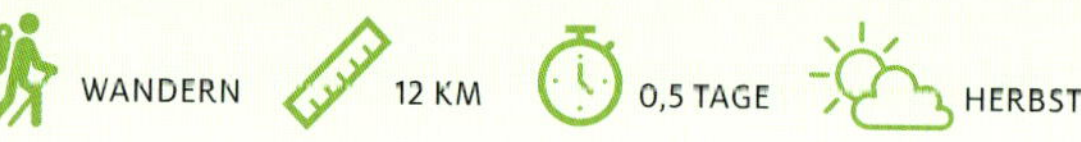

Berlin ist auf Sand gebaut. Und im Sumpf. Das verrät schon der Name, der sich vermutlich aus dem slawischen Wort »berl« ableitet, was auf morastiges Nass in Flussnähe hindeutet. Besichtigen lässt sich die schlüpfrige Vergangenheit der Hauptstadt noch heute zum Beispiel im Erpetal. Südöstlich von Mahlsdorf schlängelt sich die Erpe, ein Nebenfluss der Spree, der in der letzten Eiszeit entstand, idyllisch durch die stadtnahe Wald- und Wiesenlandschaft.

Ein gut 12 Kilometer langer Wanderweg führt von **Hirschgarten** bis zur **Rennbahn Hoppegarten**, immer längs der Erpe, die sich hier amtlich **Neuenhagener Mühlenfließ** nennt. Nach einem Schlenker durch den Elsengrund verläuft der schmale Wanderweg über die **Erpetalwiesen**. Weil die sattfeuchten Moorböden nicht zur landwirtschaftlichen Nutzung mit schweren Maschinen taugen, verrichten hier Wasserbüffel ihren Dienst. Sie fressen auch Baumschösslinge und halten so die Weidelandschaft offen. Mit ihrer Leidenschaft für schlammige Suhlen schaffen sie außerdem neuen Lebensraum für Amphibien und Libellen.

Zwar wird der Uferrand der Erpe hin und wieder freigeschlagen, doch zwischen den Pflegeintervallen wuchert das Röhricht wild und üppig. Schwertlilien und Blutweiderich setzen bunte Akzente, Birken, Kopf- und Trauerweiden säumen den Weg. Es geht vorbei an Kleingärten und einem Foxterrier-Zuchtverein, dann über Feuchtwiesen, in denen es zirpt, piept

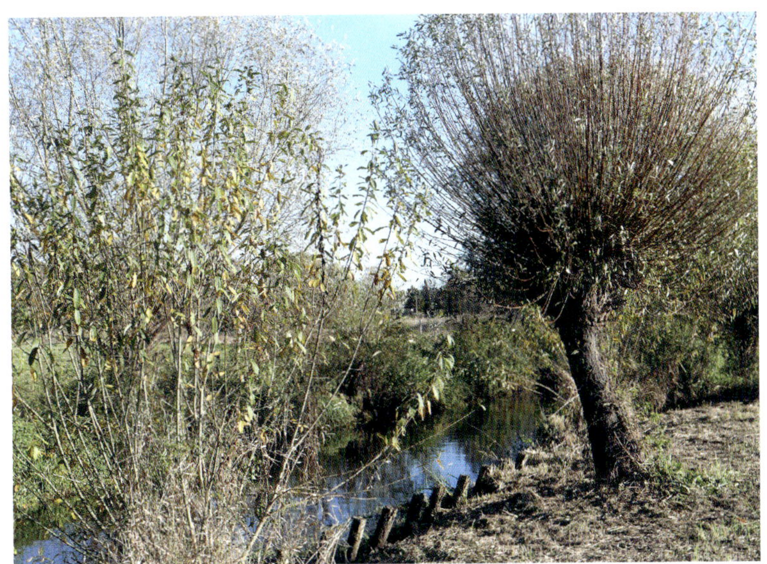

Von Weiden gesäumt: das Neuenhagener Mühlenfließ, meist Erpe genannt

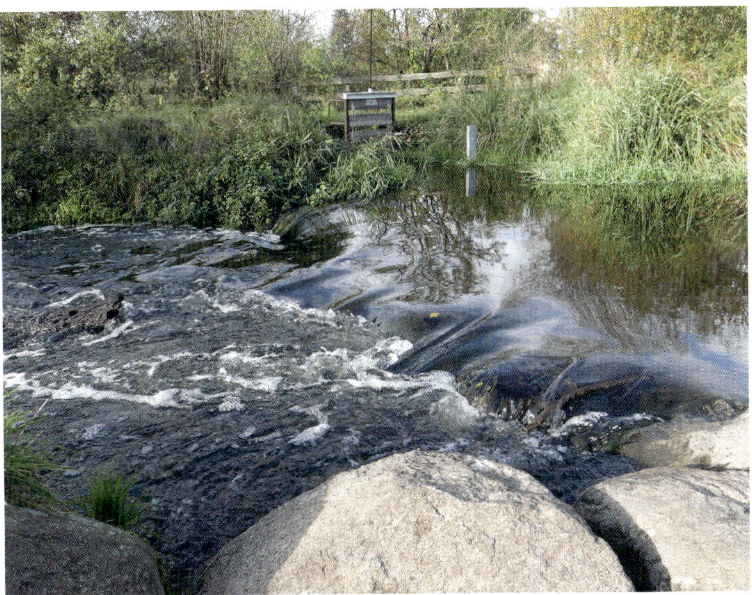

Spaßbad für Frösche: die Erpe in der Nähe der Heidemühle

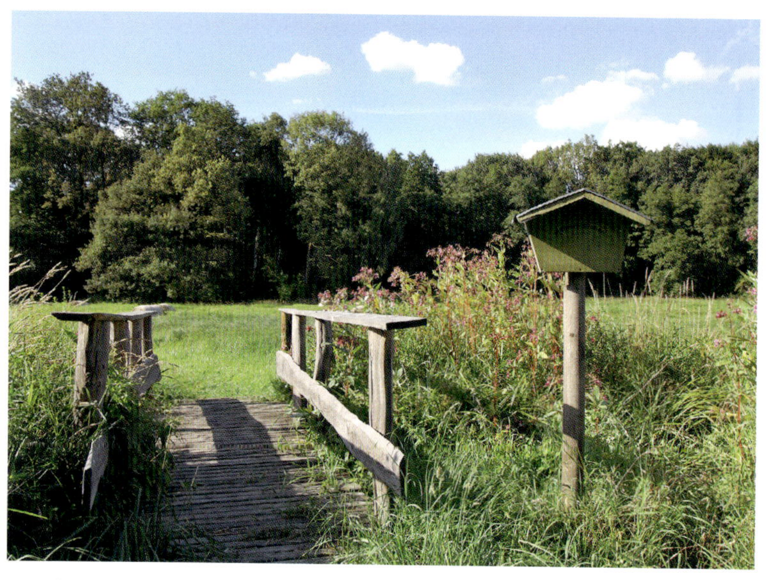

Steg über den Wernergraben kurz vor Schloss Dahlwitz

und quakt. An manchen Stellen purzelt das Fließ über Stämme und Steine, an der Heidemühle überwindet es sogar fotogen Kaskaden.

Obwohl das leise Soundbett aus Verkehrslärm nur selten gänzlich verstummt, lohnt der ausgedehnte Spaziergang durch das landschaftlich abwechslungsreiche, überraschend menschenarme Fließtal. Nur ein paar Hundebesitzer und Sonntagsspaziergänger drehen hier ihre Runden, besonders unter der Woche ist es ruhig.

Eine Wanderung ohne Picknick ist für mich wie ein Aufstieg ohne Ausblick – nur das halbe Vergnügen. Auf dem Erpetalweg muss man zum Glück weder auf das eine noch auf das andere verzichten. Etwa auf halber Strecke liegt – wie auf dem Präsentierteller – ein überdachter Rastplatz mitten in den Feuchtwiesen. Stullen mümmelnd bestaunen wir die langgestreckte, von Wald eingerahmte Talaue mit ihren Teichen und Gräben.

Fünf Mühlräder soll die schnell fließende Erpe im Mittelalter einmal in Schwung gehalten haben. Heute ist das renaturierte Erpetal ein naturbelassenes Rückstaugebiet für Hochwasser und steht unter Naturschutz. Ganz unbelastet ist das Flüsschen trotzdem nicht. Die Einleitungen des

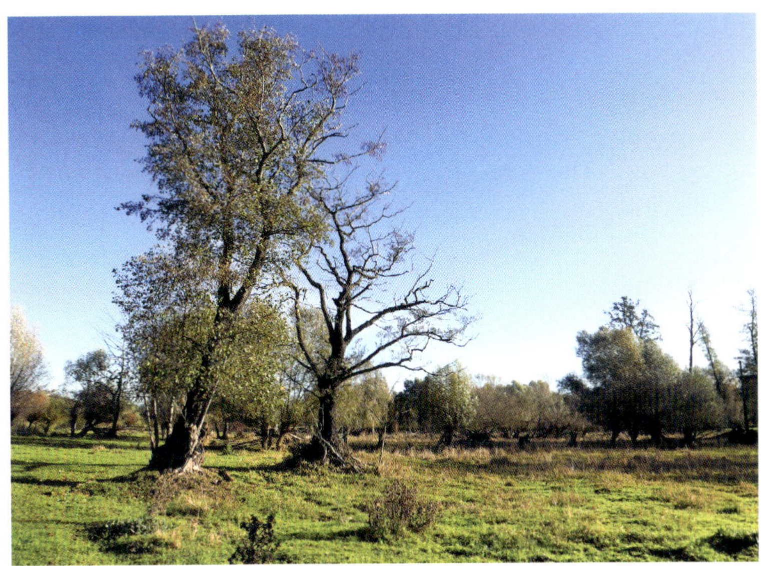

Auf den geschützten Feuchtwiesen grasen oft Wasserbüffel und Rinder.

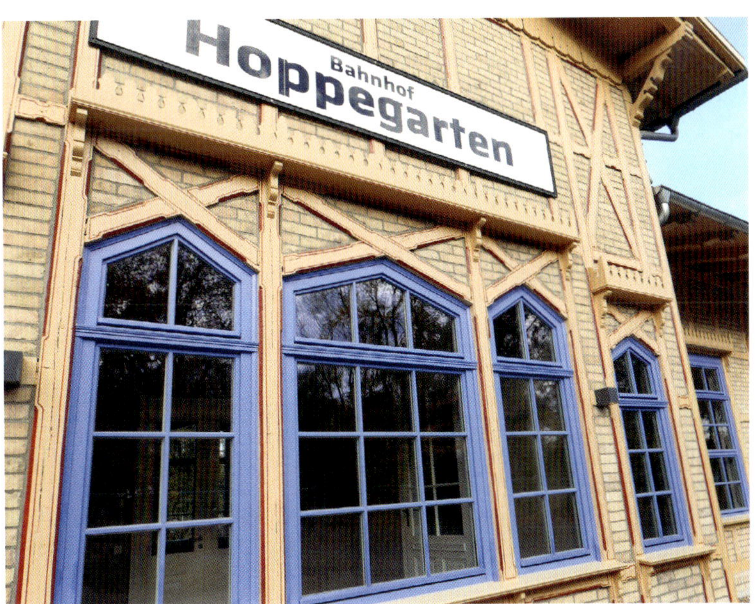

Sanierter Kaiserbahnhof Hoppegarten

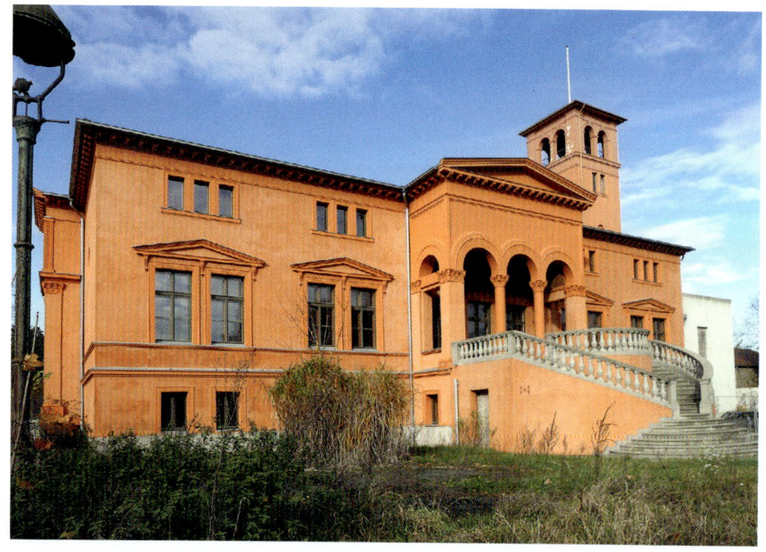

An der Strecke: Schloss Dahlwitz

Der spätklassizistische Bau, der heute wieder im alten Glanz mit ziegelroter Stuckfassade erstrahlt, wurde Mitte des 19. Jahrhunderts nach Plänen des Berliner Architekten und Schinkel-Schülers Friedrich Hitzig im bereits bestehenden Park erbaut. Auftraggeber war Gutsbesitzer Carl Heinrich von Treskow, später Gründer der Galopprennbahn Hoppegarten. Die Grabstätte der Familie befindet sich in der Nähe der Bundesstraße im Wald. Bis in die späten 1990er-Jahre wurde das Schloss als Kindergarten genutzt, danach verfiel der Bau, bis ihn die gemeinnützige Gesellschaft Brandenburgische Schlösser übernahm und aufwendig renovierte. Wenig später wurde die schlossartige Turmvilla an einen privaten Investor verkauft. Leider wirkt sie weiterhin unbelebt, ein Bauzaun umgibt den Herrensitz.

nahen Klärwerks Münchehofe sollen die Erpe noch immer hin und wieder zum Schäumen bringen.

Bei unserer Wanderung ist davon nichts zu sehen. Im Gegenteil, der von Schönwetterwölkchen gescheckte Himmel spiegelt sich malerisch im Fluss. Hinter der **Erpebrücke** beginnt der **Dahlwitzer Forst**, ab hier wandern wir durch schattigen Mischwald, bis wir kurz hinter einer grasbewachsenen Wiesenniederung den Eingang zum Lenné-Park am **Schloss Dahlwitz-Hoppegarten** erreichen.

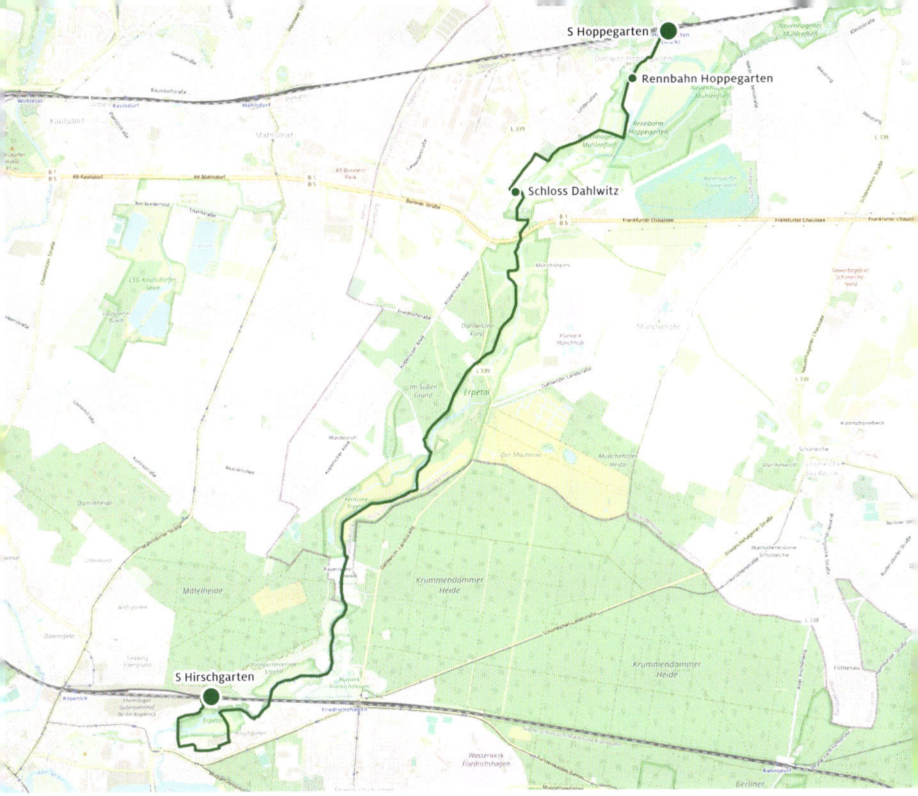

Gegenüber dem Eingangsportal von Schloss Dahlwitz liegt die Dorfkirche. Am Friedhof biegen wir noch einmal rechts ab in die Fließniederung, bevor wir die weißen Zäune der Rennbahn schon in der Ferne sehen. Am Info-Zentrum im sanierten »Kaiserbahnhof« Hoppegarten endet der Spaziergang.

Hin und weg: Mit der S3 bis S-Bahnhof Hirschgarten (alternativ auch Friedrichshagen), zurück ab S-Bahnhof Hoppegarten mit der S5
Bonustipp: Zwischen Ravensteiner und Heidemühle verläuft ein lohnenswerter Naturlehrpfad. Rundweg mit 12 Stationen, ca. 3,5 km

Tour auf Google Maps

5 Fließen lassen auf der Müggelspree

Müggelspree-Löcknitzer Wald- und Seengebiet

Kurz und knapp: Einfache Paddeltour auf der motorfreien Müggelspree, führt durch die teils wilde, naturbelassene Spreeniederung, vorbei an Wiesen und Wäldern. Vor den Toren Berlins und trotzdem weit draußen. Wer es einsam mag, sollte die Tour an einem Wochentag und außerhalb der Ferien planen.
Variationen: Geübte Paddlerinnen und Paddler können die Tour bis Erkner fortsetzen, wo die Müggelspree in den Dämeritzsee mündet. Übernachtung ratsam! Länge: 26 km

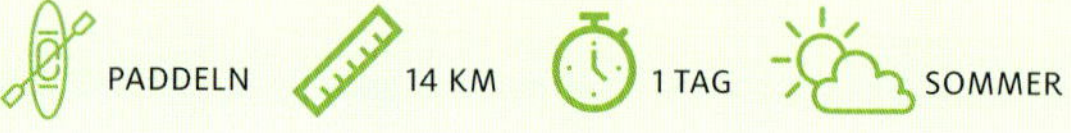

Ganz ehrlich – ich bin keine Wasserratte. Bei wilder Strömung, Wind und Wellen wird mir im Kajak ruckzuck mulmig. Aber wenn das Paddelboot geschmeidig über eine spiegelglatte Wasseroberfläche gleitet, ist das für mich Entspannung pur. Einfach fließen lassen – dafür ist die **Müggelspree** östlich von Berlin das ideale Revier.

Zwischen Fürstenwalde und Erkner schlängelt sich die »Alte Spree«, wie die Müggelspree auch genannt wird, über knapp 40 Kilometer gemächlich durch das Landschaftsschutzgebiet. Mit konstanter, leichter Strömung, die durch das **Wehr Große Tränke** verursacht wird. Die ehemalige Schleuse reguliert den Wasserstand im Oder-Spree-Kanal, sodass der auch bei Niedrigwasser schiffbar bleibt.

Ob Mietboot oder eigenes Kajak, eine gute Einsatzstelle für diese Paddeltour ist die Slipanlage neben dem Ruderclub **Fürstenwalde**. Von dort paddeln wir eine knappe Stunde über den Kanal, der hier noch Fürstenwalder Spree heißt, bis zum Abzweig in die Müggelspree. In den üppig zugewucherten Altarmen, die sich mal rechts, mal links vom Hauptstrom in die Büsche schlagen, kommt zum ersten Mal richtig Dschungel-Feeling auf. Am Wehr Große Tränke müssen wir die Boote ein kurzes Stück umtragen, das lässt sich prima mit einem Picknick auf dem großen

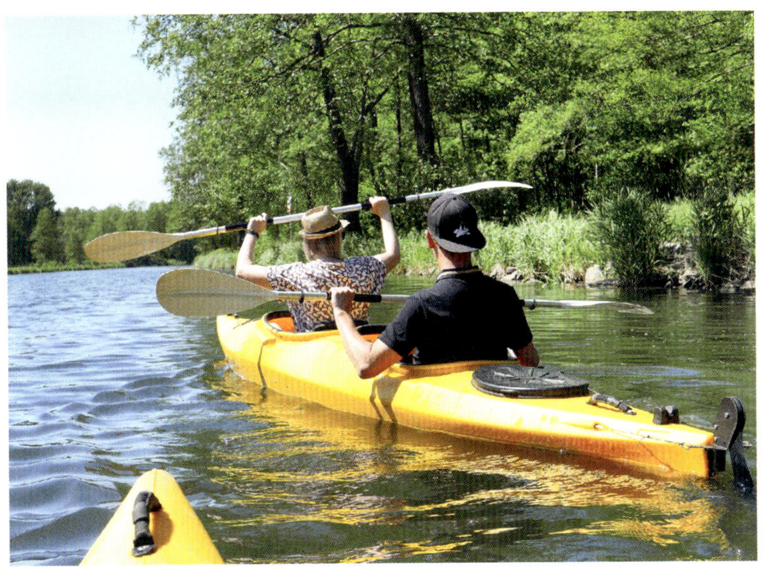

Easy Paddling auf der Fürstenwalder Spree

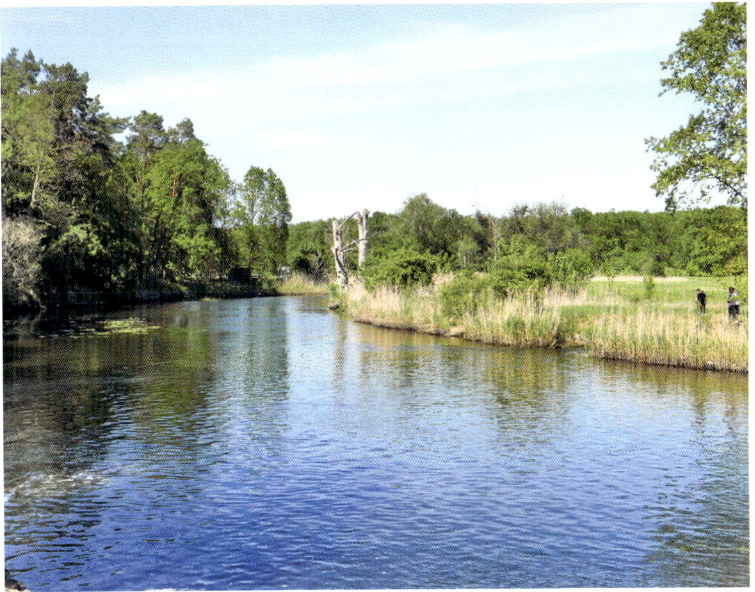

Beginn der Müggelspree (Alte Spree) am Wehr Große Tränke

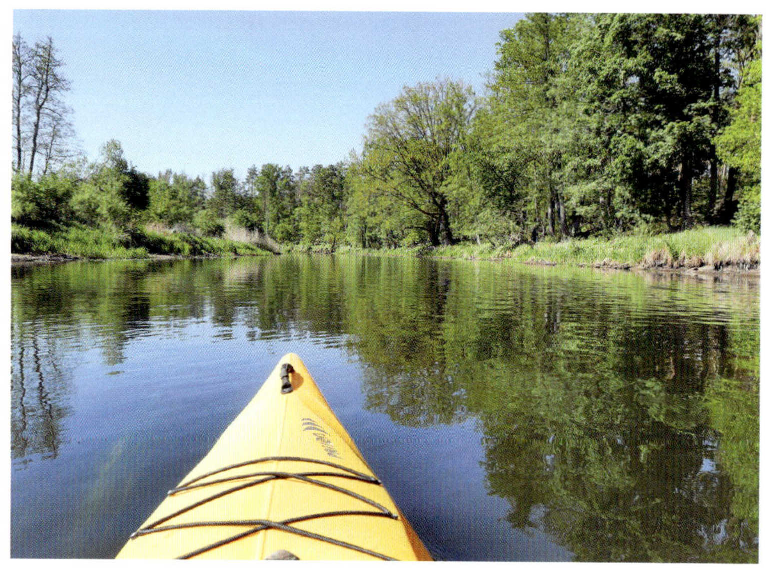

Wer seine Ruhe haben will, paddelt besser nicht in den Ferien.

Wasserwanderrastplatz verbinden. Hinter der Wehranlage wird es ruhig und selig – ab hier ist der motorisierte Bootsverkehr verboten. Frei von jedem Effizienzgedanken mäandert die Müggelspree durch das Berliner Urstromtal, verschwenderisch und raumgreifend, bis Erkner ist der Flusslauf vollständig naturbelassen. Anfangs säumen hohe Eichen das Ufer, später geht es durch märkischen Kiefernwald und vorbei an ausgedehnten Wiesen. Libellen schwirren durch das Schilf, Teichrosen nicken auf dem Wasser. Von der Böschung aus winkt uns ein Wanderpärchen zu, der 66-Seen-Wanderweg verläuft fast parallel zum Fluss.

Wir lassen uns von der milden Strömung ziehen, bis eine Schwanenfamilie hinter der nächsten Biegung erschrocken die Schwingen aufstellt und uns fauchend zu mehr Paddeldisziplin ermahnt. Ein Reiher schwingt sich neben uns in die Luft. Die Fahrt könnte gerne ewig dauern. An der Badestelle **Hangelsberg** machen wir noch einmal länger Halt. Der schattige Sandstrand lädt zum Faulenzen ein, im Flussbett spülen derweil hunderte Seemuscheln das Wasser.

Sonnensatt klettern wir wieder in die Kajaks. Wenn oben am nördlichen Hochufer der Kult-Imbiss Spree-Curry ins Blickfeld kommt, sind es nur noch zwei, drei Kurven bis zur Kanu-Station Hangelsberg. Wer eine Verlängerung der Tour in Richtung **Erkner** plant, kann hier in verschiedenen Ferienunterkünften übernachten. Wir geben unsere Mietkajaks ab und nehmen uns fest vor, uns bei der nächsten Paddeltour noch viel mehr Zeit zu lassen.

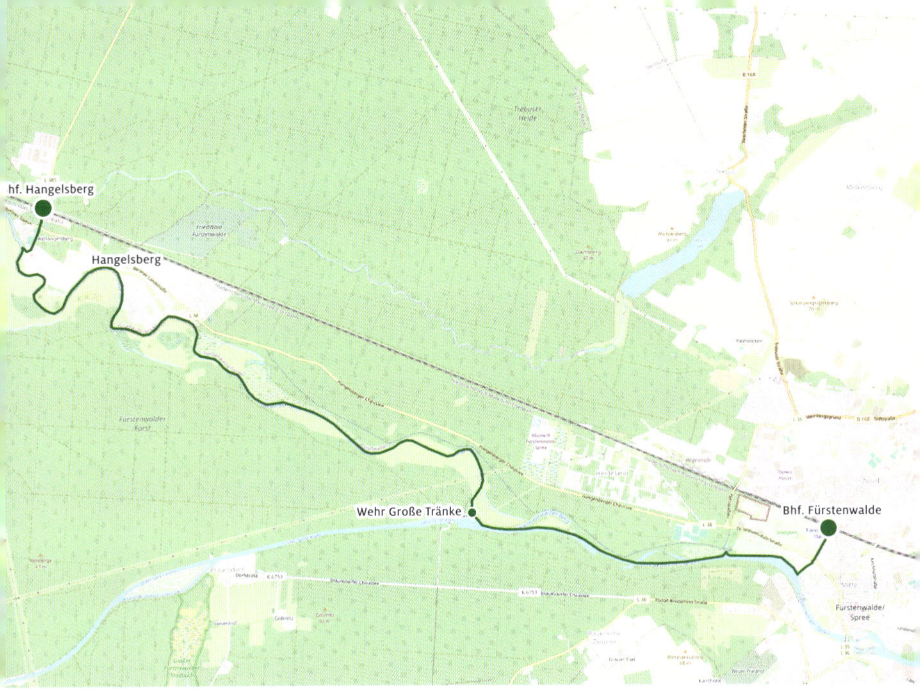

Hin und weg: Mit dem RE 1 nach Fürstenwalde(Spree), zurück ab Hangelsberg ebenfalls mit dem RE 1, jeweils gut 40 min bis 1 h

Bonustipp: Der Kanuverleih KanuSport in Hangelsberg organisiert Einweg- und Gruppentouren auf der Müggelspree zwischen Fürstenwalde und Erkner, auch Vermietung von Unterkünften (https://kanu-spree.de)

Tour auf Google Maps

6 Zwischen Bergbau und Boxring – Wanderung durch die Rauener Berge

Scharmützelseegebiet, Rauener Berge

Kurz und knapp: Abwechslungsreiche Rundwanderung von Bad Saarow durch die Rauener Berge. Das hügelige Waldgebiet südlich von Fürstenwalde an der Spree birgt jede Menge Überraschungen: Relikte des Rauener Bergbaus, den größten landliegenden Findling Deutschlands und Erinnerungen an die Boxlegende Max Schmeling.

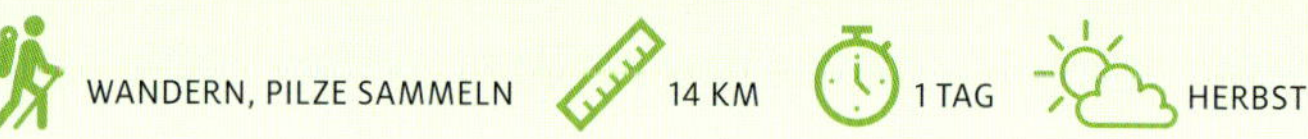

Der pastellgelb getünchte historische Bahnhof in **Bad Saarow** liegt noch halb im Schatten, als uns die Regionalbahn in den kühlen Morgen entlässt. Jenseits der ausladenden Kolonnaden auf dem Vorplatz empfängt uns der Brunnen »Lebensfreude«, wie die in den späten 1970er-Jahren von Hans Eickworth geschaffene Plastik heißt: Vier vitale, nackte Figuren, zwei Männer und zwei Frauen, balancieren in perfekter Symmetrie eine Schale über ihren Köpfen – ganz sozialistisches Menschenbild. Dabei wäre dieser Appell gar nicht nötig gewesen, denn schon beim ersten Blick auf den herbstlich eingerahmten **Scharmützelsee** geht uns das Herz auf. Von der Uferpromenade im Kurpark aus machen wir einen kurzen Abstecher auf die Seebrücke, über der sich Möwen und Krähen eine wilde Verfolgungsjagd liefern.

Hinter dem Hafen biegen wir ab in Richtung Wald. Ein Mischwald, wie man ihn aus Brandenburg kennt, wäre der Waldboden rechts und links des Wegs nicht von Kratern, Rinnen und Kuhlen zerfurcht. Die Erklärung lässt nicht lange warten, eine Infotafel erinnert an die Geschichte des Bergbaus in den Rauener Bergen, der 1842 begann. Anders als in der südlich gelegenen Lausitz, wo die begehrte Braunkohle meist im Tagebau gewonnen wurde, trieben die Bergleute ihre Stollen hier bis zu 50 Meter in die Tiefe. Der mit fast 2,5 Kilometern Längste war der 1866 eröffnete Simon-Stollen. Vom Eingang, dem Mundloch, wurde die

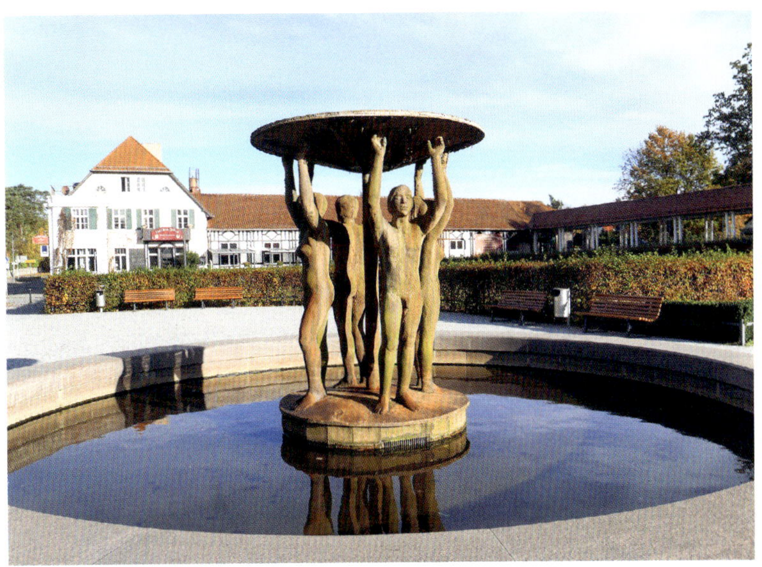

Der Brunnen »Lebensfreude« vor dem Bahnhof Bad Saarow

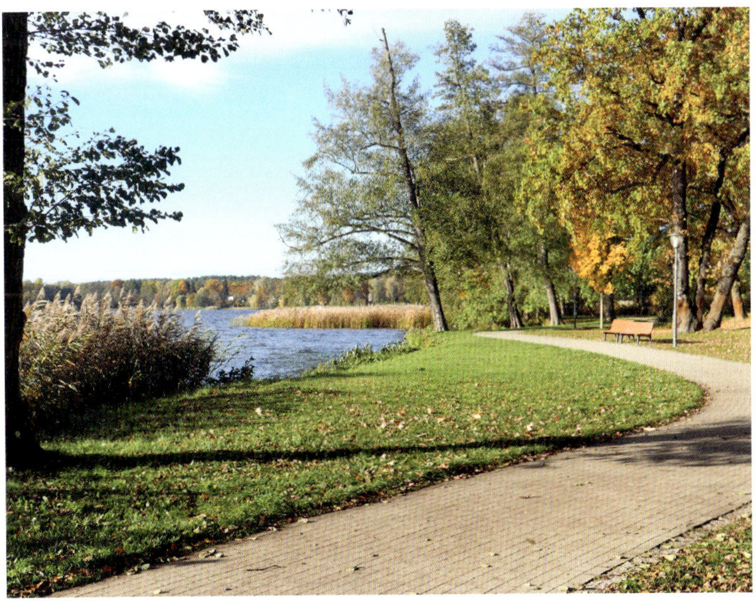

Ludwig-Lesser-Promenade am Scharmützelsee

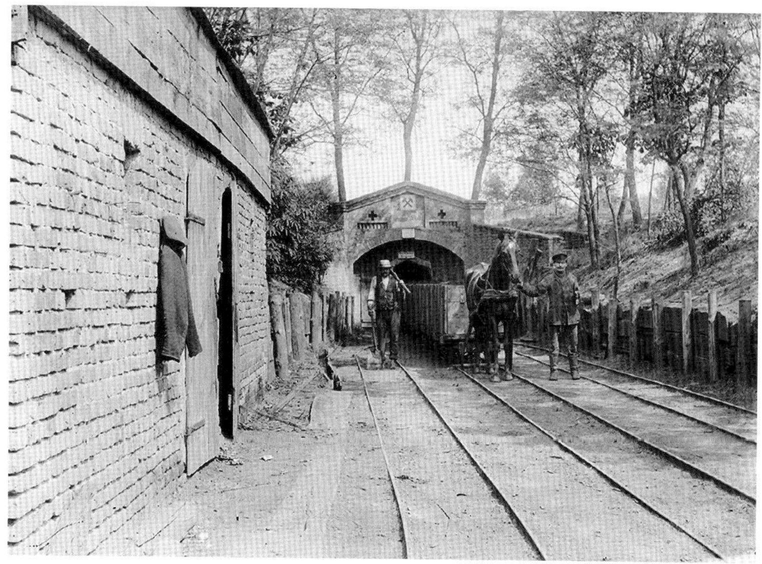

Mundloch »Simon Stollen« mit Bergleuten und Pferdebahn, Foto ca. 1899

Kohle per Pferdeeisenbahn zur Verladestelle am Scharmützelsee transportiert.

Nach rund 50 Jahren war Schluss und die Anlagen wurden sich selbst überlassen, bis die eingestürzten Schächte und Stollen zur Stolperfalle für Spaziergänger wurden. Obwohl die meisten Bodensenkungen inzwischen gesichert sind, warnen noch immer Schilder vor den Gefahren aus dem Altbergbau. Wer sich auf die Spuren der Rauener Bergleute begeben will, kann einem ausgewiesenen Wanderweg folgen.

Auch wenn wir bequemere Wege wählen könnten, entscheiden wir uns für die steile Route hoch zum Gipfel – wenn schon Berge, dann richtig. Wobei das moderate Auf und Ab selbst weniger fitte Menschen kaum aus der Puste bringen dürfte. Fast an der höchsten Stelle angekommen, legen wir eine Pause an den beiden Markgrafensteinen ein.

Ein paar hundert Meter weiter, auf dem höchsten Punkt der **Rauener Berge**, liegt ein weiterer Picknickplatz. Der steinerne Tisch auf knapp 150 Metern Höhe über Normalnull hieß früher »Schöne Aussicht«, weil Besucher von hier aus einen grandiosen Rundumblick in die Landschaft bis nach Berlin und zum Scharmützelsee hatten. Inzwischen wird der Hügel

An der Strecke: Markgrafensteine

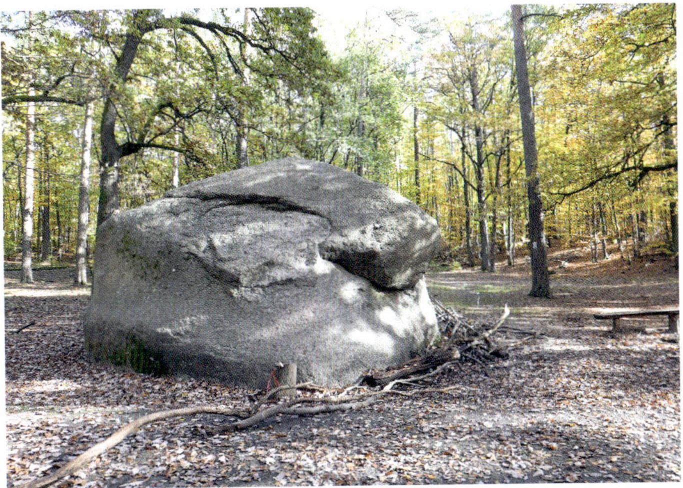

Was hat die Granitschale vor dem Alten Museum in Berlin mit den Rauener Bergen zu tun? Ganz einfach: Das Material, aus dem das auf Hochglanz polierte Prunkstück gefertigt wurde, stammt aus der Hügelkette südlich von Fürstenwalde. Der an die 750 Tonnen schwere Granitklotz gelangte während einer der letzten Eiszeiten aus Südschweden in die Sandberge von Rauen. 1827 wurde er auf Geheiß des preußischen Königs Friedrich Wilhelm III. in drei Teile aufgespalten. Aus dem größten Stück entstand die Riesenschüssel mit einem Durchmesser von fast 7 m. Sie sollte ursprünglich in der Rotunde des Alten Museums stehen, geriet aber so groß, dass sie vor dem Museum aufgestellt werden musste. Schon der Transport der Schale nach Berlin war eine logistische Meisterleistung: Auf Holzstämmen wurde die Schale aus den Hügeln zur Spree gerollt und von dort mit dem Lastkahn nach Berlin geschippert. Ein kleineres Stück des Findlings lieferte das Material für einen Steintisch und vier Bänke, die an einem nahegelegenen Aussichtspunkt stehen. Das Reststück blieb an Ort und Stelle, woraus sich der kuriose Umstand ergibt, dass der Große Markgrafenstein heute einen deutlich geringeren Umfang hat als der Kleine Markgrafenstein, der immerhin noch als größter landliegender Findling Deutschlands gilt.

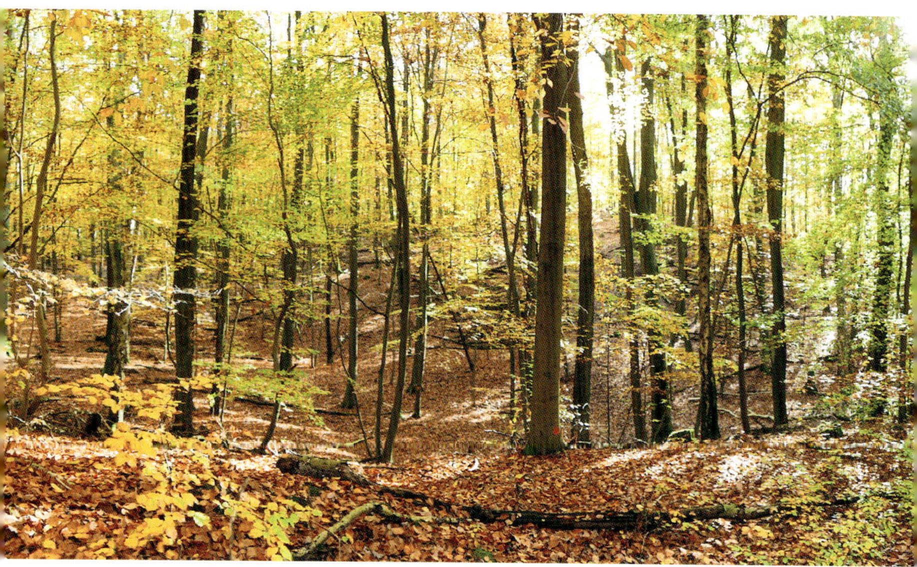

Viele Furchen im Wald entstanden beim Einsturz von Stollen

von bis zu 120 Jahre alten Bäumen überragt. Um einen ähnlichen Fernblick zu haben, muss man heute noch einmal 45 Meter höher auf den **Aussichtsturm** klettern. Der Aufstieg zur offenen Plattform über grobes Lochblech ist allerdings nichts für Menschen mit Höhenangst – dafür wird man mit einer atemberaubenden Aussicht belohnt.

Aber bevor wir uns den Turm vornehmen, steigen wir noch eine steile Treppe hinter dem Steintisch hinab, um nach den Überresten der alten **Rauener Skisprungschanze** Ausschau zu halten. Von 1954 bis 1988, als die Winter noch schneereich waren, sausten skisportbegeisterte Lokalmatadore über die Waldschanze ins Tal, sogar Bezirksmeisterschaften wurden in Rauen ausgetragen. Außer ein paar Treppenstufen, einer Schneise und Betonfundamenten ist von der alten Schanze jedoch nichts mehr zu sehen.

Durch Robinienwald schlendern wir den Wanderweg bergab in Richtung **Petersdorf**, wo wir nach einem kurzen Kaffeestopp am See in die Alte Saarower Straße einbiegen. Die mündet bald in einen Feldweg und verläuft am Waldrand durch moorige Feuchtwiesen. Jenseits der Landstraße zweigt der Schmeling-Rundweg von der Moorstraße ab, dem wir

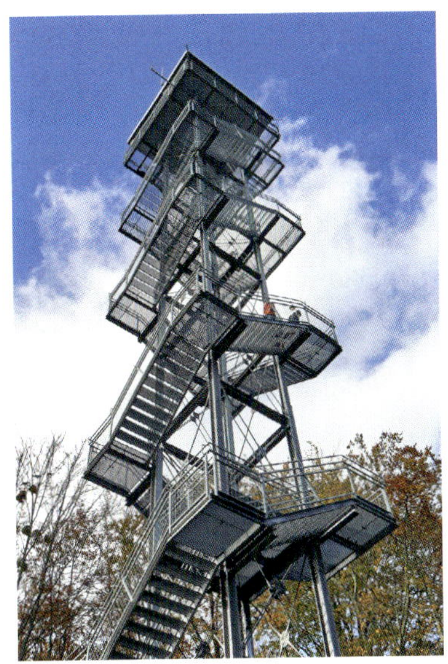

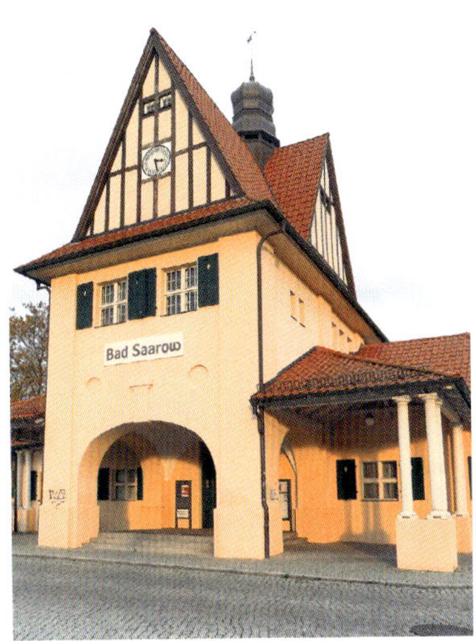

Aussichtsturm Rauener Berg (links), Bahnhof Bad Saarow

auf seinem sichelförmigen Verlauf um die sattgrünen Saarower Wierichwiesen folgen. In dieser romantischen Naturlandschaft wird das heilkräftige Moor für die Anwendungen in der **SaarowTherme** gestochen. Wir setzen uns neben zwei ältere Damen auf eine Bank und schauen den Schwalben zu, wie sie über die weite Fläche jagen. Im Sommer, erzählen uns die Spaziergängerinnen, könne man hier auch Störche beobachten.

In bester Moorblicklage, auf dem Dudel, stehen zwei reetgedeckte Sommerhäuser, die in den 1920er Jahren von dem jüdischen Architekten Harry Rosenthal entworfen wurden. Sie erinnern daran, dass Bad Saarow in den Goldenen Zwanzigern einmal ein beliebter Treffpunkt der Berliner Kultur- und Filmszene war. In einem der beiden mondänen Anwesen, im **Haus Sonnenhof**, lebte in den dreißiger Jahren der Boxweltmeister im Schwergewicht Max Schmeling. Schmeling hatte das Haus 1930 von dem Berliner Maler und Grafiker Bruno Krauskopf gekauft. Nach der Hochzeit zog 1933 auch seine Frau, die Schauspielerin Anny Ondra, in Haus Sonnenhof ein.

Lange währte das Glück des Paares in Bad Saarow offenbar nicht, 1936 brannte ihr Zuhause nach einem Blitzeinschlag nieder, 1938 verkaufte

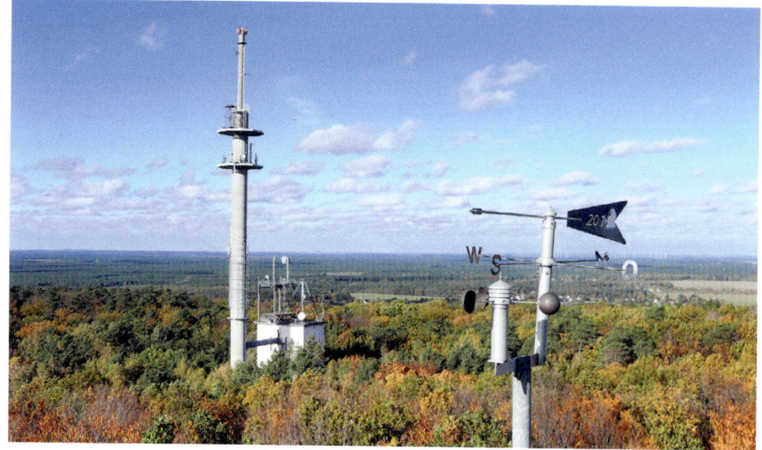

Weitblick – bei gutem Wetter von Berlin bis zur polnischen Grenze

Schmeling das Haus und zog mit seiner Frau nach Pommern. Wer den damaligen Bewohnern noch näherkommen möchte, kann im Krauskopf-Schmeling-Haus übernachten.

Vorbei am alten **Wasserwerk Bad Saarow**, in dessen Turm sich ein märchenhaftes Ferienapartment befindet, kehren wir zurück zum Bahnhof.

Abstecher: Bunkermuseum Fuchsbau

Wer sich für Militärgeschichte interessiert, kann den Abstieg vom Aussichtsturm auch weiter nördlich planen und dem Bunkermuseum Fuchsbau einen Besuch abstatten (https://www.bunkermuseum-fuchsbau.de/). Die Bunkeranlage wurde seit 1944 für nachrichtendienstliche Zwecke militärisch genutzt, zunächst von den Nazis, ab 1952 von der NVA und nach der Wende von der Bundeswehr. 1995 war Schluss, die Eingänge zur Bunkeranlage wurden versiegelt. Zehn Jahre später erreichten Bunkerfans ihre Wiedereröffnung. Seither wird die Anlage von Freiwilligen als Museum betrieben. Das technische Denkmal ist begehbar und bietet verschiedene Führungen an. Durch den Abstecher verlängert sich der Rundweg allerdings um vier bis fünf Kilometer, alternativ fährt ab Petersdorf die Buslinie 430 nach Bad Saarow.

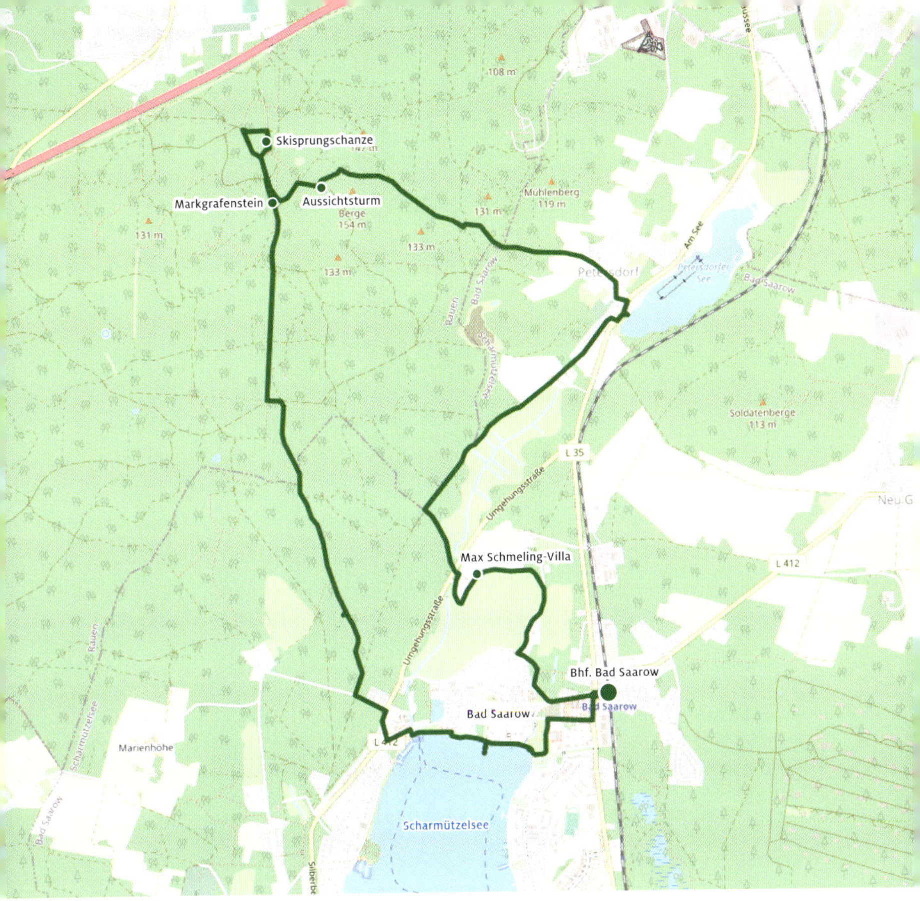

Hin und weg: Mit dem RE 1 Richtung Frankfurt/Oder, Umstieg in Fürstenwalde in die RB 35, stündlich ab Ostkreuz (ca. 48 min)

Bonustipps: Im Herbst lädt die Wanderung zum Pilzesammeln ein. Also Messer und Korb einpacken. Aber Vorsicht, es stehen auch viele giftige Pilze am Wegesrand.

Um Muskelkater zu vermeiden, bietet sich nach der Wanderung ein Besuch der SaarowTherme an (https://therme.bad-saarow.de/) – ab Herbst ist der Besucherandrang am Wochenende allerdings oft groß.

Tour auf Google Maps

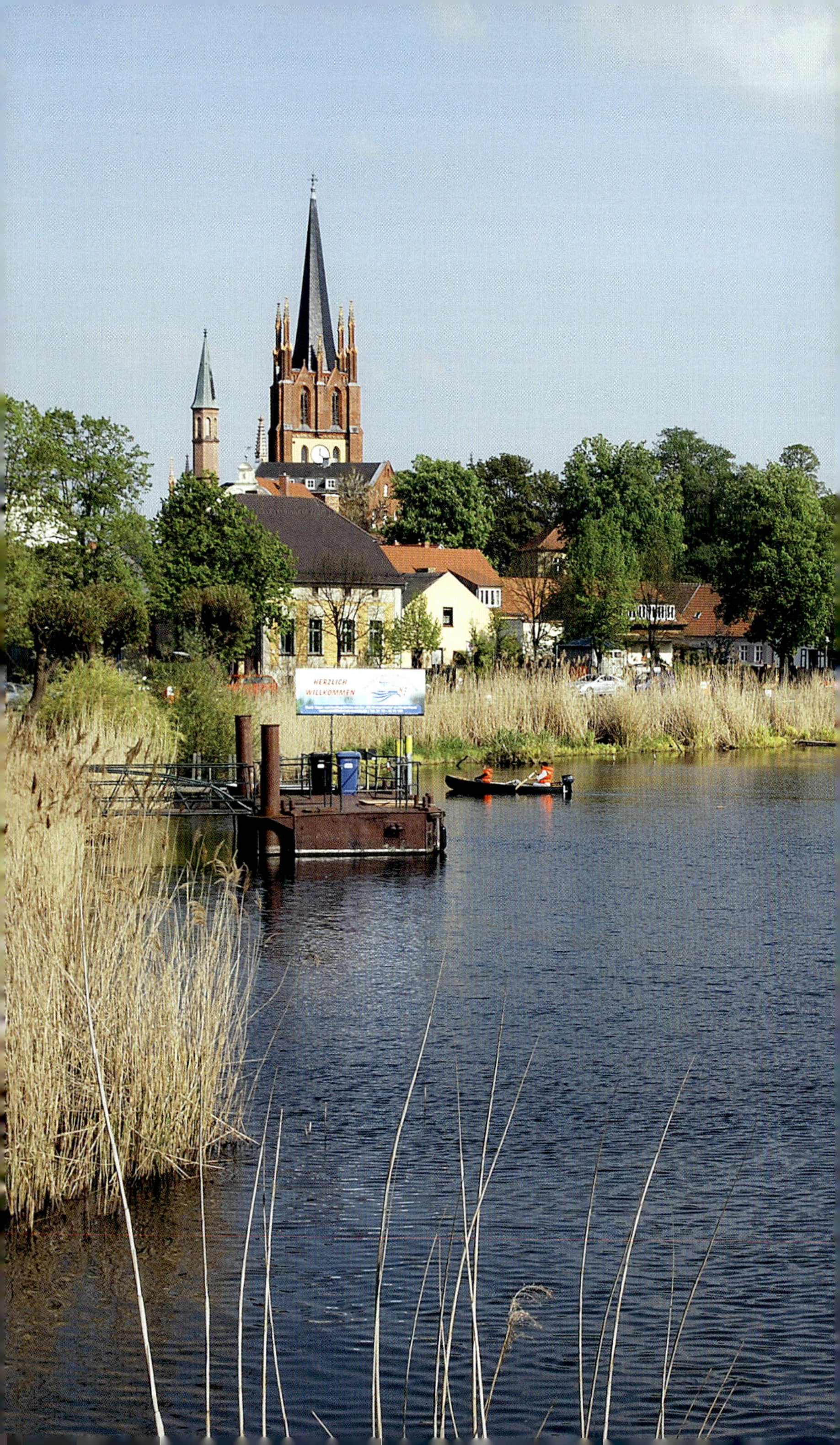
HERZLICH
WILLKOMMEN

Im Südwesten

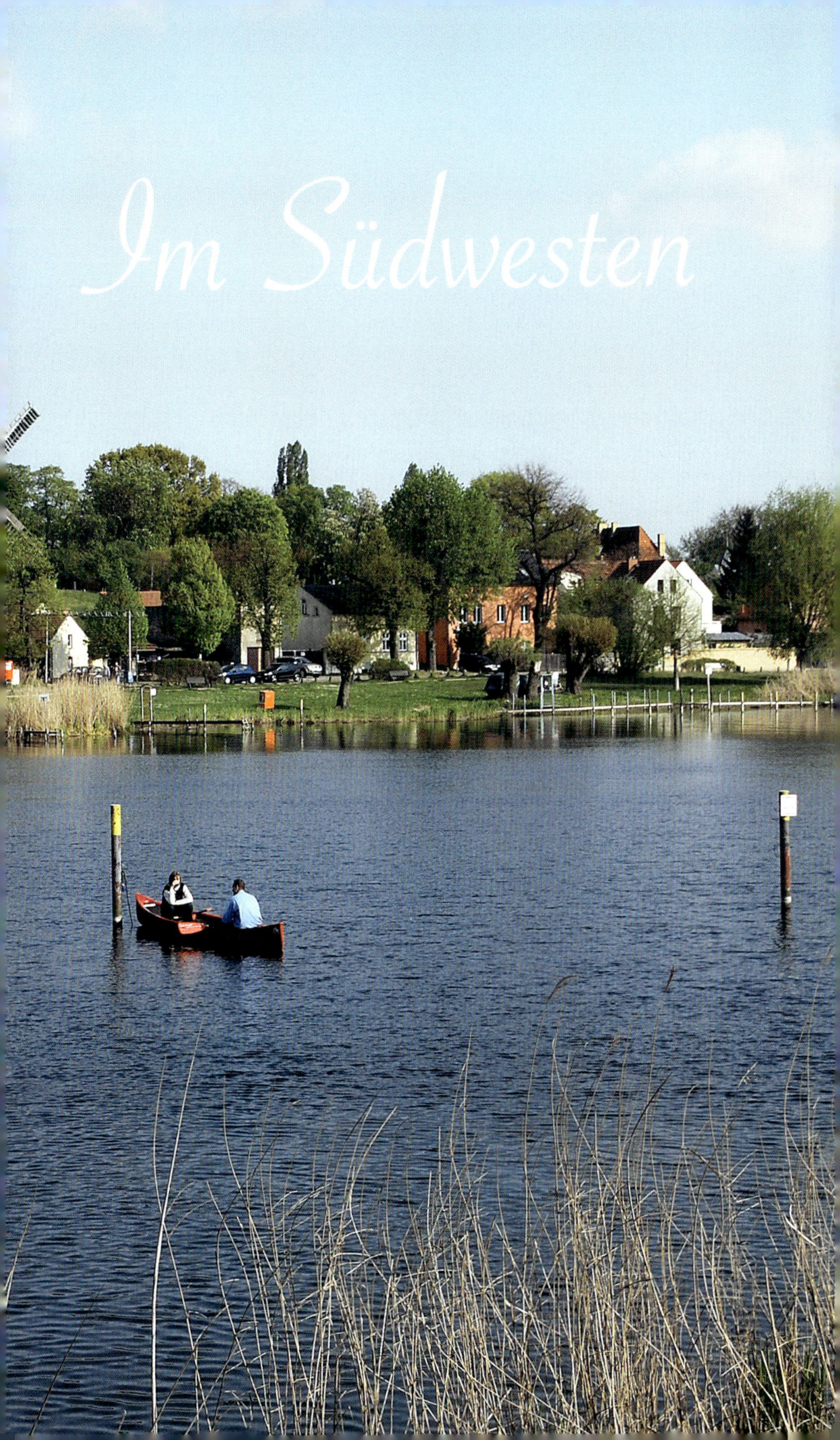

7 Rollt! Den Fläming unter den Reifen

Baruther Urstromtal, Niederer Fläming

Kurz und knapp: Je nach Kondition 1- bis 1,5-tägige Radtour durch das tischebene Baruther Urstromtal und über den Niederen Fläming. Genussradeln mit kleinen Anstiegen von Baruth über Petkus, Luckenwalde bis nach Jüterbog. Abstecher zum Kloster Zinna.
Variation: Ab Petkus kann man am zweiten Tag auch die etwas längere südliche Route nach Jüterbog wählen (via RK 7, RK 6, RK 4). An der Strecke liegt das sehenswerte Schloss Wiepersdorf, ehemaliger Wohnsitz des Dichterpaares Bettina und Achim von Arnim. Das Schloss ist ein Ort des künstlerischen Austauschs, dessen Geschichte im neu konzipierten Museum beleuchtet wird. Auch der Schlossgarten und das Café in der Orangerie lohnen einen Besuch. (https://www.schloss-wiepersdorf.de)

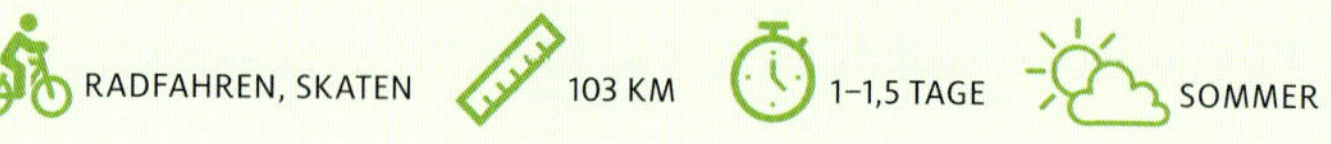

Als Eldorado für Skate-Enthusiasten hat sich der Fläming südlich von Berlin schon lange einen Namen gemacht. Was weniger bekannt ist: Auch für eine kurze Auszeit im Fahrradsattel ist das mehr als 230 Kilometer lange, durchgehend asphaltierte Streckennetz der Goldstandard in Sachen Fahrkomfort.

Zwar ist die Region zwischen **Jüterbog** und **Dahme** nicht gerade für spektakuläre Landschaften bekannt, aber gerade deshalb empfiehlt sie sich als Wohlfühlort für gestresste Berlinerinnen und Berliner. Allein beim Anblick der ausgedehnten Felder und Wiesen füllen sich die Lungen fast von selbst mit märkischer Landluft.

Glasgeschichte: Von Baruth nach Petkus (62 km)

Wir stoßen bei **Baruth/Mark** auf den knapp 84 Kilometer langen Radrundkurs RK 8 des »Flaeming-Skate« und radeln auf einsamen Wegen durch harzig duftenden Kiefernwald. Erste Station: das Museumsdorf Baruther Glashütte. Die Geschichte der Baruther Glasmanufaktur reicht

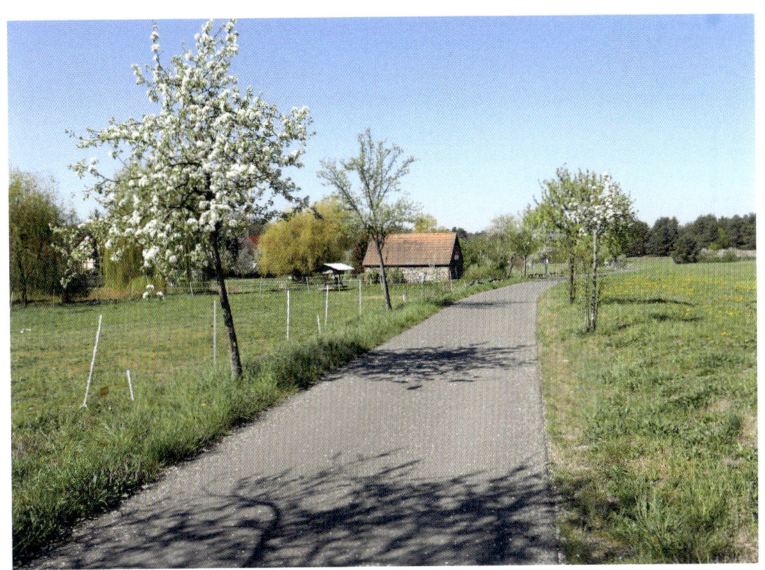

Obstbaumblüte am Rad- und Skate-Rundkurs 1 im Nuthe-Urstromtal

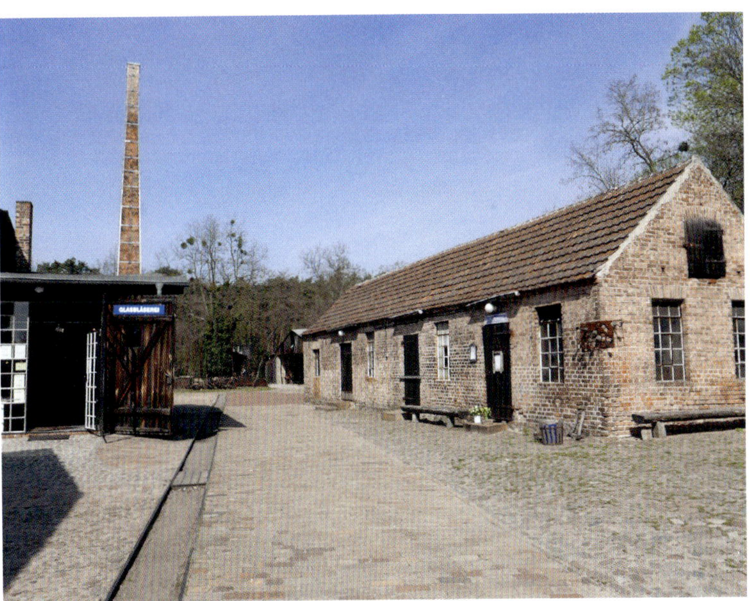

Baruther Glashütte: Denkmalgeschützte Werksiedlung und Museumsdorf

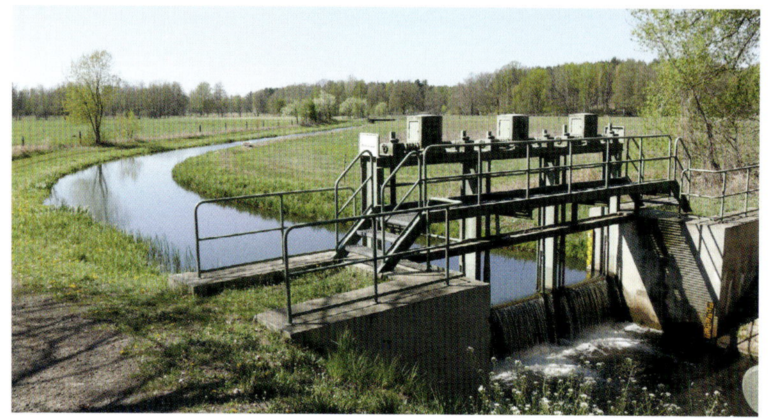

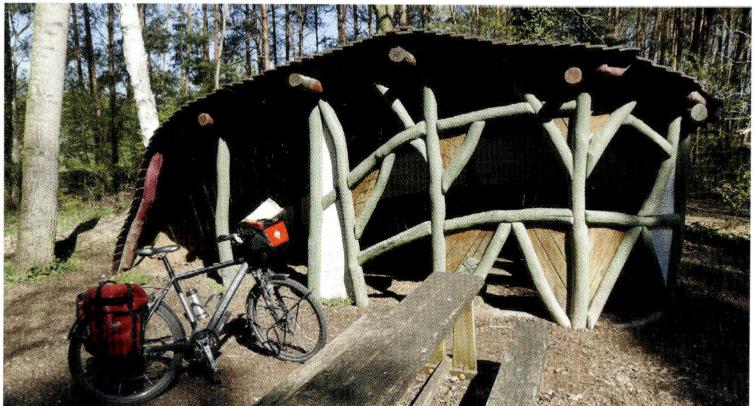

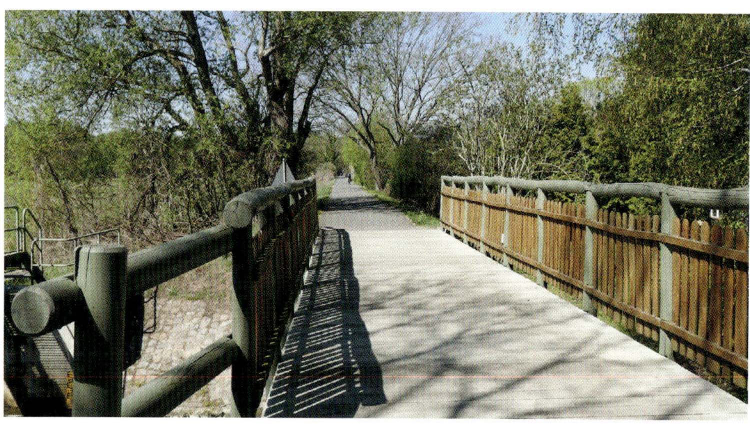

bis ins Jahr 1716 zurück, als hier das erste »Waldglas« hergestellt wurde. Seine typisch grünliche Färbung verdankte das Glas den Eisenoxiden, die bei der Schmelze verwendet wurden. Die Bedingungen waren perfekt, denn an Holz und Sand, den wichtigsten Zutaten für die Glasherstellung, herrscht in Brandenburg bekanntlich kein Mangel. Ihre Blütezeit erlebte die Glashütte im 19. Jahrhundert, nachdem durch die Einführung neuer Produktionsmethoden die Herstellung von reinem Milchglas für Leuchtmittel und Lampenschirme möglich wurde.

Heute befindet sich in den historischen Backsteingebäuden eine Schauglasbläserei, ein Glasmuseum sowie mehrere Galerien und Läden, die Kunsthandwerk, Kräuter und Seife verkaufen. Der »Alte Dorfkonsum« bietet regionale Spezialitäten an, Saalower Kräuterschwein oder Kameruner Wildlamm reizen uns zwar nicht sehr, aber zu Sauerteigbrot und Blechkuchen aus dem Steinbackofen lassen wir uns gern verleiten.

Ab **Friedrichshof** verläuft die Strecke zusammen mit dem **Dahmeradweg** nach Süden, vorbei an historischen Mühlen und modernen Windrädern, an Streuobstwiesen, Feldsteinkirchen und herrschaftlichen Gutshäusern. Die Landschaft fliegt nur so an uns vorbei, denn auf dem feinporigen Asphalt rollen selbst unsere schweren Tourenräder, als hätte ihnen die Fahrradgöttin heimlich einen E-Motor spendiert. Und was in den Niederlanden eine Selbstverständlichkeit ist, wird im Fläming unverhofft zum Hochgenuss: das Nebeneinanderfahren! Selbst bei Gegenverkehr ist auf der drei Meter breiten Piste locker Platz.

Mit dem Geschwindigkeitsrausch ist vor **Petkus** leider Schluss, denn das »Skatehotel«, in dem wir uns für eine Nacht eingebucht haben, liegt auf 145 Metern und damit für landestypische Verhältnisse mitten in den Bergen. Das sanierte Gutshaus mit kleiner Gastronomie und Biergarten eignet sich auch als Zwischenstopp für alle, die den RK 8 in einer Tagestour zurück nach Baruth fahren wollen.

Klosterleben: Von Petkus nach Jüterbog (42 km)

Am Morgen nach einer etwas unruhigen Nacht – das Skatehotel hat sich auf Jugendgruppen und Familien spezialisiert – lassen wir uns die Hü-

Rastplatz am Dahmeradweg (Mitte), Wehranlage und Radweg am Königsgraben bei Luckenwalde

gel wieder ins Urstromtal hinunterrollen und biegen kurz vor **Stülpe** auf den Rundkurs RK 1 in Richtung Luckenwalde ab. Auf diesem Streckenabschnitt nimmt der Skatebetrieb zu, die Piste wird schmaler und verläuft häufiger an Straßen entlang. Doch schöne Abschnitte durch satte Wiesen, Felder und Obstbaumalleen machen den kleinen Malus wett.

Vor **Jüterbog** lohnt sich ein Abstecher zum **Kloster Zinna**, nicht nur wegen seines Kräuterlikörs. Die ehemalige Zisterzienser-Abtei, die 1170 gegründet wurde, war im späten Mittelalter außergewöhnlich reich. Zur Blütezeit Anfang des 14. Jahrhunderts erstreckte sich der Klosterbesitz auf fast 300 Quadratkilometer, Ende des 15. Jahrhunderts besaßen die weiß gekleideten Mönche sage und schreibe 39 Dörfer, 14 Mühlen, einen Salzbrunnen, eine Pechhütte und eine Ziegelei. Sogar eine Druckpresse schaffte der damals amtierende Abt Nikolaus II. an, auf der 1493 das älteste Buch Brandenburgs gedruckt worden sein soll. Nach der Reformation konnte sich der katholische Mönchsorden in Zinna jedoch nicht mehr behaupten. Heute ist von der Klosteranlage noch das Siechenhaus, das Abthaus und die schlichte Klosterkirche aus Feldstein erhalten.

Begegnungen: »Zinnaer Klosterbruder«

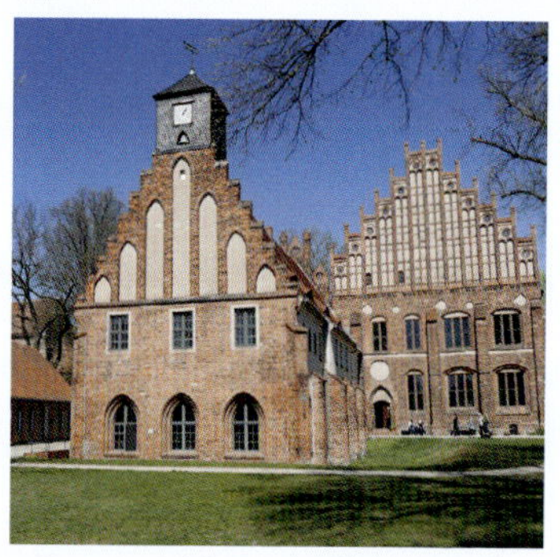

Im Siechenhaus, wo im Mittelalter »Aussätzige« mit Pest und Lepra Zuflucht fanden, befindet sich heute die ehemalige Klosterbrennerei. In verschnörkelten Kupferkesseln wird hier die Kräuteressenz für den »Zinnaer Klosterbruder« destilliert. Das Rezept geht angeblich auf den Zinnaer Klosterbruder Lukas zurück, der dank des würzigen Kräuterlikörs seinen Liebeskummer überwunden und neuen Lebensmut gefunden haben soll. Bis heute wird der Likör nach einer 600 Jahre alten Rezeptur hergestellt. Wer seine geheimnisvolle Wirkung ausprobieren will – eine Kostprobe des »Zinnaer Klosterbruder« ist im Eintritt inbegriffen.

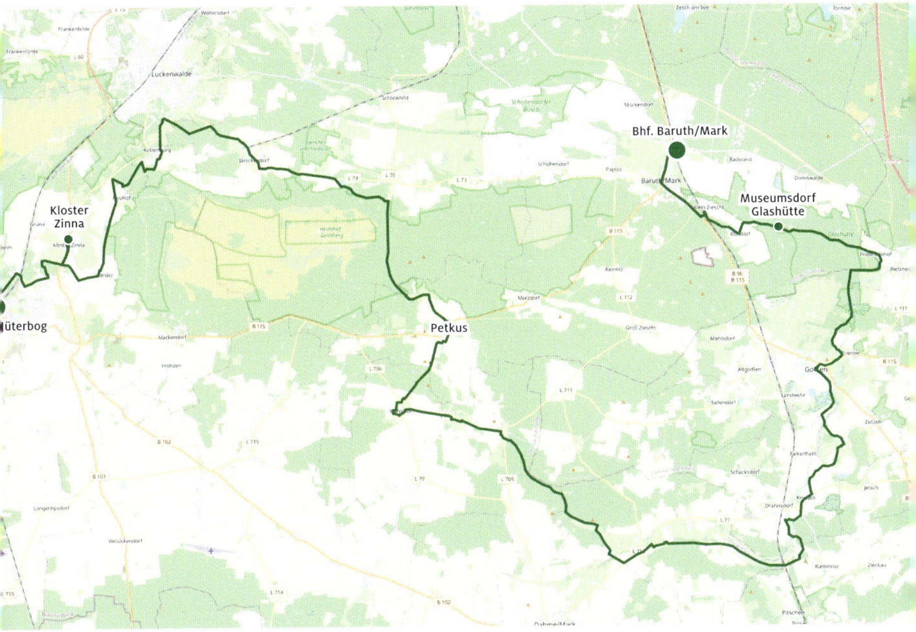

Wer Skates dabei hat, kann zum Abschluss noch eine Runde in der Skate-Arena **Jüterbog** drehen oder sich auf einem der vielen Rundkurse verausgaben. Wir kehren – zum Trost ein Fläschchen Zinnaer Klosterbruder in der Packtasche – mit dem Zug zurück in die Hauptstadt.

Hin und weg: Mit dem RE 5 Richtung Elsterwerda von Berlin-Südkreuz nach Baruth/Mark (ca. 1 h), zurück ab Jüterbog mit dem RE 3 Richtung Stralsund nach Berlin-Südkreuz (ca. 40 min)

Bonustipp: Am Ortsausgang von Zinna liegt die ehemalige Weberkolonie, die 1764 auf Betreiben von Friedrich dem II. an der Grenze zu Sachsen errichtet wurde. Im alten Zollhaus gibt es noch heute alte Webtechnik zu besichtigen, leider sind das Museum und das angeschlossene Café vorübergehend geschlossen.

Tour auf Google Maps

8 Reformer, Fürsten, Meister – Welterbe-Tour

Biosphärenreservat Mittelelbe

Kurz und knapp: Drei UNESCO-Weltkulturstätten und ein UNESCO-Biosphärenreservat auf einer einzigen Tour. Von der Lutherstadt Wittenberg, Stadt der Reformation, geht es zur Bauhausstadt Dessau, einst Sitz der weltberühmten Hochschule. Dazwischen geschützte Elbauen, eine beeindruckende »Stadt aus Eisen« und das Landschaftsgarten-Juwel Wörlitzer Park.

Variation: Die hier beschriebene Tour führt von Lutherstadt Wittenberg über den Bergwitzsee und die Ferropolis in Gräfenhainichen nach Wörlitz. Wer weniger Fahrzeit zur Verfügung hat, kann die Strecke ab Kienberge über den Elberadweg (linkselbisch) verkürzen. Länge: ca. 37 km

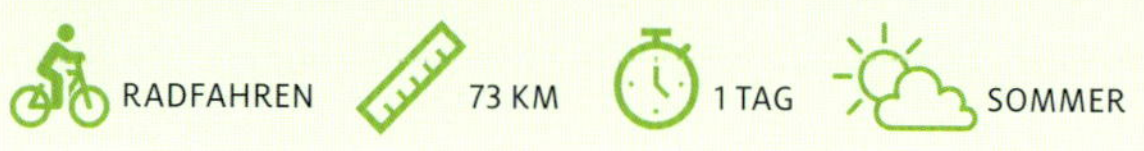

Vor dem Bahnhof in **Wittenberg** hocken wir uns auf die Betonstufen und sind platt. Nicht etwa, weil wir schon eine lange Etappe auf den Fahrrädern zurückgelegt hätten – der Zug, mit dem wir aus Berlin angereist sind, steht noch auf den Gleisen. Sondern weil wir schlicht überfordert sind von der Fülle an Möglichkeiten. Und das wird auch bis zum Ende unserer Tour so bleiben. Denn angesichts der vielen Welterbestätten an der Strecke braucht es Entscheidungsmut. Und Wittenberg ist nur der Anfang: Lutherhaus, Marktplatz, Schlosskirche? Thesentür oder Luther-Panorama? Allein die Innenstadt wäre einen eigenen Ausflug wert. Und am Stadtausgang stellen sich weitere Fragen: Rechtselbisch oder linkselbisch? Coswig oder Bergewitz? Aber der Reihe nach.

Thesen, Tagebau und Orangen: Von Wittenberg nach Wörlitz (ca. 50 km)

Es ist Anfang August und die Sonne knallt von einem bleichblauen Himmel. In der Mittagshitze wirkt die **Altstadt von Wittenberg** schläfrig, obwohl viele Touristen unterwegs sind. Wir schieben unsere Räder an der

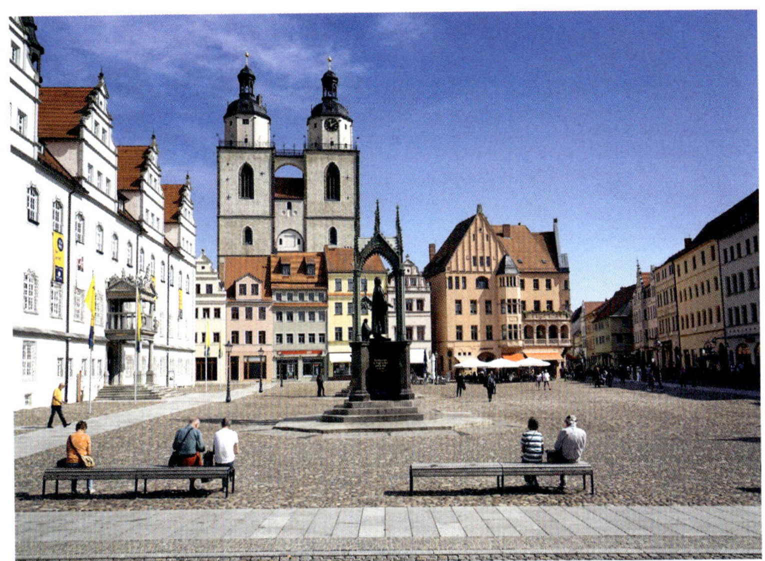

Blick auf den Wittenberger Markt

»Mutterkirche der Reformation« vorbei, der Stadtkirche St. Marien, wo der Reformator Martin Luther lange Zeit gepredigt hat und die seit Jahren wegen des umstrittenen Reliefs der »Judensau« immer wieder in die Schlagzeilen gerät. Auf dem Marktplatz mit dem Lutherdenkmal, gleich am Rathaus, wo der Kleine Rischbach das Pflaster kühlt, essen wir ein Eis. Die Straße hinunter sieht man die Schlosskirche mit ihrem markanten Turm – weltberühmt für die Bronzetafeln am Portal: die Thesentür, der Ort, an dem Luther vor mehr als 500 Jahren seine 95 Thesen angeschlagen haben soll. Ein Ereignis von historischer Tragweite, das als Beginn der Reformation gilt. Als ich die prachtvolle gotische Kirche betrete, taucht die Sonne, die durch die Chorfenster fällt, den filigranen Sandsteinaltar in buntes Licht.

Erst am Nachmittag schaffen wir den Absprung, rollen aus Wittenberg hinaus über die Elbbrücke nach Süden und folgen der Hauptstadtroute EuroVelo 2 zum **Bergwitzsee**, an dem es einen großen Badestrand gibt. Beschwingt pedalieren wir am See entlang, vorbei am Bergwitzsee Resort, wo man campen könnte, durch den Wald zum Bahndamm. Bis Radis geht es jetzt parallel zu den Gleisen stur geradeaus, dann kommt

An der Strecke: Ferropolis – Die Stadt aus Eisen

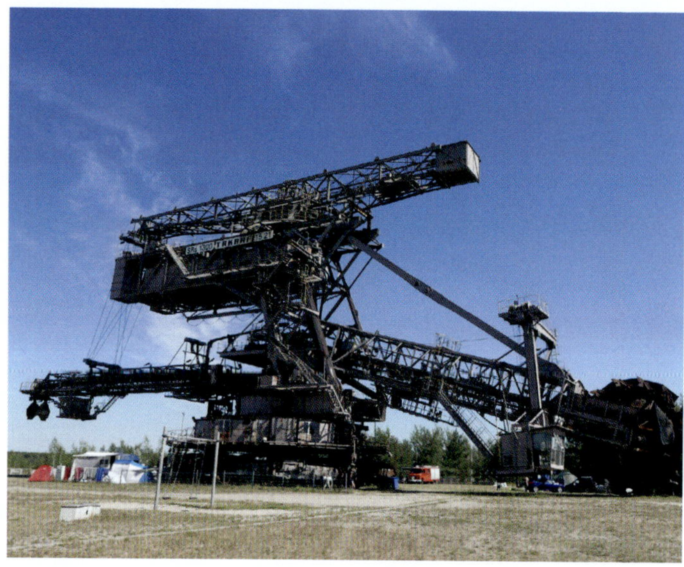

Wir radeln über den Bahndamm auf die Halbinsel, die wie eine Träne in den See ragt. Bis 1991 hatten hier nur Männer und Frauen Zutritt, die im Tagebau Golpa-Nord beschäftigt waren. Acht von ihnen hat der Streetart-Künstler Hendrik Beikirch porträtiert und ihre überlebensgroßen Gesichter an die Fassade der ehemaligen Werkshallen am Zugang gemalt. Dahinter erheben sich fünf Giganten aus Stahl. Die originalen Schaufelrad- und Eimerbagger wachen wie riesenhafte Insekten über das Gelände, dazwischen liegt eine versiegelte Eventfläche, die Arena, die bis zu 25 000 Gäste fasst. In der ehemaligen Trafostation 30 kV können Besucher Teile der alten Schaltanlage besichtigen und sich in einer Ausstellung über die regionale Bergbaugeschichte informieren. Von der Aussichtsplattform auf dem »Gemini«, dem gewaltigsten der fünf Bagger, hat man einen fantastischen Überblick über den ehemaligen Tagebau. Mit etwas Glück kann man im Schatten der Maschinen sogar eine Nacht verbringen. Vorausgesetzt es findet gerade ein Festival statt – oder das Campen unter den Baggern ist ausnahmsweise erlaubt, wie zum Beispiel im Coronajahr 2020.
www.ferropolis.de

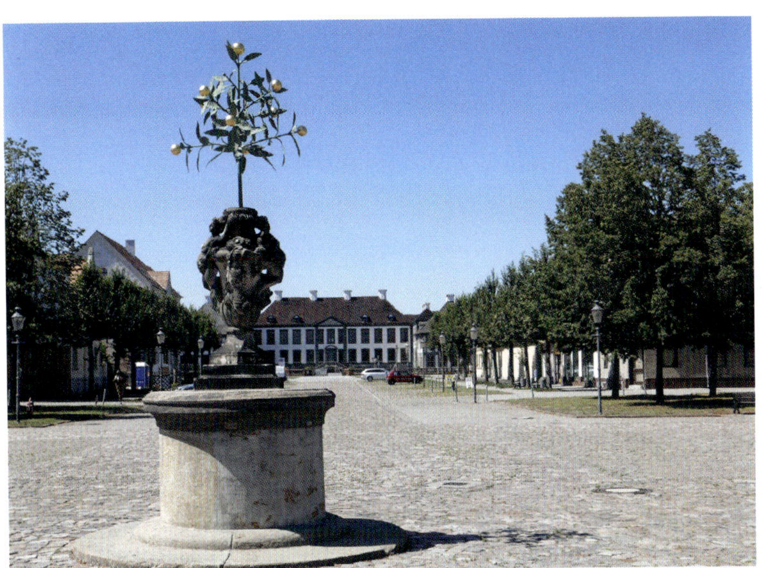

Der Orangenbaum auf dem Marktplatz: Wahrzeichen von Oranienbaum

schon der **Gremminer See** in Sicht. Musikfans sagt der Name **Gräfenhainichen** etwas, denn auf einer Halbinsel mitten im See finden seit vielen Jahren riesige Konzerte und Festivals wie das berühmte MELT statt. Nach dem Ende und der Flutung des ehemaligen Tagebaus Golpa-Nord entstand mit »Ferropolis – Die Stadt aus Eisen« ein Industriemuseum und Veranstaltungsort.

Das schöne **Oranienbaum** ist nicht zu verfehlen: Auf dem kopfsteingepflasterten Marktplatz steht ein Sandsteinmonument, aus dem ein stilisierter Orangenbaum wächst – das Wappenzeichen des Hauses Oranien-Nassau. Fürstin Henriette Catharina, die als Stadtgründerin gilt, ließ sich in dem ursprünglich kleinen Dorf 1683 eine großzügige Schlossanlage als Sommerresidenz errichten und einen Schlossgarten nach niederländischem Vorbild anlegen. Das Chinesische Teehaus und eine etwas windschiefe fünfgeschossige Pagode gehen auf einen Urenkel der Fürstin zurück. Schloss und Garten zählen schon zum Gartenreich Dessau-Wörlitz, das seit 2000 ebenfalls auf der Welterbeliste steht. Nur sechs Kilometer entfernt liegt der einzigartige englische Landschaftsgarten **Wörlitzer Park**.

Rund eine Million Menschen besuchen den Wörlitzer Park jährlich – so ganz genau weiß das niemand, denn der 112 Hektar große Landschaftsgarten ist das ganze Jahr über frei zugänglich. Öffnungszeiten gibt es nur für die Fähren, Gondeln und Museen. Weil wir direkt am Park untergekommen sind, genießen wir den Luxus der besucherarmen Zeit am Abend vor dem Sonnenuntergang. Hinter dem **Wörlitzer Schloss**, dem ersten klassizistischen Bau Kontinentaleuropas, tauchen wir in das bezaubernde Gartenreich ein. Geschaffen wurde es ab 1764 von Fürst Leopold III. Friedrich Franz von Anhalt-Dessau, inspiriert durch den englischen Gartenstil. Eine Vielzahl von Schlössern, Gebäuden und Skulpturen gruppieren sich um Gräben und Kanäle, ein Gesamtkunstwerk, das im Sinne seines Schöpfers nicht nur der Erholung, sondern auch der Bildung dienen sollte.

Der aufklärerische Geist des Fürsten zeigt sich besonders deutlich auf der »Insel Stein«, wo der reisefreudige Regent nach der Rückkehr von einem Neapel-Besuch einen künstlichen Vulkan mit Grotten und Gängen anlegen ließ, dazu ein Amphitheater und eine klassizistische Villa, um seinen Gästen die neapolitanische Landschaft und Kultur nahezubringen. Auf der Insel ließ er sogar Feigen und Agaven pflanzen.

Sage und schreibe 16 Brücken verbinden die verschiedenen Teile des Parks, an manchen Stellen verkehren regelmäßig Fähren. Kurz vor Sonnenuntergang besuchen wir noch das Gotische Haus, das um diese Zeit zwar schon geschlossen ist, sich aber märchenhaft in die Landschaft fügt. Für dieses, wie für viele andere Gebäude im Park, lieferte der Architekt Friedrich Wilhelm von Erdmannsdorff die Pläne. Ursprünglich war es als Wohnung für den Schlossgärtner vorgesehen, wurde aber im Laufe der Jahre immer weiter zu einem prachtvollen neugotischen Gebäudeensemble ausgebaut. Durch den Schlosshof schreiten Pfaue, kein Wunder, dass sich der Fürst gern in dieses Haus zurückzog – unsere Unterkunft für die Nacht ist deutlich bescheidener.

Fürstlich, meisterlich, unvergleichlich: Von Wörlitz nach Dessau-Roßlau (ca. 23 km)

Nach dem Frühstück geht es noch einmal am Wörlitzer Park vorbei, bevor wir in die **Elbauen** abbiegen. Dieser Abschnitt des offiziellen Elbradwanderwegs bietet einen wildschönen Einblick in die einzigartige Landschaft

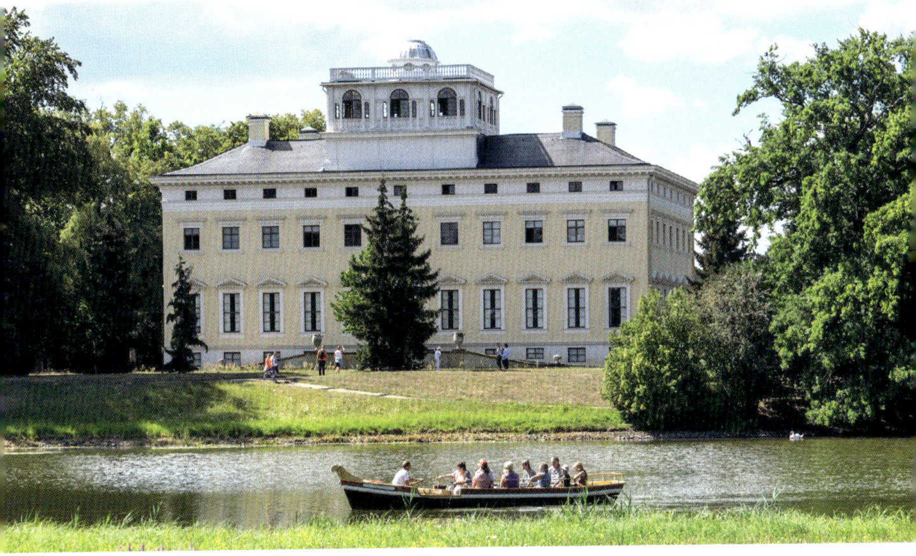

Mit der Gondel über die Kanäle im Wörlitzer Park, im Hintergrund das Schloss

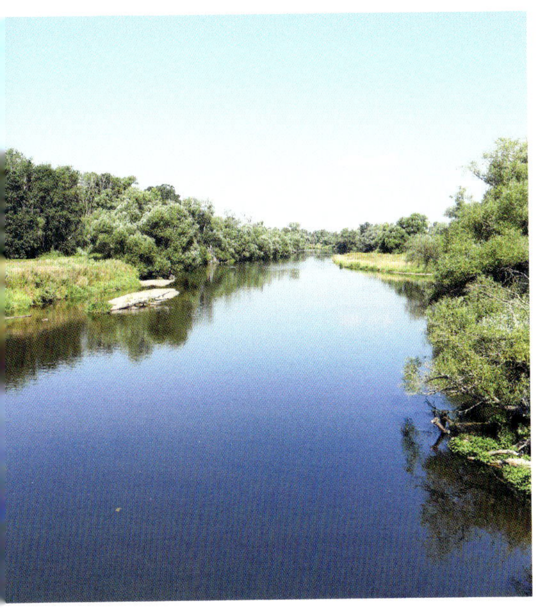

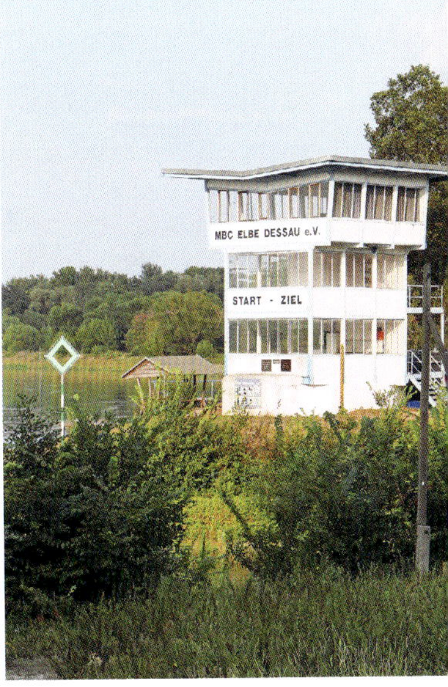

Mulde bei Dessau, Elbbalkon am Kornhaus (rechts)

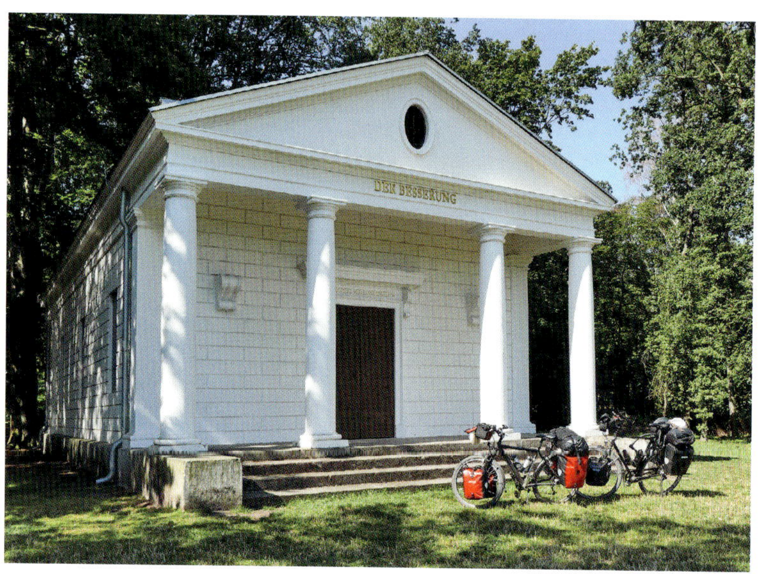

Sieglitzer Solitude, einst Heilbad von Fürst Franz, 2012 neu aufgebaut

des Biosphärenreservats Mittelelbe. Teils neben, teils auf dem Deich radeln wir durch naturbelassene, saftige Auen, hin und wieder kommt der Fluss in Sicht.

Ganz fernab der Zivilisation fühlt man sich hier nicht, der Adel hat überall seine Spuren hinterlassen: hier eine Skulpturengruppe, dort ein Wachhaus, Tempel oder Tor. Aber nicht nur der, in Vockerode verschattet die monströse Werkshalle des ehemaligen Kohlekraftwerks den Radweg. Das Kraftwerk wurde 1994 stillgelegt, bis zur Sprengung der vier Schornsteine galt es als Industriedenkmal, inzwischen liegt es weitgehend brach und ist nur noch von außen zu besichtigen.

An der **Sieglitzer Solitude** legen wir einen Zwischenstopp ein. Ab 1777 ließ Fürst Franz von Anhalt-Dessau am Sieglitzer Berg einen abgelegenen Waldpark anlegen, der heute ebenfalls zum Gartenreich gehört. Im Zentrum der »geordneten Wildnis«: ein klassischer Bau in Form eines dorischen Tempels, der vermutlich als Heilbad des Fürsten diente, welcher unter rheumatischen Beschwerden litt. Über den vier Säulen ist die Inschrift »Der Besserung« angebracht – was über die Jahrhunderte zu Spekulationen Anlass gab, ob sich das auf einen guten Vorsatz des Fürsten,

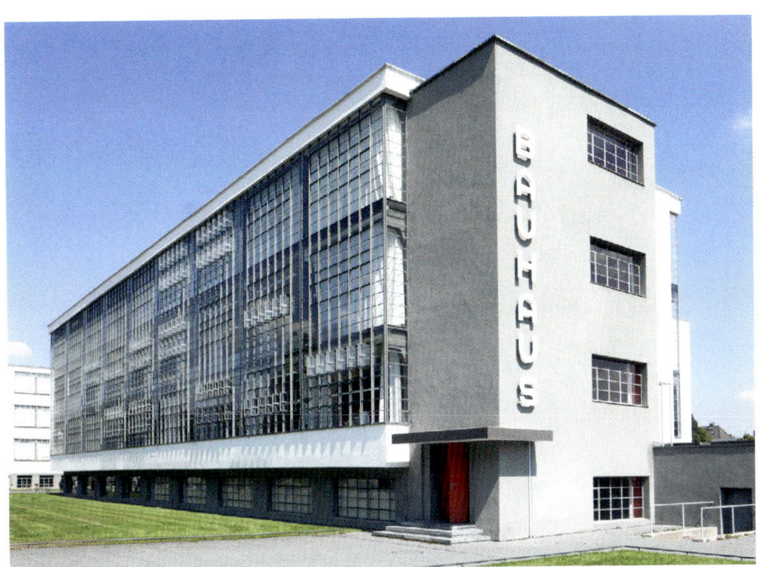

Werkstattflügel des Bauhaus Dessau, entworfen von Walter Gropius

dessen Ehe zwischenzeitlich kriselte, oder auf die erhoffte Wirkung des Orts bezog. So oder so, wir geloben selbige, das kann nie schaden, und schwingen uns wieder auf die Räder.

Kurz vor **Dessau** stoßen wir auf die Mulde. Wir könnten jetzt über die hölzerne Jagdbrücke in die Stadt rollen, entscheiden uns aber für einen Schwenk nach Süden, um dem **Bauhaus-Museum** einen Besuch abzustatten. Das 2019 neu eröffnete Museum mit seiner modernen Glasfassade hat die weltweit zweitgrößte Sammlung und gibt einen Überblick über die Bauhaus-Idee.

Das unbestrittene Highlight ist jedoch die Welterbestätte **Bauhaus Dessau,** von 1926 bis 1932 Sitz der von Walter Gropius in Weimar gegründeten Kunstschule. Ehrfürchtig schauen wir auf den ikonischen Werkstattflügel mit seiner vollflächigen Industriefenster-Verglasung, die für einen maximalen Tageslichtanteil bei der Arbeit sorgen sollte. Das Bauhausgebäude gilt als Schlüsselwerk der europäischen Moderne. Erbaut als Hochschule, verkörpert das Gebäude selbst die Leitidee des Bauhauses: die Zusammenführung von Kunst und Handwerk in der Architektur.

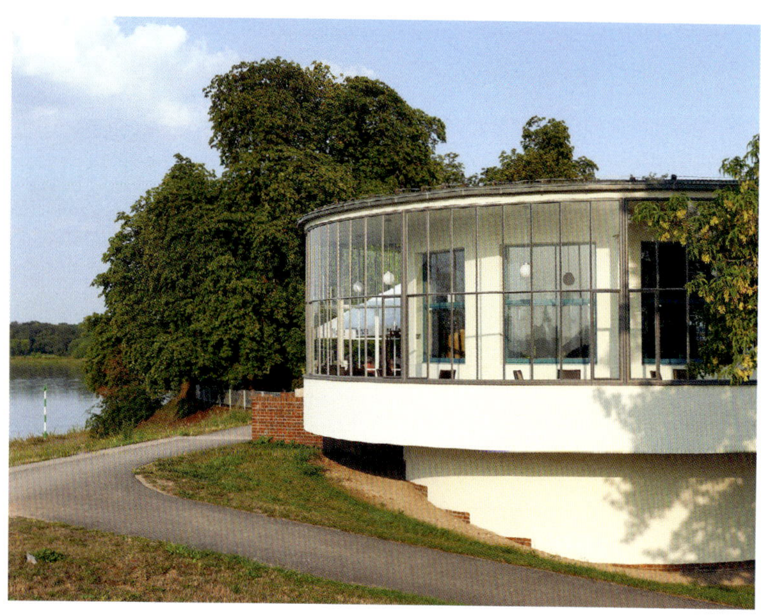

Ausflugslokal Kornhaus, ein Bau von Bauhaus-Architekt Carl Fieger

Teil der Welterbestätte Bauhaus Dessau sind außerdem die vier Meisterhäuser, die nur ein paar hundert Meter weiter an der Ebertallee in einem Kiefernwäldchen liegen. Die weißen, ineinander verschachtelten kubischen Körper sind exemplarisch für den damals richtungsweisenden Architekturstil. Gleichzeitig dienten sie als Wohnstätten und Ateliers herausragender Künstler wie Lyonel Feininger, Paul Klee und Wassily Kandinsky.

Am **Park Georgium** entlang fahren wir nach Norden Richtung Elbe, wo wir am **Leopoldshafen** bei der Kanustation Junkers Paddelgemeinschaft unser Zelt aufstellen. Der perfekte Standort: Von der Zeltwiese am Hafen ist es nur ein kurzer Spaziergang zum **Kornhaus Dessau**, einer stilvollen Ausflugsgaststätte an der Elbe, die auch zu den Bauhausbauten zählt. Getreu dem Bauhaus-Motto »form follows function« sind die beiden Gebäudeteile um die zentrale Küche herum angelegt. Zur Elbe hin schließt sich ein kreisrunder, verglaster Wintergarten an. Unter dem Sonnenschirm vor dem Restaurant lassen wir den Abend im Sonnenuntergang ausklingen.

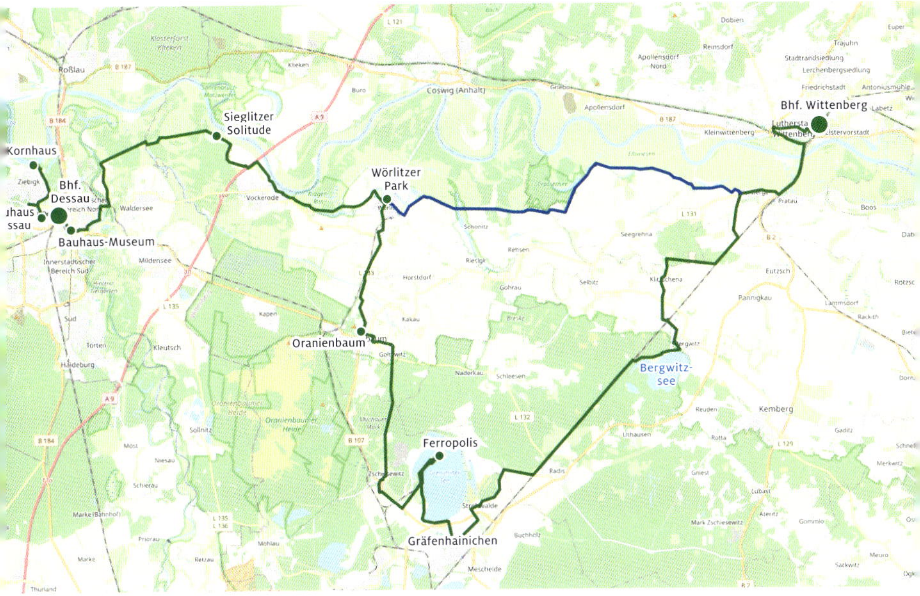

Hin und weg: Mit dem RE 3 nach Lutherstadt Wittenberg (ca. 1:30 h). Zurück ab Dessau etwas umständlich, z. B. mit der S2 und dem RE 3 über Bitterfeld/Jüterbog nach Berlin (ca. 2:30 h)

Schlafen und schlemmen: Das Kornhaus Dessau serviert deutsche und mediterrane Gerichte aus regionalen Zutaten, großartig wegen seiner Lage an der Elbe und der sehenswerten Bauhaus-Architektur. (https://www.kornhaus-dessau.de/)

Wer mit Fahrrad und Zelt unterwegs ist, findet in Junkers Paddelgemeinschaft einen kleinen, aber perfekt gelegenen Zeltplatz ohne Autos oder Camper-Vans. (https://junkers-paddelgemeinschaft.de/)

Tour auf Google Maps

9 Havel hautnah

Osthavelniederung

Kurz und knapp: Der Fahrradausflug kombiniert verschiedene Abschnitte des Havelradwegs und des »F1 – Rund um die Potsdamer Havelseen« zwischen Brandenburg und Potsdam. Er verläuft – von wenigen Anstiegen abgesehen – flach und fast immer nah am Wasser. In Ortsnähe gibt es auch einige Abschnitte an verkehrsreichen Straßen. Je nach Variante als Tages- oder Zweitagestour geeignet (zwischen 70 und 150 km). Die Touren sind in beide Richtungen befahrbar, wer es gemütlich mag, sollte auf die aktuelle Windrichtung achten.

TOUR 1 Havelradweg Brandenburg – Werder (durch die Brandenburger Osthavelniederung): Brandenburg-Altstadt – Plaue – Götzer Berge – Ketzin – Bhf Werder (ca. 72 km)
Abstecher Insel Töplitz: Bhf Werder – Gut Schloss Golm – Töplitz – Golm – Park Sanssouci – Potsdam (ca. 32 km)

TOUR 2 Havelseen: Bhf Werder – Insel Werder – Petzow – Ferch – Caputh – Potsdam – Bhf Werder (ca. 47 km)
Abstecher Baumkronenpfad Beelitz-Heilstätten: Schwielowsee – Beelitz-Heilstätten – Schwielowsee (ca. 15 km)

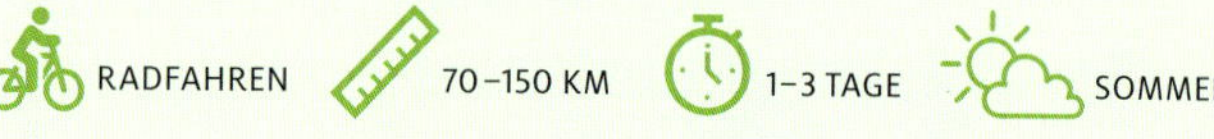

Flussradwege sind eigentlich nicht meins. Zu flach, zu gradlinig, zu eintönig. Beim Havelradweg mache ich aber eine Ausnahme. Besonders die Etappe von **Brandenburg** nach **Werder** steht weit oben auf meiner Favoritenliste für Kurztouren der Extraklasse. Der kurvenreiche, glatt geteerte Radweg verläuft – immer nah am Wasser entlang – durch ausgedehnte Wiesen und Felder, über die sich der blaue Himmel spannt.

Im Frühsommer sind die Wegränder gesäumt von Klatschmohn, Gräsern und Kornblumen, in den ruhigen Havelschleifen leuchten Schwertlilien um die Wette. An jeder Biege wartet eine Badestelle, Stege und

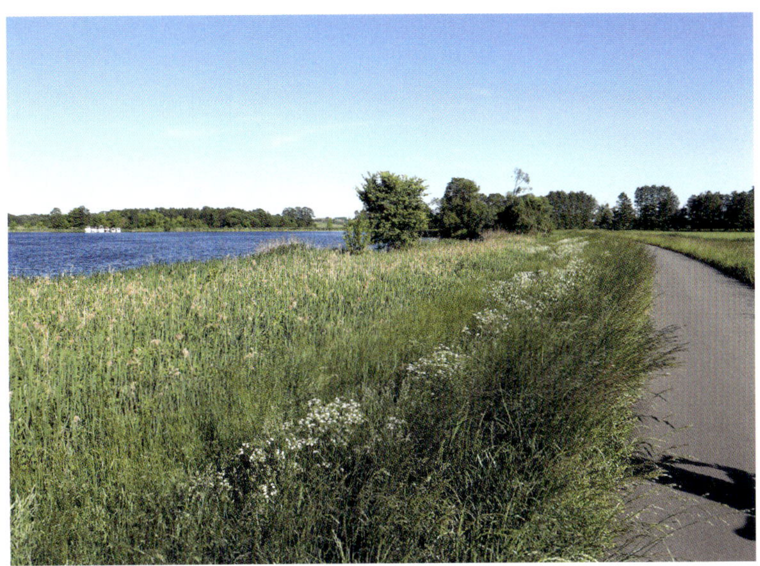

Havelradweg zwischen Brandenburg und Werder

Buchten laden zum Picknicken und die Welt vergessen ein. Mit ein bisschen Glück lässt sich ein Seeadler am Himmel blicken, ganz sicher gleiten Rotmilane über die offene Landschaft.

TOUR 1

Nah am Wasser: Von Brandenburg nach Werder (ca. 72 km)

Vom Bahnhof **Brandenburg** rollen wir ebenerdig direkt auf den verkehrsreichen Südring. Wir lassen die Altstadt rechts liegen und fahren im Halbrund nach Nordwesten – sicher nicht die schönste Strecke, wer lieber durch die Stadt pedaliert, folgt besser den Trambahnschienen. Stadtauswärts am Silokanal, kurz vor der Einmündung in den Quenzsee, liegt das sehenswerte **Industriemuseum Brandenburg**.

Hinter der Quenzbrücke passieren wir das Gelände der zu DDR-Zeiten berüchtigten Haftanstalt (heute JVA) **Brandenburg-Görden**, in der bis 1989 auch politische Häftlinge einsaßen, die im Stahl- und Walzwerk Zwangsarbeit leisten mussten. Auf dem Areal befindet sich die Gedenkstätte Zuchthaus Brandenburg-Görden mit einer Dauerausstellung zur Geschichte der Strafanstalt im Nationalsozialismus und in der DDR.

An der Strecke: Industriemuseum Brandenburg

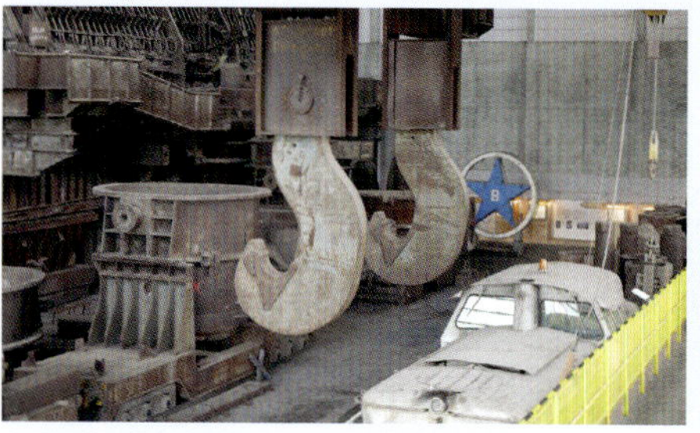

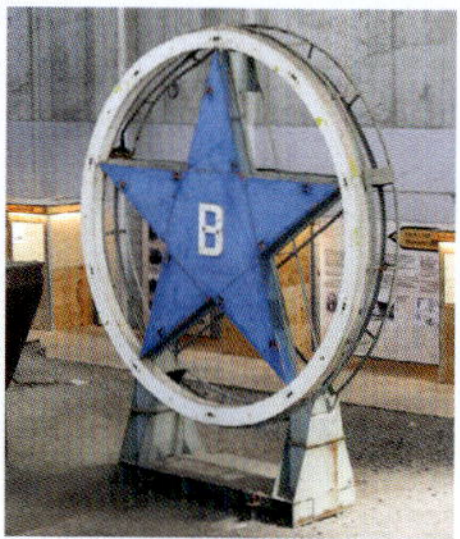

Viele Jahrzehnte über prägten die hohen Schornsteine des Stahl- und Walzwerks Brandenburg die Silhouette der Havelstadt. Auch heute wird hier noch Stahl hergestellt, doch die Hochzeiten, in denen das Werk der größte Rohstahlproduzent der DDR war, sind längst vorbei. Und auch die Schornsteine gibt es nicht mehr. Im Industriemuseum ist noch ein Gigant dieser Ära zu besichtigen: der letzte Siemens-Martin-Ofen Westeuropas, seit 1996 ein technisches Denkmal. Einer von ehemals 12 Öfen, in denen Roheisen und Schrott bei unvorstellbar heißen Temperaturen von bis zu 1800°C in flüssigen Stahl verwandelt wurden. In knapp acht Stunden produzierte er pro Charge an die 180 Tonnen Stahl. Um das Rohmaterial einzuschmelzen, gingen 4000 Liter Heizöl durch den Schlot, so viel wie ein Einfamilienhaus pro Jahr verbraucht – viel zu energieintensiv für heutige Verhältnisse. Deshalb fand 1993 der letzte Abstich statt.

In der 33 Meter hohen Halle ist aber nicht nur der Ofen selbst zu besichtigen, auch alle Anlagen zum Beschicken, Schmelzen und Gießen des Stahls sind noch erhalten, nebst Krananlage und Rangierlok. In den begehbaren Nebenräumen wie dem Steuerstand, den Werkstätten, dem Labor oder der Meisterstube sind viele Alltagsgegenstände aus DDR-Zeiten zu entdecken. Beinahe wirkt es so, als würde die Produktion jeden Moment wieder anlaufen – sieht man von der Ruhe und Kühle in der Werkshalle ab. Denn tatsächlich müssen Lärm, Hitze und Staub im laufenden Betrieb für die Werksangestellten nahezu unerträglich gewesen sein. Mehrere Ausstellungen dokumentieren die Geschichte des Stahlstandortes Brandenburg und die der Stahlherstellung weltweit.

https://www.industriemuseum-brandenburg.de/home

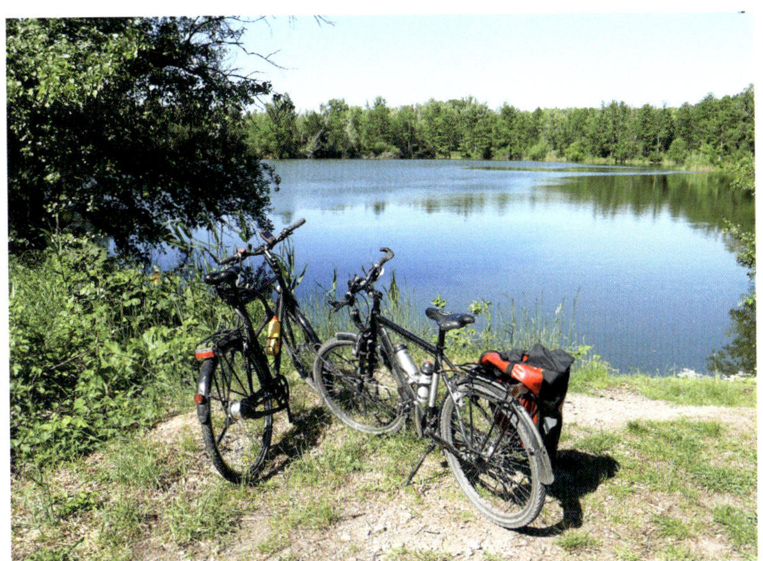

Pause an den Deetzer Erdlöchern

Zwischen Brandenburg und **Plaue** verläuft die Strecke leider auf einem straßenbegleitenden Radweg neben der B1. Beschaulicher wird es erst nach der Havelbrücke, wo wir nach links in den verwilderten Schlosspark abbiegen. Das Barockschloss am Parkeingang befindet sich in Privatbesitz und wird sukzessive renoviert. Einige Nebengebäude erstrahlen schon in neuem Glanz, zum Beispiel die Schlossschänke, die zu einem Zwischenstopp an der Havel einlädt. Vom »Tontaubenschießstand«, einer balkonähnlichen Anlage mit zwei Tierplastiken, einem Bären und einer Antilope, blickt man weit über den **Plauer See**. Kurvenreich geht es danach weiter durch den Wald am **Möserschen** und **Breitlingsee** zurück nach Brandenburg. Wer Lust hat, schließt einen Bummel durch die historische Altstadt mit der **Dominsel** an.

Auch stadtauswärts müssen wir uns wieder durch dichten Verkehr quälen, bis wir bei Gollwitz von der B1 abbiegen und in das Landschaftsschutzgebiet **Brandenburger Osthavelniederung** eintauchen. Der **Götzer Berg** ist zwar kein Alpenpass, aber die kurze, steile Auffahrt reizt für ein paar hundert Meter doch die Schaltung aus. Richtig anstrengend wird es, wenn man von der Bergstraße den Abzweig zum Aussichtsturm wählt.

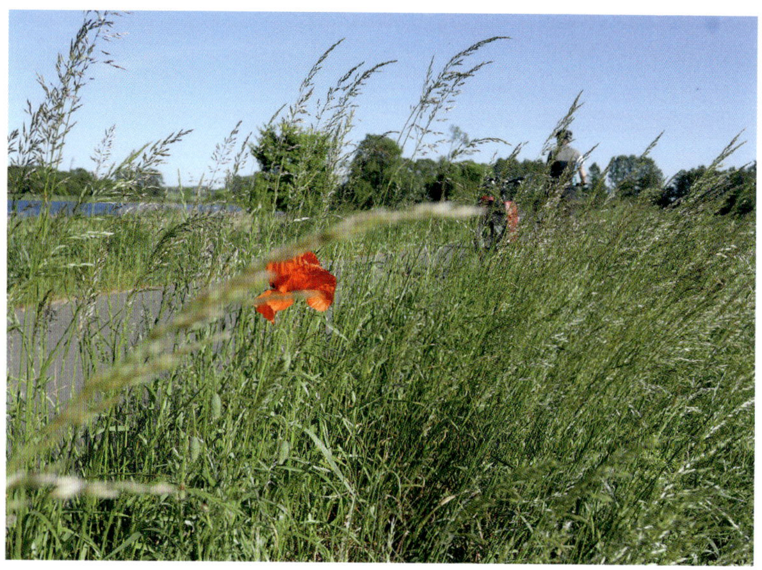

Mit Rückenwind eine Freude: Radeln an der Havel

An einer Lichtung auf dem Gipfel geht es über eine freistehende Treppe noch einmal 140 Stufen in die Höhe – der Aufstieg kostet auch Menschen ohne Höhenangst Überwindung, weil die Lochbleche einen freien Blick nach unten gewähren. Aber die Mühe lohnt sich, bei schönem Wetter ist die Aussicht grandios.

Hinter Götzerberge geht es mitten durch die **Deetzer Erdlöcher.** Bis zum Zweiten Weltkrieg wurde hier Ton für die Deetzer Ziegeleien abgebaut. Über die Havel und den Ziegeleikanal, der heute noch so heißt, obwohl die Ziegeleien längst abgerissen sind, brachten Frachtkähne im 19. Jahrhundert die Kohle für die Brennöfen bis zum Werksgelände und transportierten die gebrannten Ziegel für den Bau der Mietskasernen in Berlin ab. Nach dem Krieg kamen die Ziegel teils als Bauschutt zurück, die Tonstiche füllten sich mit Wasser und bilden heute ein labyrinthartiges Teichgeflecht. Zwischen Deetz und Werder zeigt sich die Brandenburger Osthavelniederung von ihrer schönsten Seite. Versteckte Badestellen laden zu vielen Pausen ein. Am Ausgang des **Trebelsees** liegt das Naturschutzgebiet **Ketziner Havelinseln**, das seltenen Tieren und Pflanzen ungestörten Lebensraum bietet.

Ab Bahnhof **Werder** gibt es mehrere Optionen: Die weniger bekannte Tour dreht eine Runde auf der etwas abgelegenen Havelinsel Töplitz, bevor es über Golm und Park Sanssouci nach Potsdam geht (→ Abstecher Töplitz). Wer mehr Muße hat, wählt die längere Tour über die Insel Werder und die Havelseen in die Brandenburgische Hauptstadt.

Abstecher: Halbinsel Töplitz

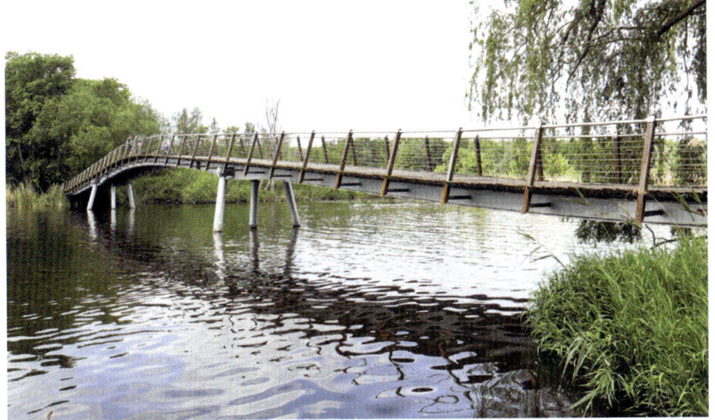

Ein weniger bekannter Abstecher führt vom Bahnhof Werder ostwärts auf der Fahrradbrücke über die Havel. Am Ufer des Großen Zernsees fährt man vorbei am Gut Schloss Golm, dessen Restaurant allerdings nur am Wochenende geöffnet und häufig für Events gebucht ist, zur Wublitzer Brücke. Die Fußgängerbrücke verbindet den Potsdamer Ortsteil Golm mit der Halbinsel Töplitz. Der südliche Teil der Halbinsel ist Landschaftsschutzgebiet und besteht hauptsächlich aus moorigen Feuchtwiesen, auf denen Wasserbüffel weiden. Auch sonst ist die Landschaft von Wiesen und Feldern geprägt, die wenigen Orte wirken schläfrig und weltabgewandt. Bei Neu-Töplitz liegt das Weingut Klosterhof, wo man auf Anfrage »Brandenburger Landwein« in Bio-Qualität verkosten und kaufen kann. Im Herbst veranstaltet die Winzerfamilie Weinbergsführungen (http://www.weingut-toeplitz.de). Der kürzeste Weg zurück führt über die Ortsteile Golm und Eiche nach Potsdam. Die Rückfahrt lässt sich gut mit einem Besuch im Park Sanssouci verbinden.

TOUR 2
»Pfeif auf die Welt«: Rund um die Potsdamer Havelseen (ca. 47 Kilometer)

Die **Insel Werder** in der Havel war die Keimzelle der heutigen »Blütenstadt«, die bei Berlinerinnen und Berlinern vor allem für ihr Obst – und leider auch für ihren Sauftourismus – bekannt ist. Zum Baumblütenfest Ende April schieben sich Hunderttausende durch die engen Gassen der mittelalterlichen Altstadt. An anderen Tagen lädt die Linde auf dem Dorfplatz zu einer ausgedehnten Pause ein. Zurück auf dem Festland geht es noch einmal über befahrene Straßen, bis wir bei Petzow den **Schwielowsee** erreichen.

Ein verwittertes Steintor markiert die Einfahrt in den **Schlossgarten Petzow**, der gerade erst von einer privaten Initiative mit viel Liebe zum Detail und nach Originalplänen des preußischen Gartenarchitekten Peter Joseph Lenné wiederbelebt wurde. Zum Garten gehört auch das gemütliche Café Drei Kaehne, das seine Gäste in einem ehemaligen Schulgebäude empfängt.

Aber auch unter den alten Eichen mit Blick auf den Schwielowsee döst es sich wunderbar. Im Rücken das verspielt wirkende Herrenhaus, bei dessen Architektur mutmaßlich der preußische Baumeister Karl Friedrich Schinkel seine Finger im Spiel hatte. Es wurde von 2014 bis 2016 vollständig renoviert und zu luxuriösen Wohnungen umgebaut. Jetzt ist die Fassade frisch verputzt und cremegelb gestrichen. Fantasten dürfen sich auf dem Gelände aber immer noch ein eigenes Königreich herbeiträumen.

Vom wild-romantischen englischen Garten in Petzow geht es in eine Parklandschaft, in der seit Generationen nichts dem Zufall überlassen wird. Am Rande von **Ferch** liegt, fast verborgen hinter einer unscheinbaren Hofeinfahrt, der **Japanische Bonsaigarten**, ein Musterbeispiel asiatischer Gartenbaukunst. Auf dem hell gekiesten Pfad schlendern wir durch die kunstvoll arrangierte Anlage, in der Zierkirschen und japanischer Ahorn zwischen Kiefern und Azaleen gedeihen. Bonsai in allen Größen, Formen und Farben posieren auf hüfthohen Podesten.

In einem Teich ziehen fette Kois träge ihre Runden. Trittsichere balancieren auf einem Pfad aus runden Steinsockeln, die an Seerosenblätter erinnern, übers Wasser. Im Zentrum steht ein offener Teepavillon mit

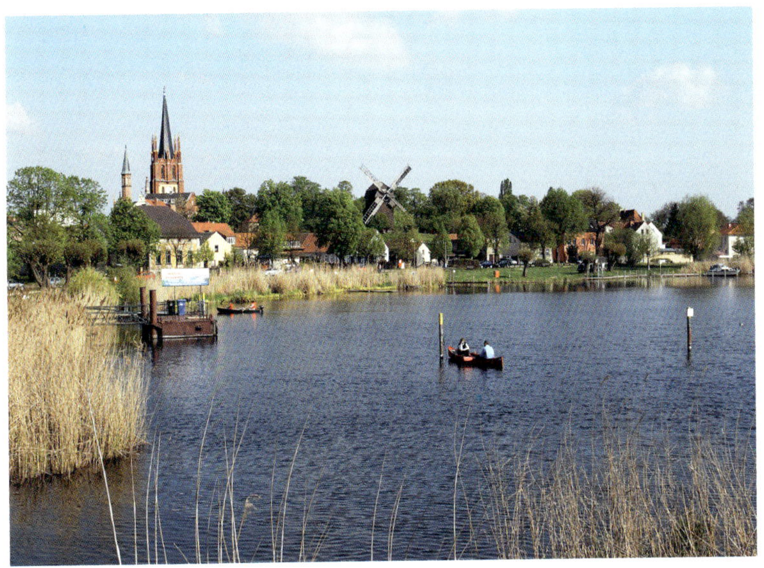

Altstadt Werder: historischer Stadtkern auf der Insel

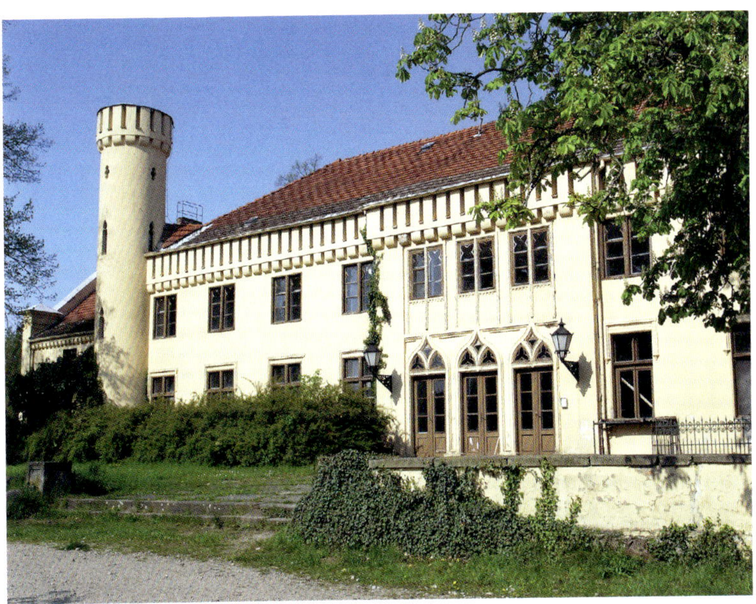

Schloss Petzow, malerisch gelegen am Schwielowsee

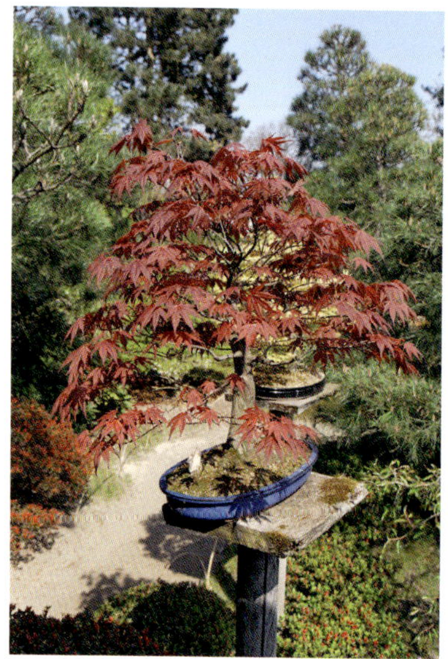
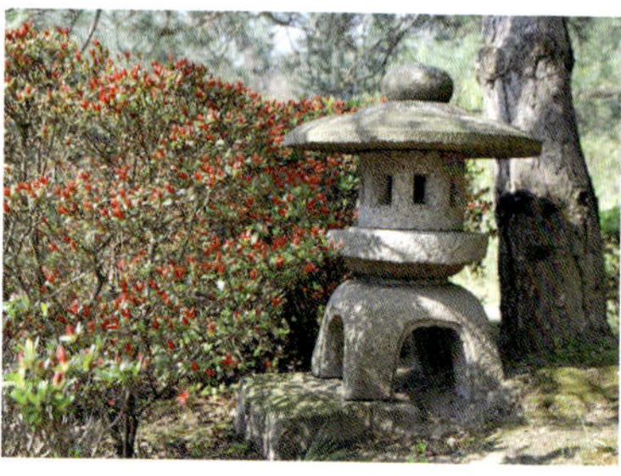
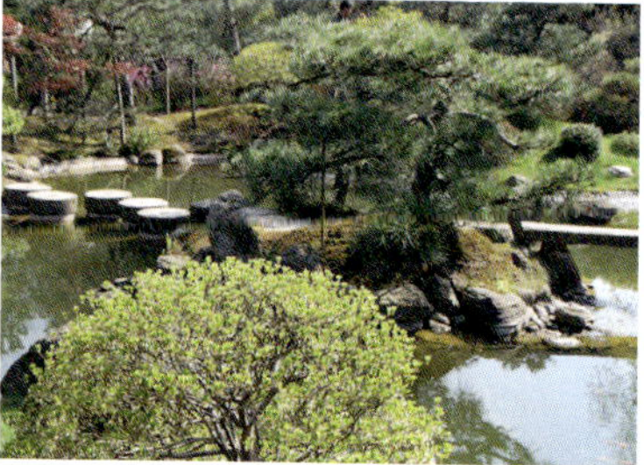

Japanischer Bonsaigarten in Ferch

einem schwungvollem Pagodendach. Von seiner schmalen Terrasse aus wirkt die japanische Gartenlandschaft wie ein magisches Kalenderbild.

Hinter Ferch in Schwielowsee haben wir den südlichsten Zipfel unserer Tour erreicht, über die Alte Dorfstelle kann man jetzt einen Abstecher nach **Beelitz-Heilstätten** zum Baumkronenpfad unternehmen. Weiter am See entlang geht es nach **Caputh**, das bis heute vom Ruf seines prominentesten Sommergasts profitiert.

»Sei ein gutes faules Tier, streck alle Viere weit von Dir. Komm nach Caputh, pfeif auf die Welt und auf Papa, wenn Dirs gefällt.« Wer könnte einer solchen Einladung widerstehen? Diese Zeilen schrieb Albert Einstein 1929 an seinen Sohn Eduard. Ob sich der 19-jährige Spross damit ins elterliche Sommeridyll locken ließ, ist nicht bekannt. Wir jedenfalls folgen ihr gern.

Gleich hinter dem Ortseingang empfiehlt sich ein Abstecher zur Aussichtsplattform »**Caputher Gemünde**«, wo sich die Havel zu einem schmalen Kanal verengt. Von dem halbrunden Holzsteg hat man einen traumhaften Blick auf den See und kann die Zeit herrlich beim Schiffe beobachten vertrödeln. Das ist nicht schlimm, denn auch bei Sonnenuntergang ist es hier herrlich.

Abstecher: Baumkronenpfad Beelitz-Heilstätten

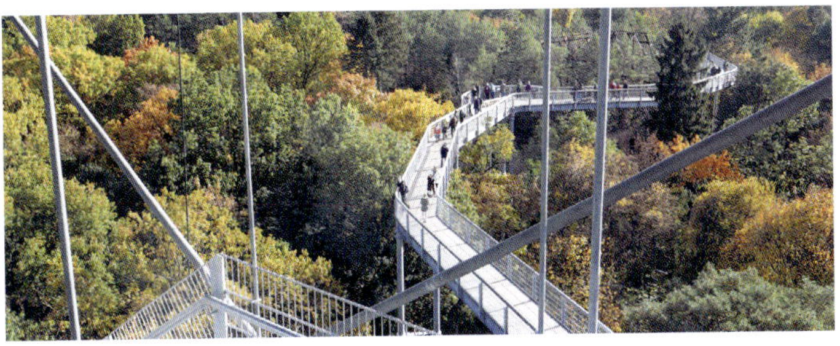

Das verwunschene Areal »Beelitz-Heilstätten« hat in den vergangenen Jahrzehnten einige Metamorphosen erlebt: Einst eine moderne Lungenheilanstalt, die 1902 mitten im Wald eröffnet wurde, um die grassierende Tuberkulose einzudämmen, wurde es 1945 zum Kriegsschauplatz und schließlich zum größten sowjetischen Militärhospital außerhalb Russlands. Nach dem Abzug der Sowjets 1994 fiel das Gelände in den Dornröschenschlaf. Die Natur eroberte die verspielten Backsteinbauten mit ihren Türmchen, Gauben und Rosettenfenstern zurück. Der Ort wurde zum Geheimtipp für Lost-Places-Liebhaber, Graffiti-Künstler und Foto-Enthusiasten. Lange Zeit suchte man händeringend nach Investoren. Ohne Erfolg, bis heute ist nur die ehemalige Männerheilstätte saniert. Alle anderen Gebäude sind verfallen und seit einigen Jahren nicht mehr außerhalb von Führungen zugänglich – wegen Einsturzgefahr und Vandalismus. 2015 eröffnete der Baumkronenpfad »Baum & Zeit«. Auf einer Länge von 320 m schlängelt sich der Pfad in bis zu 23 m Höhe durch die Baumkronen der weitläufigen Parkanlage. An seiner höchsten Stelle passiert der Steg das im Krieg stark zerstörte »Alpenhaus«, die ehemalige Lungenheilstätte für Frauen. Wer das Gelände aus früheren Jahren kennt, wird den morbiden Charme der verlassenen Anlage vermissen. Die gespenstische Stille ist hellen Kinderstimmen gewichen, Familien in bunten Outdoor-Klamotten sonnen sich auf Picknickbänken vor dem Parkcafé. Es gibt Erbsensuppe und Apfelkuchen. Doch der Perspektivwechsel hat auch sein Gutes: Das 360-Grad-Panorama aus luftiger Höhe eröffnet einen faszinierenden Überblick über das riesige Gelände. Wer mehr erfahren und einige Gebäude von innen sehen will, kann sich einer Führung anschließen. https://baumundzeit.de/

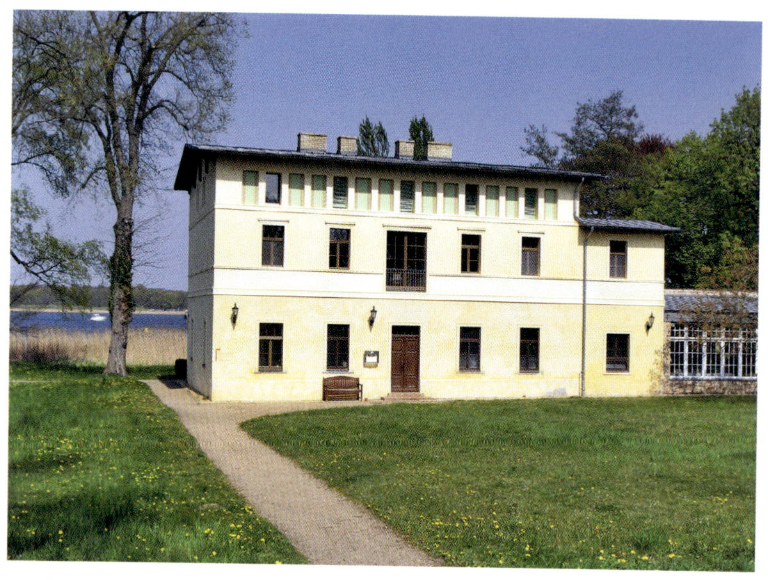

Kavalierhaus Caputh, heute ein Restaurant

Ein Stück weiter im Dorf, schon am Ufer des **Templiner Sees**, liegt das **Barockschloss Caputh**. Wer spontan Lust auf einen Besuch der opulenten Säle mit ihren prunkvoll dekorierten Wand- und Deckengemälden bekommt, kann das in der Sommersaison bis auf montags täglich tun. Oder man flaniert eine Runde durch den wilden Schlosspark.

Kurz vor dem Ortsausgang strampeln wir rechts – von wegen faul – einen steilen Hang zum Waldrand hinauf und stehen unvermittelt vor einem dunkelrot gestrichenen Holzhaus mit weißen Fensterläden. Zwischen 1929 und 1932 verbrachte Einstein hier viele Wochen im Jahr, bevor er 1933 vor den Nazis in die USA floh.

Von Caputh zum Bahnhof **Potsdam** ist es noch etwa eine halbe Stunde Fahrtzeit. Der gut ausgebaute Radweg schlenkert durch schattigen Mischwald am See entlang, leider auch durchgehend an der befahrenen Templiner Straße.

Wer es ruhiger mag, wechselt in Caputh über die Eisenbahnbrücke auf die Westseite des Templiner Sees und nimmt den etwas längeren, aber deutlich verkehrsärmeren Weg unterhalb des Wildparks und über den Campingplatz Sanssouci in die Landeshauptstadt.

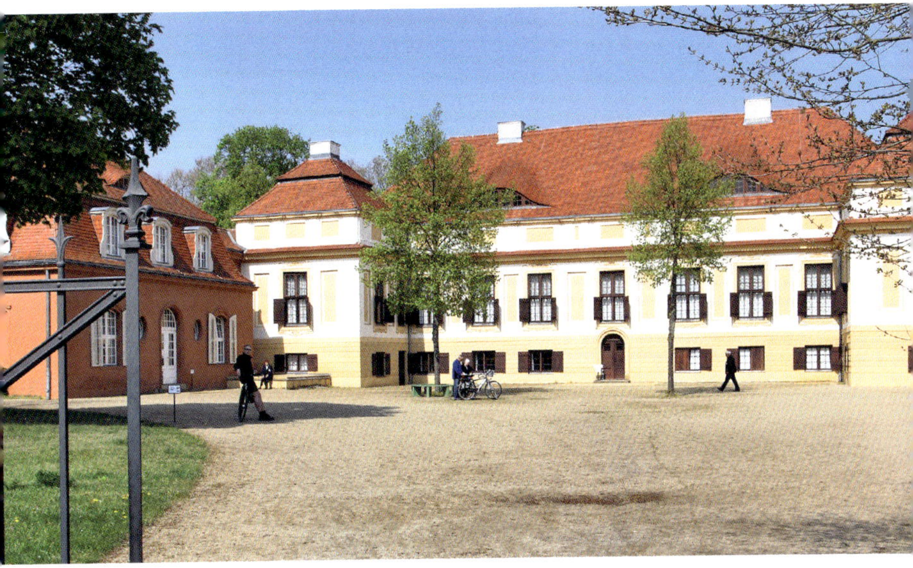

Barockschloss Caputh, einst Sommersitz der brandenburgischen Kurfürstinnen

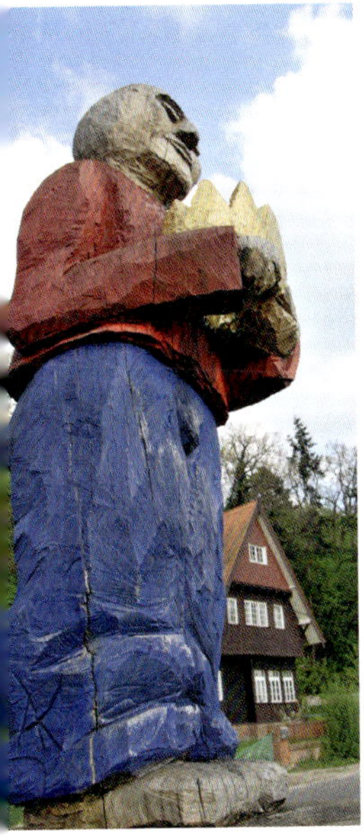

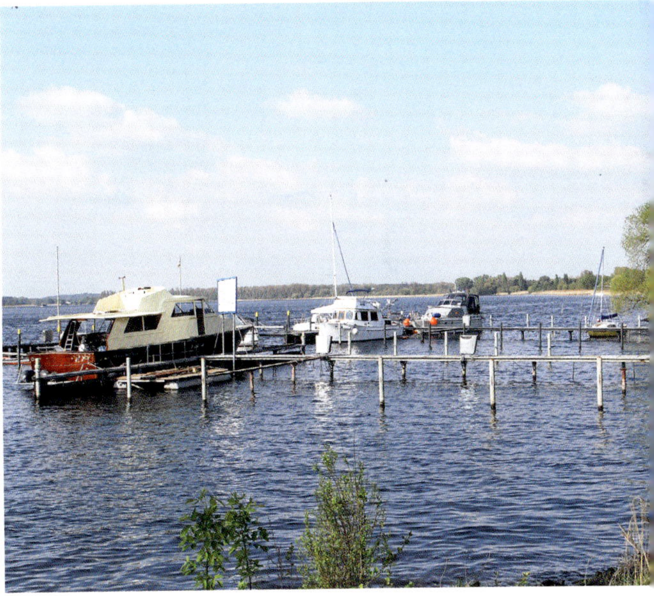

Skulptur von Albrecht Klink an der Baumgartenbrücke, Havel bei Geltow

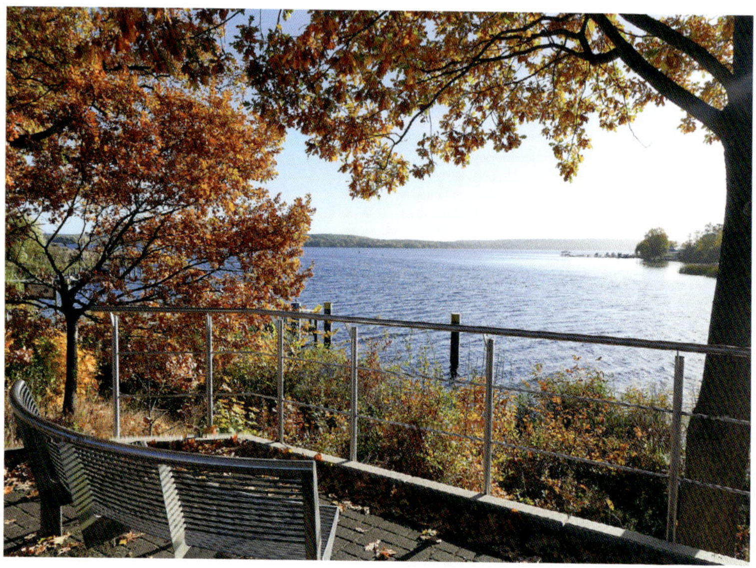

Blick auf den Schwielowsee am Anleger Baumgartenbrück

Begegnungen: Albert Einstein und sein Sommerhaus

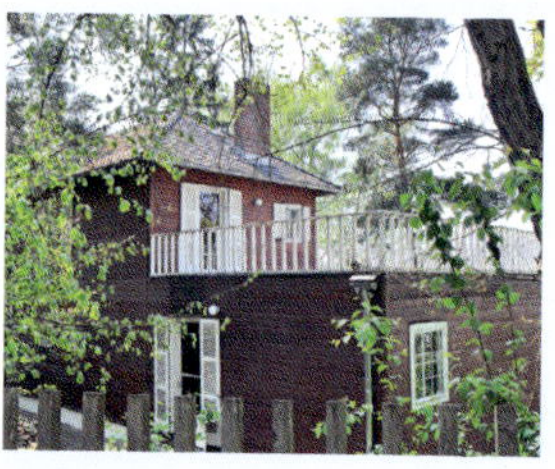

Mit einem Haus am See hatte die Stadt Berlin eigentlich seinem prominenten Bewohner zum 50. Geburtstag ein Geschenk machen wollen. Doch daraus wurde nichts. Erst fand sich kein passendes Haus, dann nicht einmal ein Grundstück – bis der Physiknobelpreisträger schließlich entnervt selbst in die Tasche griff und sich den modernen Holzbau in Caputh errichten ließ. Es braucht nicht viel Fantasie, um sich vorzustellen, wie Einstein den Ausblick von seiner Terrasse über den Templiner See genoss. In Caputh fand der »Wandervogel«, wie er sich selbst beschrieb, vorübergehend Zuflucht. Hier verbrachte er viele Stunden in der Natur, lud regelmäßig Wissenschaftler, Intellektuelle und Kunstschaffende zu sich ein. Besichtigen lässt sich das Einsteinhaus von April bis Oktober an den Wochenenden und feiertags (https://www.einsteinsommerhaus.de).

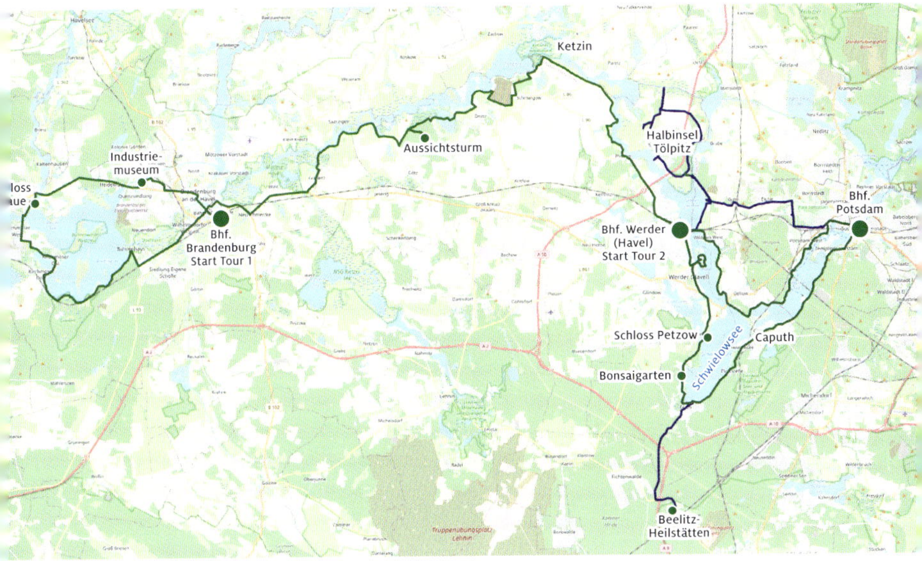

Zurück nach **Werder** geht es wieder längs der Havel, vorbei an der Traditionsgaststätte Baumgartenbrück, der Brühlschen Terrasse am Schwielowsee. So oder so, am Ende dieser Tour fällt einem das Pfeifen auf die Welt garantiert nicht mehr schwer.

Hin und weg: Mit dem RE 1 von Berlin Hbf nach Brandenburg a. d. Havel (ca. 55 min), zurück nach Berlin ab Werder ebenfalls mit dem RE 1 (ca. 35 min) oder ab Potsdam mit dem RE 1 (ca. 25 min), alternativ ab hier auch mit der S7 oder S1

Tour auf Google Maps

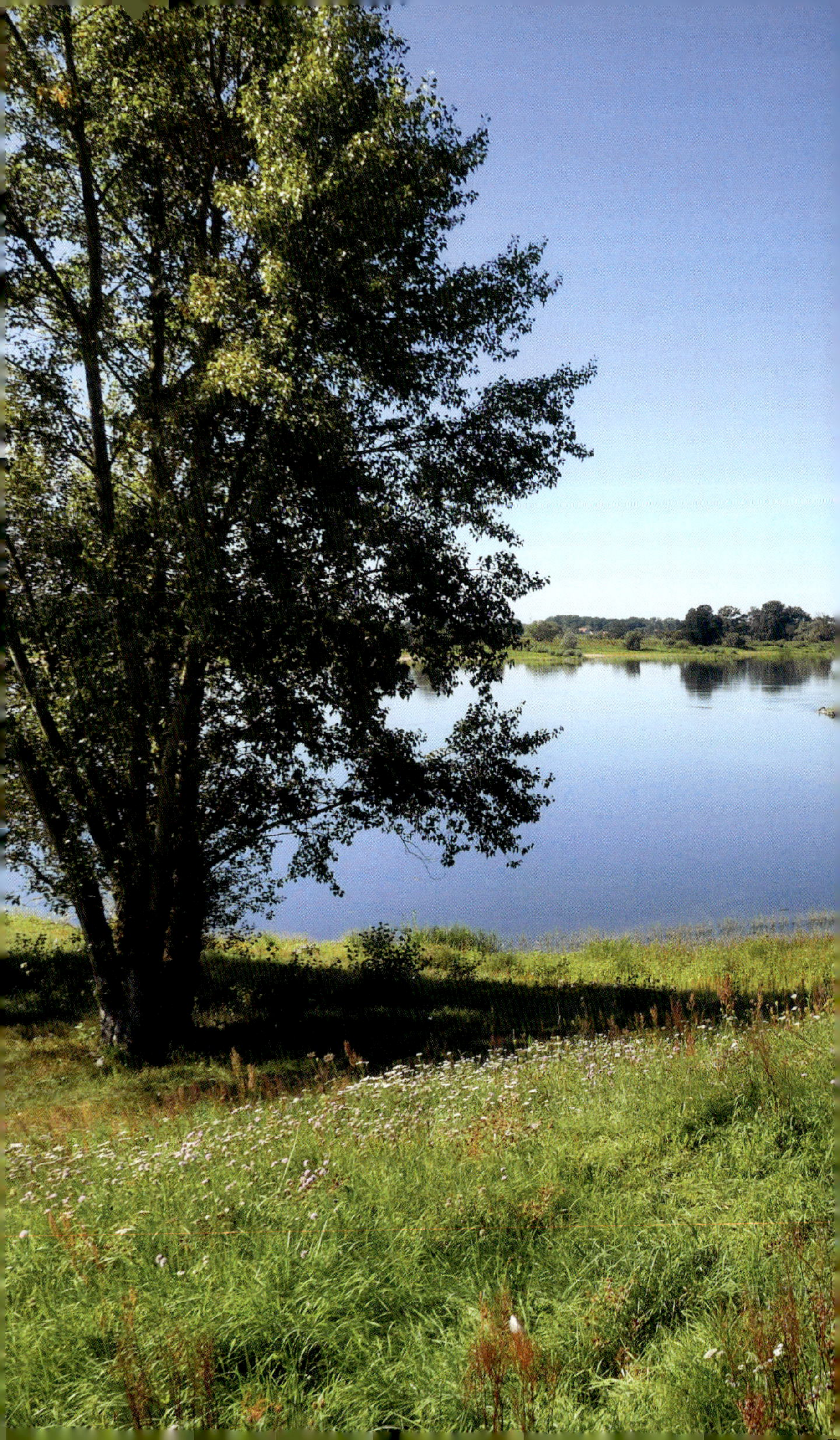

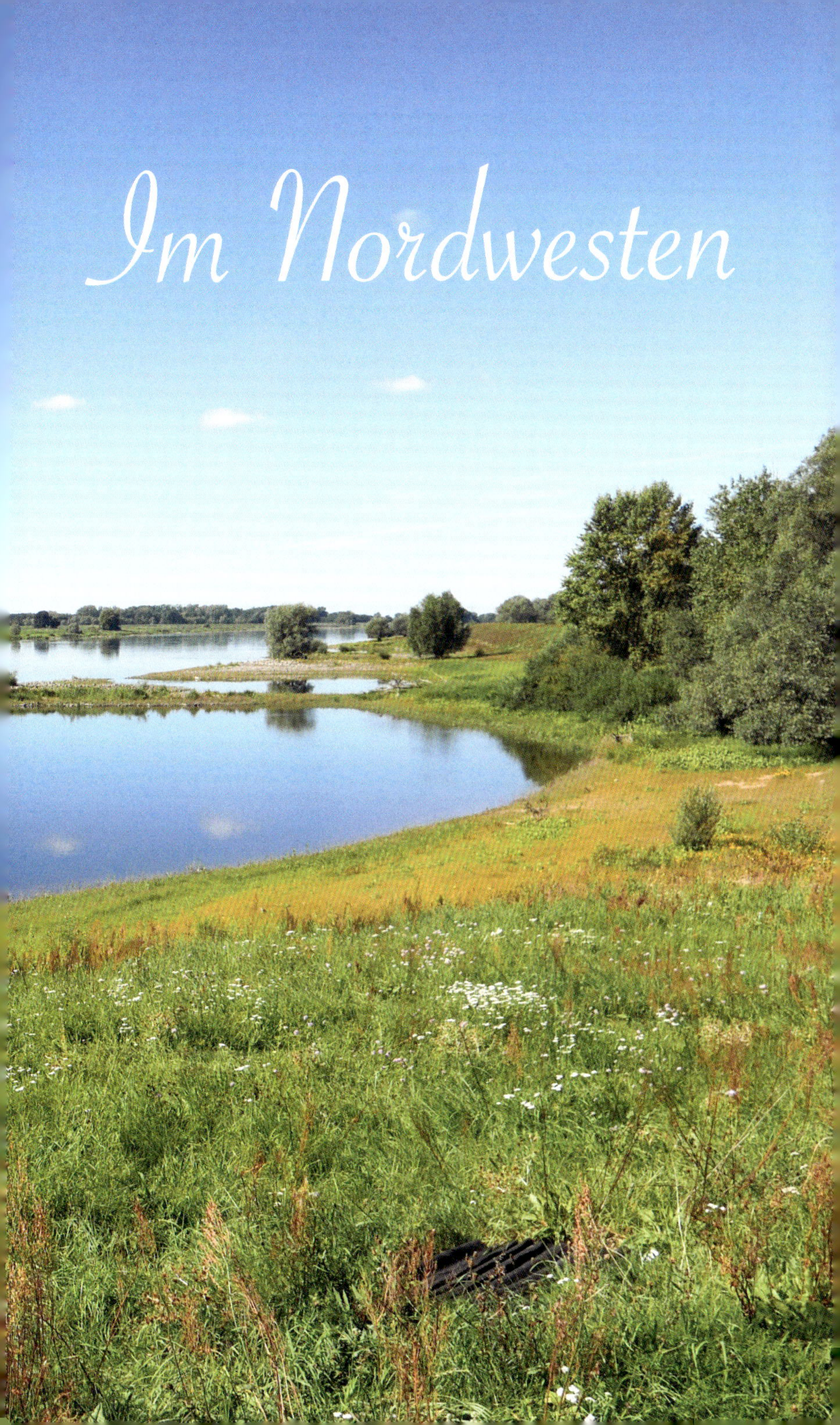

Im Nordwesten

10 Auf Kranich-Safari an den Linumer Teichen

Ruppiner Seenland, Rhin-Havelluch

Kurz und knapp: Die Gegend um die Linumer Teiche zählt zu den größten Kranich-Rastplätzen in ganz Westeuropa. Von Ende September bis Anfang Oktober sind die majestätischen Zugvögel hier ganz aus der Nähe zu beobachten – und zu hören. Um Blechlawinen im Ort zu vermeiden, bitte mit öffentlichen Verkehrsmitteln anreisen.

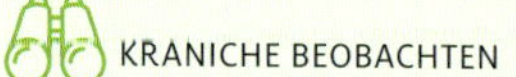

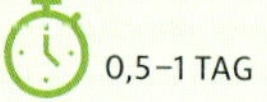

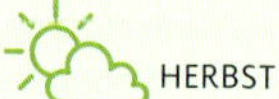

Kraniche sind scheue Tiere, schon in der Antike waren die eleganten Schreitvögel ein Symbol für Wachsamkeit. Wer ihnen behutsam aufs Federkleid rücken will, muss sehr viel Geduld und eine gute Tarnung mitbringen. So wie Dietmar Damschen. Jahrelang begleitete der Naturfotograf Kraniche auf ihrem Zug von Skandinavien bis in die spanischen Winterquartiere. Während der Kranichsaison sind seine atemberaubenden Fotos in der Storchenschmiede **Linum** zu sehen.

Preisgekrönte Kranichfotos – schön und gut. Aber schließlich sind wir nach Linum gekommen, um die Großvögel mit der charakteristischen Federschleppe in freier Wildbahn zu beobachten. Bis zu 100 000 Tiere sollen es nach Zählungen des Naturschutzbunds (NABU) jährlich sein, die an den **Linumer Teichen** nordwestlich von Berlin campieren – Rekordbelegung.

Alljährlich im Herbst sammeln sich die Kranichfamilien im Naturschutzgebiet **Oberes Rhinluch**, bevor sie ihre Reise in den Süden Europas oder den Norden Afrikas fortsetzen.

In Linum finden sie sichere Schlafplätze im knietiefen Wasser flacher Teiche oder mooriger Wiesen. Und – was noch wichtiger ist – eine prall gefüllte Speisekammer auf den abgeernteten Maisfeldern in der Nachbarschaft. Ideale Bedingungen, um sich körpereigenen Reiseproviant anzufuttern.

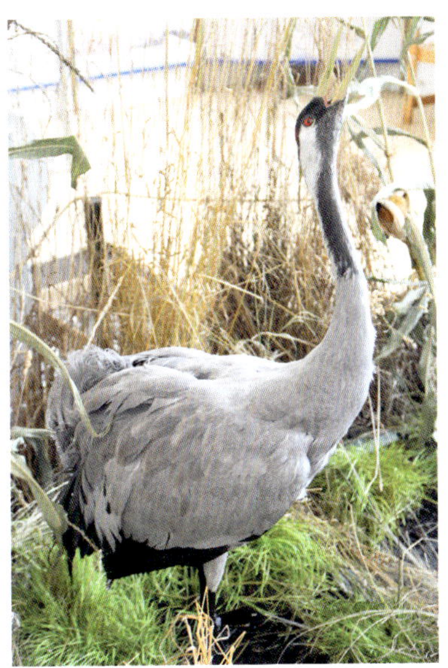
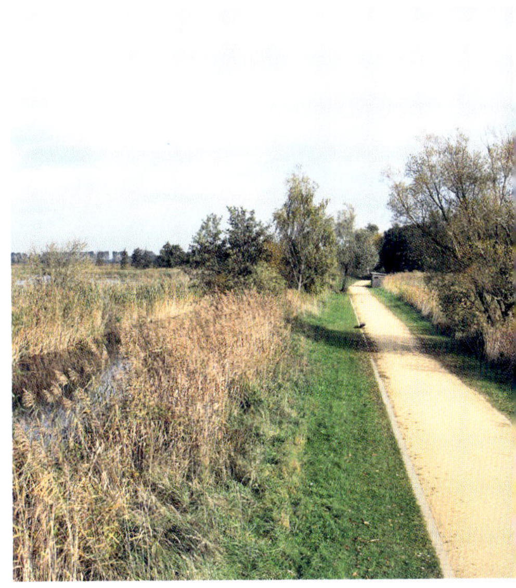

In der Natur halten Kraniche einen größeren Abstand.

Während der Rast von Ende September bis Anfang November folgen die Kraniche einem täglichen Ritual: Im Morgengrauen steigen sie gemeinsam aus der Teichlandschaft auf und verteilen sich auf die umliegenden Felder, um nach Futter zu suchen. Und bei Sonnenuntergang sammeln sie sich wieder auf den **Luchwiesen**, bevor sie an ihren Schlafplatz zurückkehren. Der Zug der Kraniche lockt regelmäßig Vogelfreunde aus der ganzen Welt auf den Darß, an die Müritz – oder eben nach Linum.

Unsere Safari beginnt im Schlafzimmer der Kraniche. Bei unserer Ankunft am frühen Mittag haben allerdings selbst die ärgsten Langschläfer ihr Wasserbett längst verlassen. Im »**Teichland Linum**« geben uns stattdessen Hundertschaften von nordischen Wildgänsen ein Gratiskonzert. Zu dieser Jahreszeit haben sie die schilfgesäumten Teiche, die sich wie ein Flickenteppich über 240 Hektar Fläche erstrecken, fest im Griff. Sie kreisen über dem Wasser, landen mit weit ausgebreiteten Flügeln, orchestriert von aufgeregtem Geschnatter, trinken, baden, putzen ihr Gefieder – allein das ist ein sehenswertes Spektakel.

Wir schließen uns der Karawane von Hobbyornithologen und Naturfotografen an, die sich in kleinen Pulks entlang der Ausfallstraßen

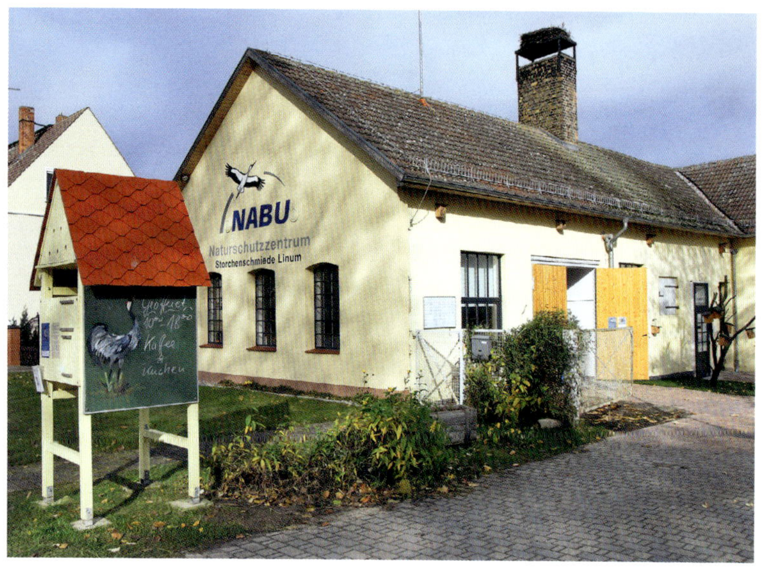

Storchenschmiede Linum, in der Kranichsaison der erste Anlaufpunkt

des brandenburgischen Straßendorfs postieren. Dreibeinige Stative, auf denen armdicke Spektive ruhen, stehen an den Feldrändern Spalier. Männer und Frauen in wetterfester Outdoorkleidung fachsimpeln über Kopfzeichnung, Lebendgewicht und Erkennungsrufe.

Mit bloßem Auge erkennen wir kaum mehr als einen grauen Streifen am Horizont, erst durch das Fernglas gewinnen die Vögel an Kontur. Hunderte, vielleicht Tausende drängen sich dicht an dicht, die Köpfe zum Ackerboden gesenkt. Hin und wieder breitet einer die Flügel aus, die nicht selten eine Spannweite von 2,50 Meter erreichen.

Das Rauschen der nahegelegenen Autobahn lässt die Vögel kalt, aber sobald sich im Umkreis von 300 Metern etwas Ungewöhnliches regt, schießen die filigranen Hälse empor und die Kraniche stoßen laute Warnrufe aus.

In der Abenddämmerung ziehen wir zum Beobachtungspunkt am **Breiten Graben** östlich der Teiche um. Aus den Wiesen und Gräben quillt ungemütliche Feuchtigkeit. Angestrengt suchen wir den Himmel ab. Langsam kriecht uns die Kälte in die Zehen; Finger und Nacken werden steif. Endlich der erlösende Ruf: Sie kommen! Am Horizont tauchen die

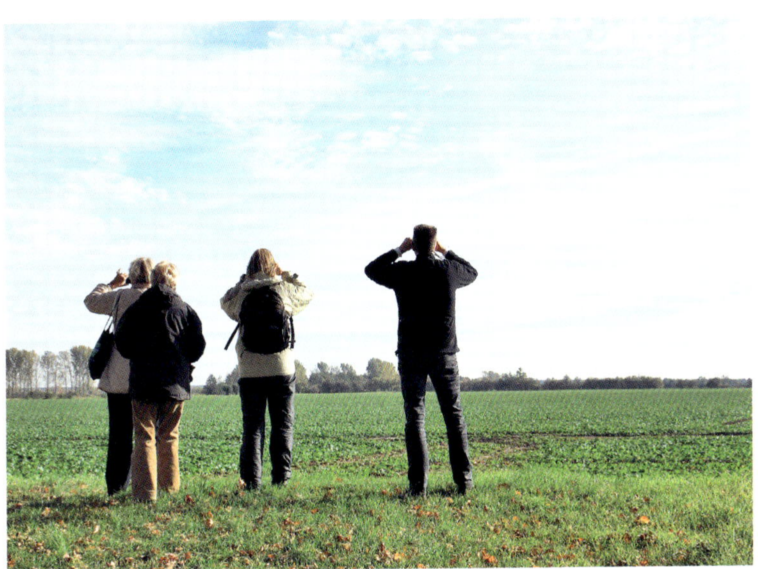

Mit Geduld und einem guten Fernglas ...

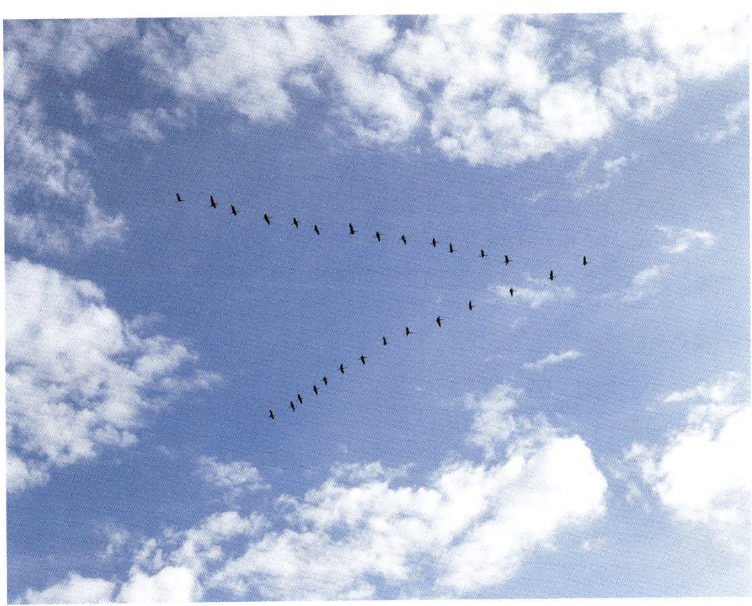

... entdeckt man die Kraniche in der typischen Keilformation am Himmel.

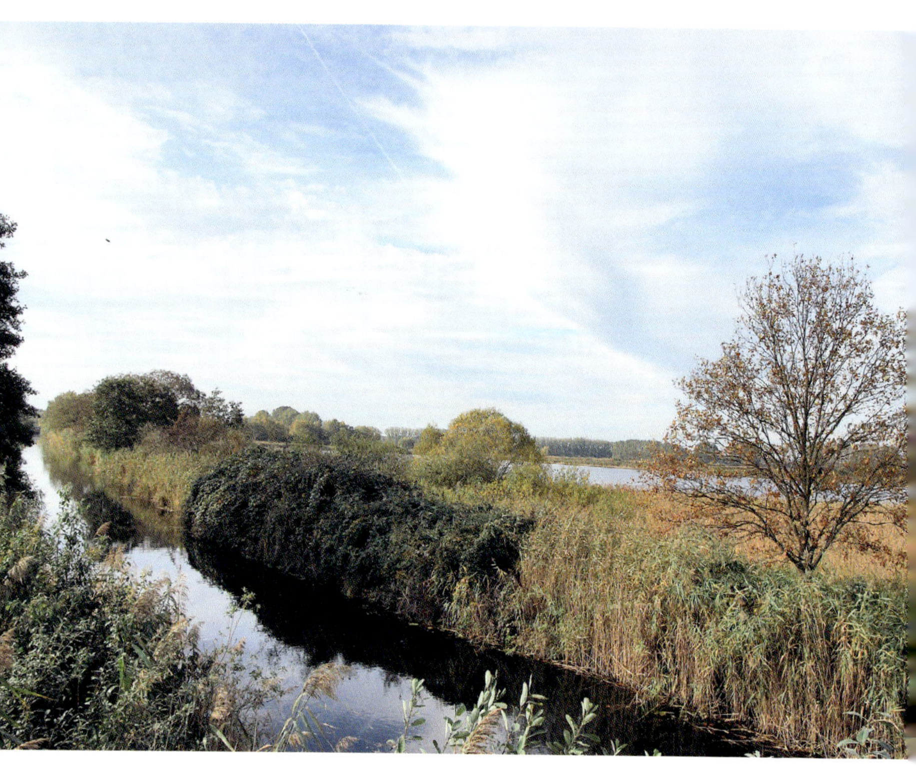

Der ehemalige Torfstich ist Lebensraum für viele Vogelarten.

ersten pfeilförmigen Formationen auf und wenige Minuten später sind wir vom Trompeten der Kraniche eingehüllt.

Erst vereinzelt, dann in einem stetig anschwellenden Strom drängen die Tiere zum Vorsammelplatz, ziehen mit majestätischem Flügelschlag weite Kreise über unsere Köpfe, schrauben sich elegant im Sinkflug auf die **Luchwiese** hinab, ein faszinierendes Schauspiel, das Stunden dauern kann. Vor unseren Augen ein einziges Tanzen, Schreiten, Gleiten, das allmählich mit der einbrechenden Dunkelheit verschmilzt. Als die Rufe leiser werden und wir kaum noch Konturen ausmachen können, staksen wir mit steifen Gliedern und roten Nasen zurück zur Storchenschmiede – glücklich, wie sollte es nach einer Begegnung mit dem »Vogel des Glücks« auch anders sein?

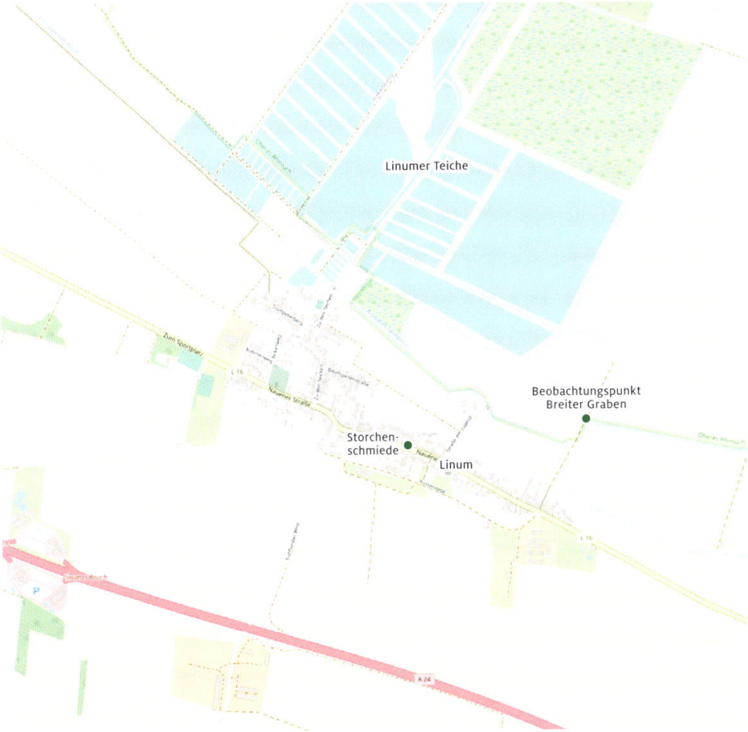

Hin und weg: Mit der S25 nach Hennigsdorf, Umstieg in den RE 6, ab Kremmen mit dem Bus 758 (ca. 1 bis 1,5 h), auf demselben Weg zurück

Bonustipp: Die Rast der Kraniche zieht jedes Jahr unzählige Besucherinnen und Besucher an. Sogar auf der Autobahn A24, die in der Nähe der Teiche verläuft, kommt es durch langsam fahrende Schaulustige regelmäßig zum »Kranichstau«. Zu Beginn der Kranichsaison und an Wochentagen ist es in Linum ruhiger. Dunkle, sehr warme Kleidung anziehen und Fernglas nicht vergessen. Infos zur jeweils aktuellen Kranichsaison, Kranichführungen, Vorträgen und Öffnungszeiten der Storchenschmiede unter https://storchenschmiede.org/

Tour auf Google Maps

11 Blaumachen im Ruppiner Land

Ruppiner Seenland

Kurz und knapp: Zwei- bis Dreitageswanderung entlang der Ruppiner Seenkette von Wustrau-Radensleben via Neuruppin nach Rheinsberg. Über weite Strecken verwunschene, waldreiche und wassernahe Wanderung, einige Teilstrecken verlaufen auf wenig bis moderat befahrenen Straßen, teils Kopfsteinpflaster, um Braunsberg herum einige lange Geraden durch Wiesen und Felder.
Variationen: Der Einstieg in Wustrau-Radensleben ist verkehrstechnisch am besten zu erreichen, wer die Tour noch etwas verlängern möchte, kann aber auch in der sehenswerten Zietenstadt Wustrau starten. Für die Tour bieten sich drei Etappen an, die einzeln oder kombiniert gewandert werden können:
Etappe 1: Wustrau / Wustrau-Radensleben – Neuruppin (ca. 19 / 16 km)
Etappe 2: Neuruppin – Boltenmühle (ca. 16 km)
Etappe 3: Boltenmühle – Rheinsberg (ca. 16 km)

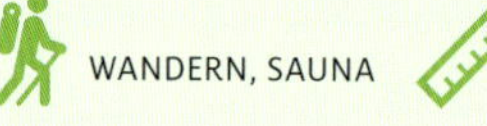

52 KM

HERBST

Über 300 Seen soll es geben im **Ruppiner Seenland** – einige der schönsten sammeln wir auf dieser Wanderung, die zu jeder Jahreszeit ihre Reize hat: Von Frühling bis Herbst spenden die ausgedehnten Wälder Schatten und in jeder Bucht lockt eine Badestelle. Im Winter verspricht der oft eng am Westufer der Seen verlaufende Weg ein Maximum an Sonnenstunden. Und das Beste daran: Die Wanderwege sind alles andere als überlaufen. Wir sind die erste Etappe im Winter, die zweite und dritte im Herbst gewandert.

Balsam für die Seele: Von Wustrau-Radensleben nach Neuruppin (16 km)

Die ausladende Parkbank an der **Badestelle Karwe** ist zu verlockend, um sie links liegen zu lassen: ein Logenplatz am Ufer. Zwingend wäre eine Rast hier nicht, vom Bahnhof Wustrau-Radensleben bis hierher sind wir

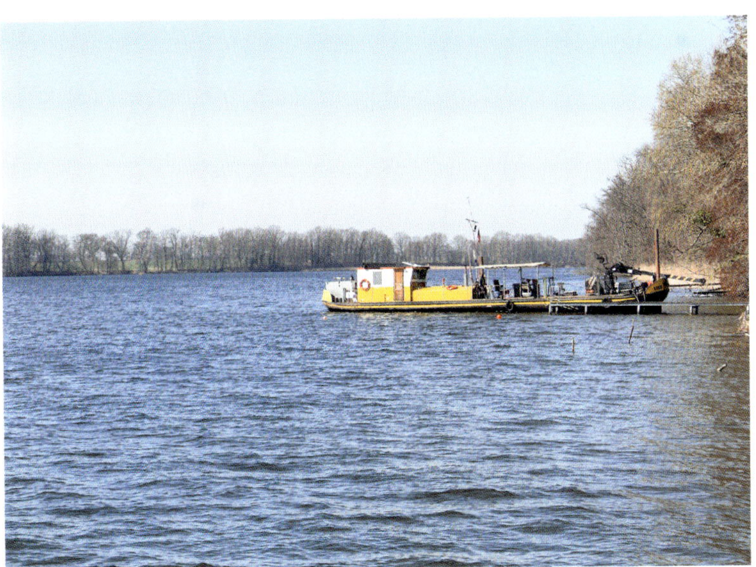

Steife Brise auf dem Ruppiner See

noch keine vier Kilometer über die Ortsstraße gewandert. Aber in unruhigen Zeiten wie diesen kommt uns jede Gelegenheit recht, das Gedankenkarussell für einen Moment anzuhalten. Warum nicht gleich hier?

Unbeeindruckt vom Weltgeschehen liegt der **Ruppiner See** zu unseren Füßen, glasklar, eingebettet in das wellige, noch winterfarbene Ruppiner Land. Wäre es nicht so kalt, wir würden sofort hineinspringen. Auf einer Strecke von über 14 Kilometern windet er sich von Altfriesack bis Alt Ruppin und ist damit der längste See in Brandenburg – so schlank, dass das andere Ufer von hier aus fast in Spuckweite liegt.

Gutshof Karwe am Ruppiner See

In unserem Rücken säumt ein renoviertes Ziegelstein-Ensemble einen kopfsteingepflasterten Hof, Überreste des ehemaligen Herrenhauses des Adelsgeschlechts von Knesebeck, das in den frühen 1980er-Jahren abgerissen wurde. Eiskeller, Pferdestall und Verwalterhaus dienen heute als Wohnhäuser und Feriendomizile. Nördlich der Badestelle am Seeufer beginnt der **Gutspark Karwe**. Vom »dichten Schilfgürtel«, breit wie ein »Wasserwald«, wie ihn Fontane in seinen Wanderungen beschrieben hat,

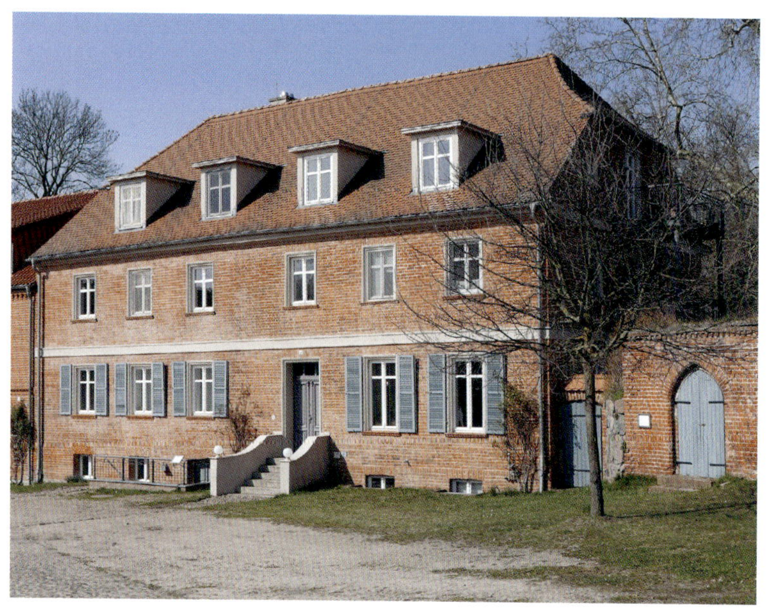

Der Gutshof Karwe ist heute eine Wohnanlage.

sind zwar nur noch Relikte vorhanden, aber der Uferweg unter Schwarzerlen, Buchen und Stieleichen durch die Parkanlage ist immer noch verwunschen. Ein Hauch von Bärlauch liegt in der Luft, Buschwindröschen kämpfen sich ans Licht, zwischen Totholz und trockenem Röhricht sprießen die ersten grünen Halme.

Um den kleinen Ort **Seehof** müssen wir eine Schleife drehen, kehren aber wenig später hinter dem Hafen zurück ans Wasser. Hinter dem Jugenddorf **Gnewikow** halten wir uns wieder eng am wilden Ostufer des Ruppiner Sees. Es geht vorbei an winterfest verrammelten Datschen, in die wir sofort einziehen möchten, an alten Bootshäusern und verwitterten Stegen. Wir kommen kaum voran, weil wir uns alle paar hundert Meter am Wasser niederlassen und die Gesichter in die Sonne strecken. Die stille Landschaft lädt ein zu heilsamer Gemächlichkeit. In **Wuthenow** schwenken wir wieder nach Osten, um die **Lanke**, eine schmale Bucht, die widerspenstig in die Landschaft ragt, zu umwandern und eine Pause an der Badestelle im Dorf einzulegen, bevor wir der schlichten Schinkelkirche einen Besuch abstatten.

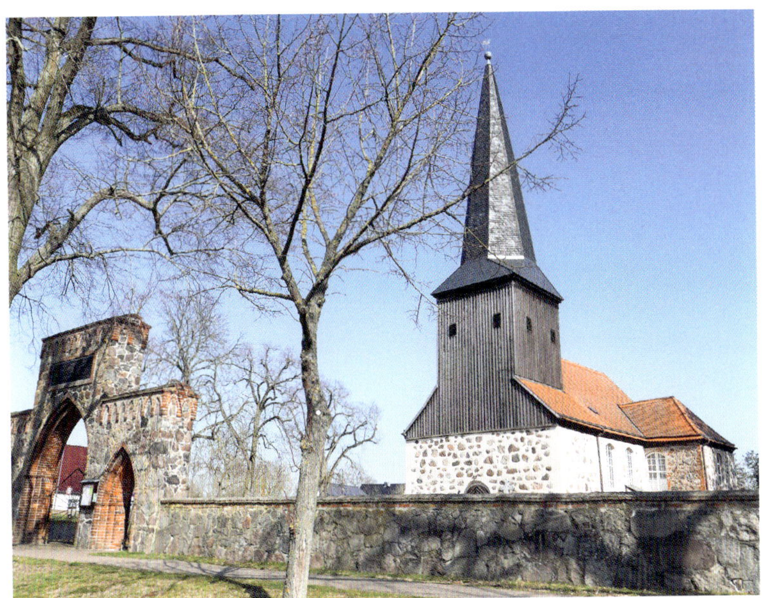

Evangelische Dorfkirche Karwe

Auf dem Weg in die Fontane-Stadt

Bis Neuruppin liegen noch etwas mehr als vier Kilometer vor uns. Die beiden hoch aufragenden Türme der **Klosterkirche Sankt Trinitatis** sind schon eine Weile in der Ferne zu sehen.

Je näher wir der Stadt kommen, desto quirliger wird die Atmosphäre: Der Uferweg füllt sich mit Anwohnern, die ihre Hunde Gassi führen, ein paar Jugendliche lassen auf einem Steg die Beine baumeln und einen Joint kreisen, auf dem Seedamm rauscht Verkehr.

Verschlusssache Liebe

Im Kirchhof von St. Trinitatis wirft die Abendsonne lange Schatten. Der seltsame Brauch, ausgerechnet rostige Vorhängeschlösser als Symbol der Liebe an Brücken und Geländer anzubringen, hat sich auch in Neuruppin herumgesprochen. Die »Liebesbäume« neben der ziegelroten Stadtmauer ächzen fast unter ihrer Last. Gleich daneben steht die über 700 Jahre alte »**Wichmannlinde**« – zu dieser Jahreszeit nur ein bizarres Baumskelett.

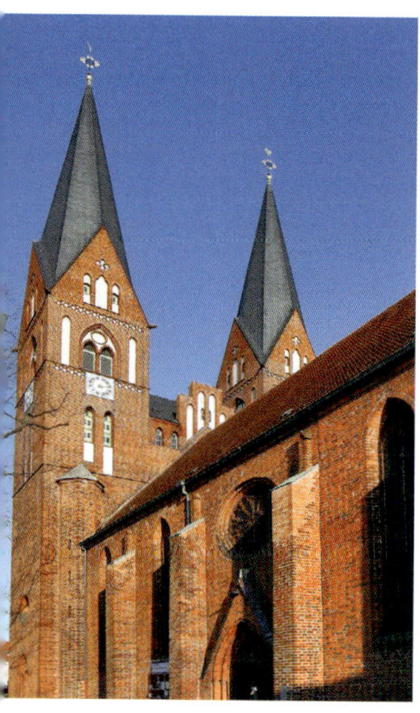

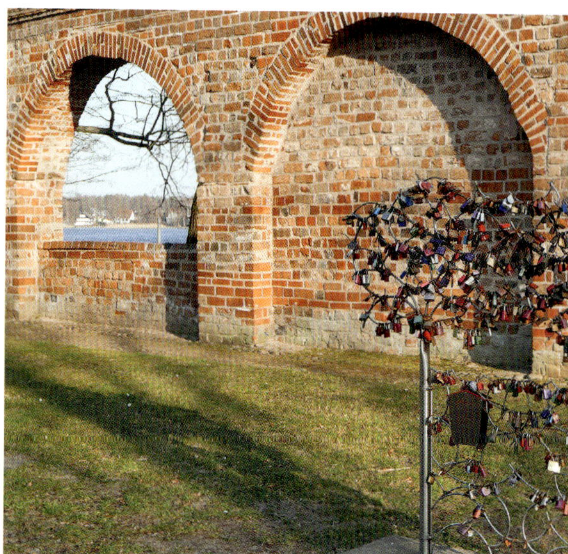

Klosterkirche St. Trinitatis, »Liebesbaum« an der Stadtmauer

Der allgegenwärtige Dichter

Zum Abschluss schlendern wir im Sonnenuntergang durch die beschauliche Fontanestadt, vorbei an der Löwen-Apotheke, Geburtsort und Haus der Kinderjahre des allgegenwärtigen Dichters, hinunter zur Seepromenade, wo der »Parzival am See«, eine 17 Meter hohe Stahlskulptur des Künstlers Zágon Hohl-Stein, in den Himmel ragt, in einem weiten Bogen zurück über den Bernhard-Brasch-Platz und vorbei an der Kulturkirche St. Marien zum Bahnhof Neuruppin.

Schweizer Lust: Von Neuruppin nach Boltenmühle (16 km)

Es dauert eine Weile, bis wir unsere Wanderung fortsetzen können, inzwischen ist es Herbst geworden. Vom Bahnhof **Neuruppin**, Rheinsberger Tor, stiefeln wir, noch reichlich verschlafen, am frühen Morgen Richtung Ortsausgang, die Fontanestadt würdigen wir ausnahmsweise keines Blicks. Denn wir haben eine ordentliche Strecke durch die Schweiz geplant, auch wenn die in Brandenburg so flach ist, dass man sich schon fragen kann, was die Region zwischen Neuruppin und Binenwalde mit der Alpenrepublik verbindet.

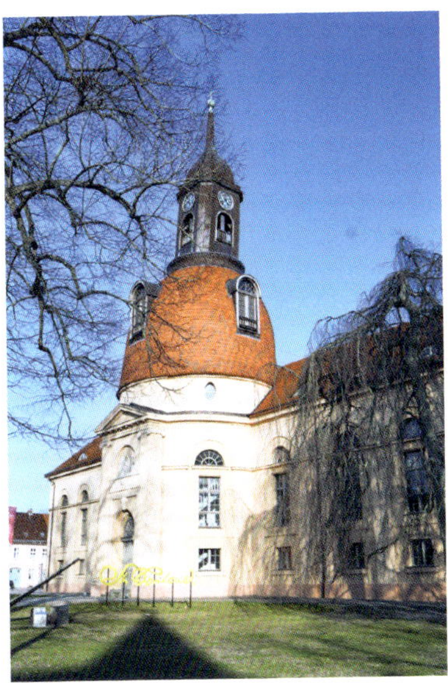

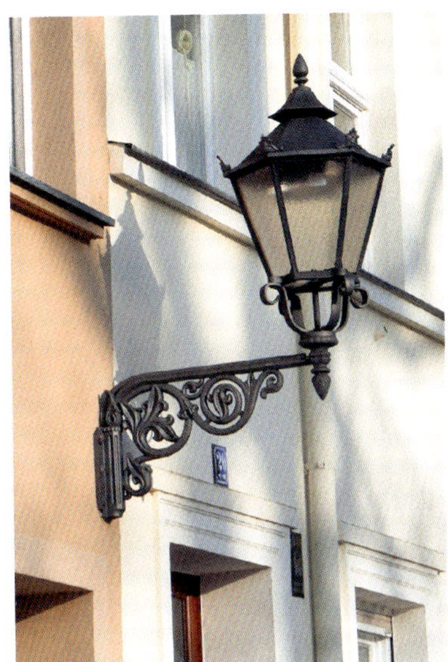

Pfarrkirche St. Marien, auch »Kulturkirche Neuruppin« genannt

Ob wir noch nicht richtig wach sind oder die blaue Markierung nur in unserer Wanderkarte existiert, wer weiß. Jedenfalls verfranzen wir uns sofort, als wir von der Hauptstraße in eine Kleingartensiedlung abbiegen. Vielleicht ist unsere Verwirrung auch der Faszination für die handtuchschmalen Laubengärten geschuldet, die mit Rehkitzen, Schwänen und Reihern aus Ton um das Prädikat »kitschigste Gartendeko« ringen. Nur mit Mühe finden wir einen Ausgang aus dem Labyrinth der Wege.

Badestellen keine Mangelware

Bis zum **Seebad Neuruppin** versperren Bootsanleger und Motorsportclubs den Zugang zum See. Dann endlich geht es in den Wald, vorbei an einer der schönen Badestellen, die auf dieser Wanderung wahrlich keine Mangelware sind. Wenn wir uns nicht sofort die Kleider vom Leib reißen, liegt das nicht etwa an schlechter Wasserqualität, im Gegenteil, die ist in allen Gewässern der Ruppiner Seenkette top, sondern schlicht an der Tatsache, dass uns der stramme Wind auch so schon ungemütlich um die Ohren bläst. Deshalb verzichten wir auch auf einen Abstecher in den malerisch gelegenen Ort **Alt Ruppin** und wandern weiter in Richtung

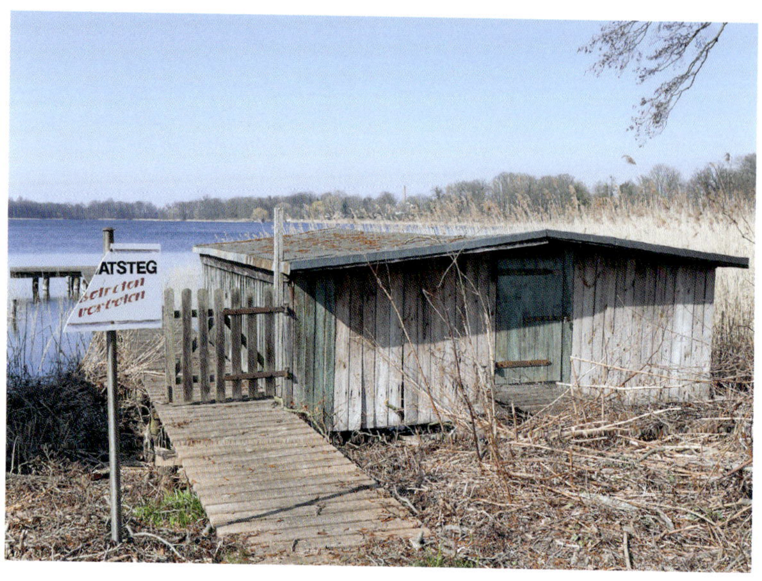

Bootshaus am Ruppiner See

Schleuse, wo es über den Rhin zum **Molchowsee** geht. Nach einem Hatscher über die Straße folgen wir dem idyllischen Uferweg bis zum Ortseingang von **Molchow** und freuen uns über den überdachten Pavillon an der Badestelle. Picknickzeit.

Das trutzige Dorf hat auch einen runden Dorfplatz mit einem schlichten Glockenturm aus Holz – bei sonnigem Wetter bestimmt für eine Pause gut, bevor die nächsten Kilometer Pflastertreten bis zur Brücke am nördlichen Zipfel des **Tetzensees** folgt.

Ein Zander für den Wald

Ab Stendenitz verläuft der Weg am Westufer des **Zermützelsees**, vorbei am angeblich ältesten Waldmuseum Deutschlands, gegründet 1936 von einem Revierförster namens Hans Zander, eine örtliche Legende, der dafür allerlei Naturobjekte aus den umliegenden Wäldern sammelte. Es gibt einen Naturlehrpfad, das schilfgedeckte Blockhaus mit einer Ausstellung über den »Wald als Lebensgemeinschaft« ist allerdings geschlossen wegen Personalmangel. Und auch in der traditionsreichen Waldschenke wird zu dieser Jahreszeit kein Bier mehr ausgeschenkt.

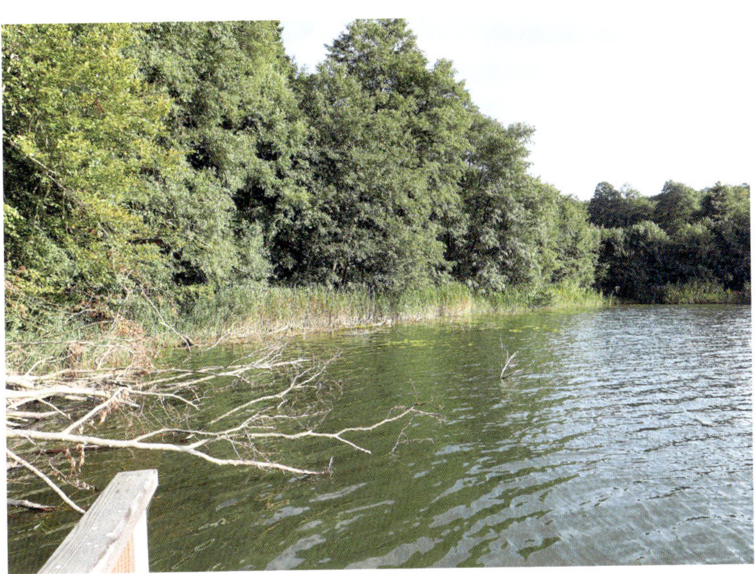

Ufer des Tornowsees bei Boltenmühle

Spätestens am **Tornowsee** hören wir auf, die Gewässer zu zählen. Mehr hätte sicher auch die Schweizer Alpenrepublik nicht an einem Wandertag zu bieten. Über das Rottstielfließ wechseln wir auf die Ostseite des Tornowsees und wandern im Bogen über den Fontaneweg auf dem leicht erhöhten Ufer durch herrlichen Buchenwald zur **Boltenmühle**. Die 1718 im Fachwerkstil errichtete Sägemühle ist heute ein beliebtes, im Sommer leider oft überlaufenes Ausflugsziel mit großer Terrasse, Hotelzimmern und regionaler Küche. Inzwischen kräftig durchgefroren, spekulieren wir vor allem auf das Solebecken mit Sauna im Wellnessbereich.

Glanz und Gloria: Von Boltenmühle nach Rheinsberg (16 km)

Am nächsten Morgen lässt sich die Sonne blicken und wir machen noch einen kurzen Abstecher zum Anleger des Fahrgastschiffs am **Tornowsee**, das aber nur bis September in Richtung Neuruppin verkehrt. Aber wir haben uns ohnehin das Weiterwandern vorgenommen. Also gehen wir zurück zur Boltenmühle und folgen dem Talweg entlang des naturbelassenen **Binenbachs**, der sich eine wilde Schlucht durch den bunten Buchenmischwald gegraben hat – das landschaftliche Highlight dieser

Etappe. Schwere Herbstaromen liegen in der Luft, Pilze sprießen aus dem Boden.

Hinter der Badestelle **Kalksee** ist schon der Ortseingang von **Binenwalde** zu sehen. Das verträumte Dorf gruppiert sich um den alten Gutshof Binenwalde, der nach langem Leerstand heute in Privatbesitz ist. Die neuen Eigentümer haben einen Flügel zur Ferienwohnung ausgebaut und dem Hof damit Leben eingehaucht. Noch immer im Dornröschenschlaf liegt dagegen das traditionsreiche Gasthaus Hacker, ein flacher Holzbau mit türkisen Sprossenfenstern, davor ein verlassener Biergarten unter uralten Linden, Buchen und Eichen. Schräg gegenüber vom Gutshof führt ein schmaler Pfad hinauf zum **Sabinendenkmal**.

Begegnungen: Die schöne Sabine

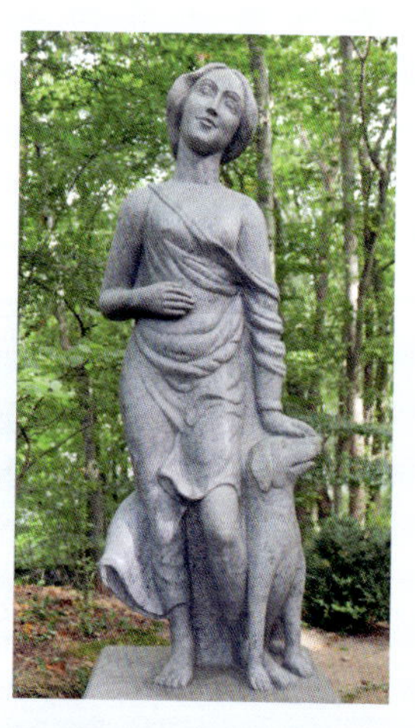

Leicht bekleidet steht sie mitten im Wald. Barfuß, die Toga über die nackte Schulter geworfen, als wäre sie geradewegs aus dem See gestiegen: die schöne Sabine. Eine steingewordene Sagengestalt, nach der sowohl der Ort als auch der Gutshof am Ufer des glasklaren Kalksees benannt ist: Binenwalde. Der Erzählung nach handelte es sich bei der schönen Sabine um die Tochter des königlichen Försters Ernst Ludewig Cusig. Schon als junges Mädchen musste sie, deren Mutter früh verstorben war, dem Vater den Haushalt im Forsthaus führen. Bei ihren Bootsausflügen lernte Sabine eines Abends den Flötenspieler Fritz kennen und verliebte sich in ihn. Eine unmögliche Liebe, wie sich herausstellen sollte, denn hinter besagtem Fritz steckte kein geringerer als Kronprinz Friedrich II., der 1740 zum König in Preußen gekrönt wurde.

Obwohl weder die schöne Sabine noch die heimliche Liaison historisch verbürgt, sondern wahrscheinlich eher dem romantischen Zeitgeist entsprungen sind, setzt der örtliche Heimatverein vieles daran, die Erinnerung an die verhinderte Prinzessin lebendig zu halten.

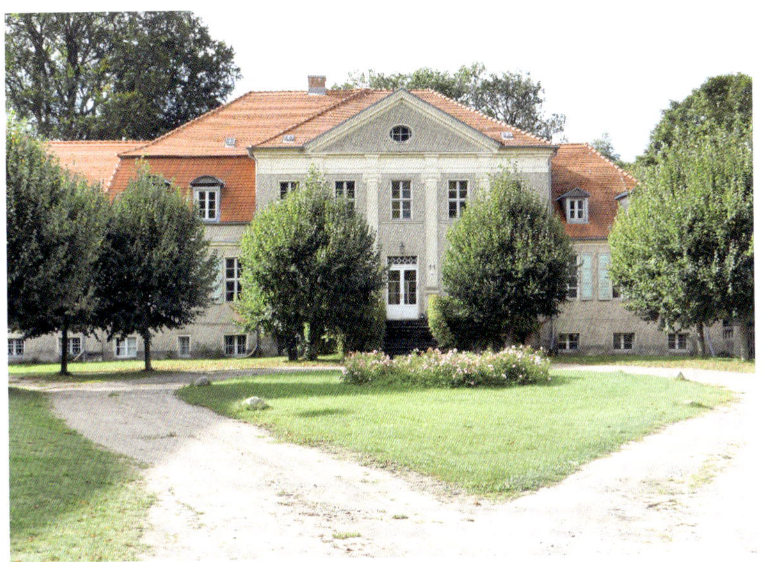

Gutshaus Binenwalde

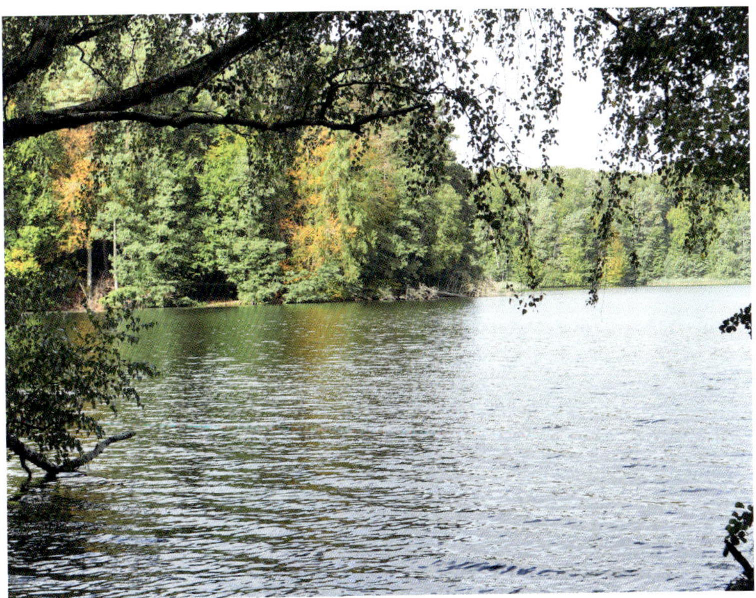

Der Kalksee – Schauplatz der Sage um die schöne Sabine

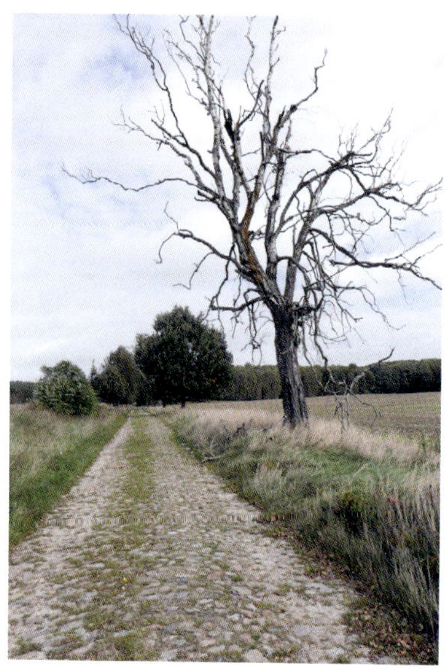
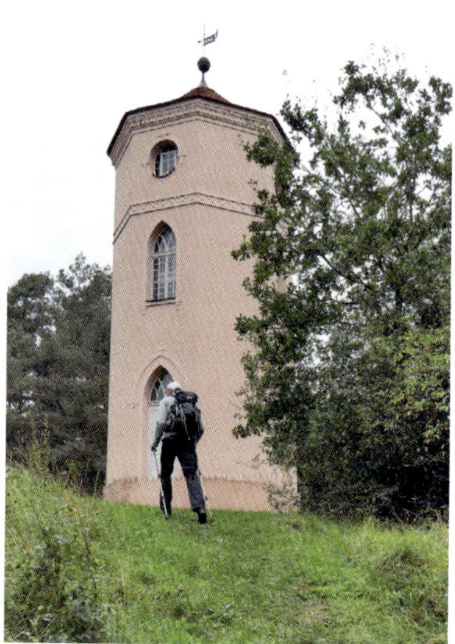

Über Braunsberg und den Wartturm …

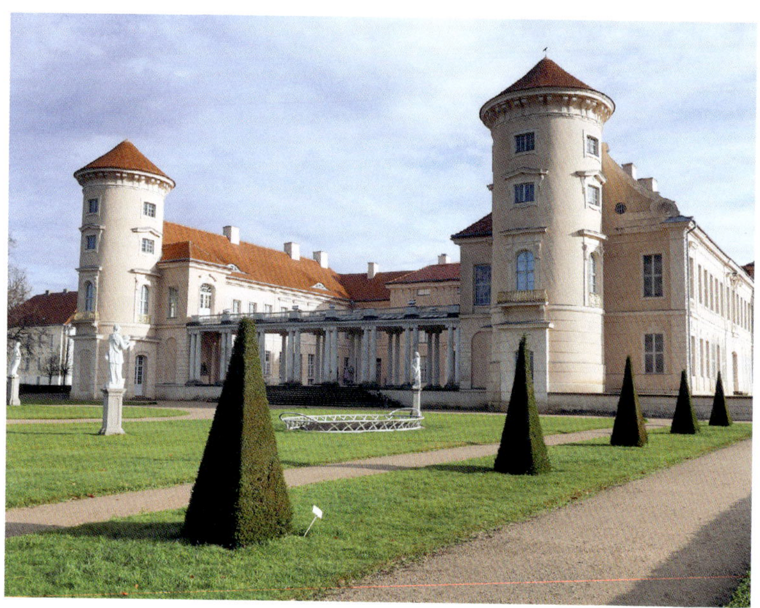

… zum Rheinsberger Schloss

Über alle Berge

Gleich hinter dem Dorfgasthof geht es rechts über eine Kopfsteinpflasterstraße aus dem Ort hinaus und wenig später Richtung Braunsberg über einen Feldweg zwischen Weiden und Äckern. Außer den Figuren der Vergangenheit begegnen wir keiner Menschenseele, die Rinder beäugen uns skeptisch. Der Laubwald ist einer weiten, leicht gewellten Ebene gewichen, über die der Wind pfeift. Durchgefroren flüchten wir uns in die Dorfkirche **Braunsberg**, einem schlichten Fachwerksbau von 1743.

Die nächsten vier Kilometer bis zu den **Krähenbergen** ziehen sich. Als links ein Sendemast auftaucht, nehmen wir den Abzweig nach rechts in Richtung Hellberge und folgen dem blau markierten Wanderweg im Zick-Zack-Kurs durch einsamen Mischwald zum **Wartturm**. Der sechseckige Turm im gotischen Stil steht auf einer kleinen Anhöhe und ist von Bäumen eingefasst. Als er 1802 gebaut wurde, gab es von den Turmfenstern aus noch eine direkte Sichtverbindung zum Rheinsberger Schloss – wahrscheinlich diente er dazu, Signal zu geben, wenn Gäste aus Berlin eintrafen.

Vom Turm zum Schloss

In der Legende um den Wartturm begegnet uns der mysteriöse Flötenspieler vom Kalksee wieder. Denn angeblich ließ sich der junge, musisch begabte Kronprinz von diesem Turm aus warnen, wenn sein strenger Soldatenkönigvater nahte, damit er die Querflöte noch rechtzeitig gegen die Exerziermontur eintauschen konnte. Plausibel ist die Geschichte nicht, denn als der Turm gebaut wurde, lebte Friedrich II. schon lange hochbetagt im Potsdamer Stadtschloss.

Wer selbst einen Blick durch die Turmfenster werfen will, kann sich mit einem Anruf im Tourismusbüro Rheinsberg den Zahlencode für das Türschloss besorgen. Die freie Sicht auf das Schloss Rheinsberg ist heutzutage allerdings von Baumwipfeln verdeckt.

Vom Wartturm aus wandern wir durch den Wald bis an den Stadtrand von **Rheinsberg**, vorbei an einer historischen Holländermühle und schließlich quer durch den Schlosspark bis an den **Grienericksee**. Im **Schloss Rheinsberg** statten wir zum Abschied Kurt Tucholsky noch einen Besuch ab. Mit seiner ironischen Erzählung »Ein Bilderbuch für Verliebte« hat der Journalist und Schriftsteller der Stadt eine – mutmaß-

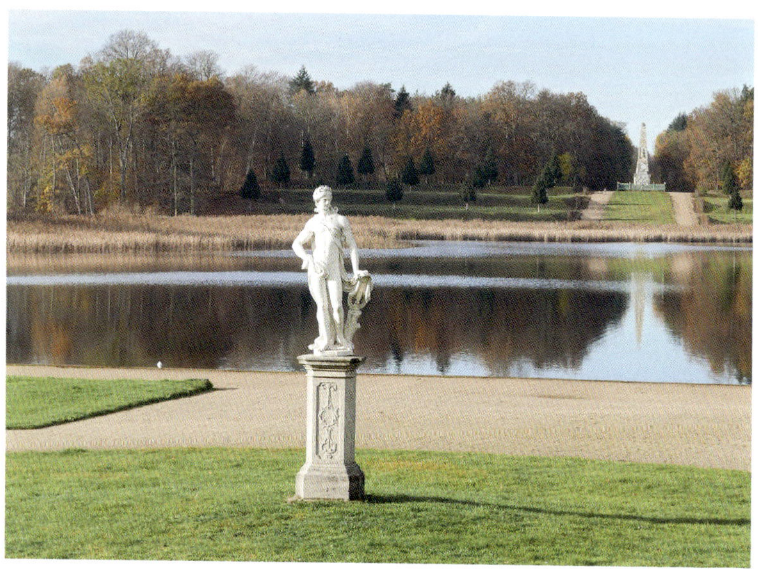

Blick vom Schloss zum Rheinsberger Obelisk

lich autobiographisch inspirierte – Ausflugsgeschichte hinterlassen, über die man im Literaturmuseum mehr erfahren kann.

Südlich der Schlossinsel zweigt übrigens der Rheinsberger Rhin ab. Der Nebenfluss der Havel schlängelt sich fast 18 Kilometer bis Zippelsförde in engen Kurven durch Bruchwald und Feuchtwiesen. Dabei überwindet er rund 17 Meter Gefälle und fließt deshalb mit einer Geschwindigkeit, die für Brandenburgische Gewässer einzigartig ist. Ein Traum für Paddelbegeisterte – und ein Grund mehr, noch eine Nacht in Rheinsberg zu verbringen. Allerdings ist das geschützte Biotop nur vom 15. Juni bis zum 31. Oktober mit Paddelbooten befahrbar, vorausgesetzt der Pegelstand ist hoch genug.

Bonustipp: In Neuruppin lädt die direkt am See gelegene Fontane Therme mit der größten Seesauna Deutschlands zu einem entspannten Tag zwischen Wellness und Solebecken ein. Im Resort Mark Brandenburg kann man auch übernachten (https://www.resort-mark-brandenburg.de/fontane-therme/)

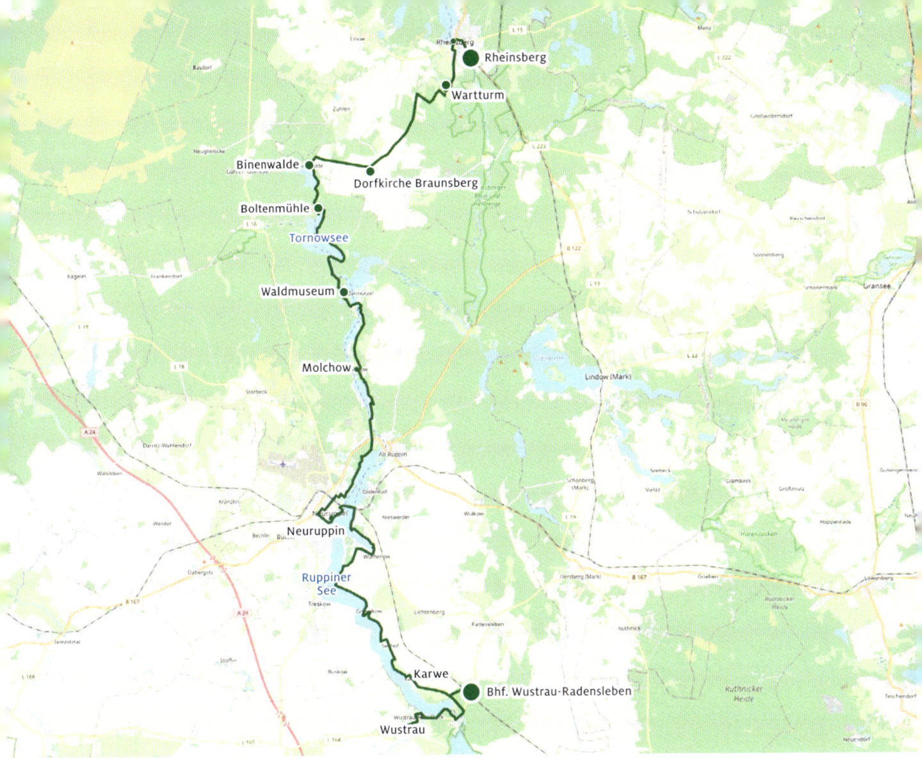

Hin und weg: Anreise mit dem RE 6 ab Berlin-Spandau nach Wustrau-Radensleben (ca. 1:20 h) oder weiter nach Neuruppin, Rheinsberger Tor (ca. 1,5 h); für den Start ab Wustrau von Wustrau-Radensleben weiter mit dem Bus 777 Richtung Wustrau Schule; An-/Abfahrt Boltenmühle mit dem Fahrgastschiff (Mai bis September, dienstags, donnerstags, samstags um 15.30 Uhr, rund zwei Stunden Fahrtzeit bis Neuruppin); Rückfahrt ab Rheinsberg(Mark) mit der RB 54 und RB 5 nach Berlin (ca. 1:40 h)

Schlafen und Schlemmen: Übernachtung im Hotel Boltenmühle, Restaurant mit regionaler Küche, kleine, aber angenehme Sauna mit Solebecken und Naturteich (https://www.boltenmuehle.de/); wer mit mehreren Personen unterwegs ist, kann eine Nacht in der charmant-unperfekten Ferienwohnung im Gutshof Binenwalde verbringen (https://gutshof-binenwalde.weebly.com/)

Tour auf Google Maps

12 Runterkommen am langen, ruhigen Fluss

UNESCO-Biosphärenreservat Flusslandschaft Elbe-Brandenburg

Kurz und knapp: Genug vom Trubel in der Großstadt? Bei dieser zweitägigen Radtour durch die Elbtalauen im Dreiländereck von Brandenburg, Niedersachsen und Sachsen-Anhalt kann man gar nicht anders als herunterzukommen. Im Spätsommer, wenn der Tourismus langsam abflaut, wird der Ausflug zum reinsten Wellness-Trip. Im Vorbeifahren erfährt man viel über den Alltag im ehemals deutsch-deutschen Grenzgebiet.

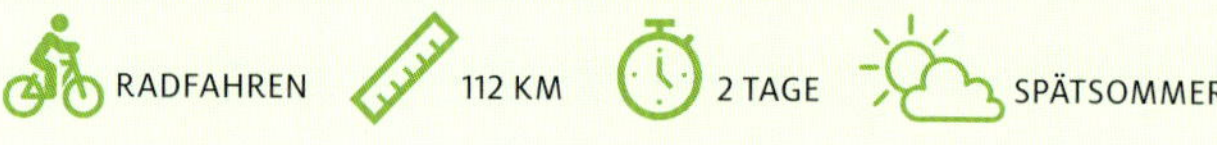

Im Grenzland unterwegs: Rundtour ab Wittenberge (ca. 52 km)

Bei der Einfahrt mit dem Zug nach **Wittenberge** grüßt der Uhrenturm. Angeblich einer der größten in ganz Europa, Wahrzeichen der Stadt und Symbol für ihre 150-jährige Industriegeschichte. Ihm zu Füßen liefen 1904 die ersten SINGER-Nähmaschinen vom Band – da war der Uhrenturm allerdings noch nicht erbaut. Er wurde erst 1929 fertiggestellt und dient bis heute als Wasserspeicher für den Werkskomplex. Zu DDR-Zeiten firmierte die Nähmaschinenfabrik unter dem Namen Veritas, der Schriftzug ist noch immer weithin auf dem Dach des Fabrikgebäudes zu lesen. Das Werk war international erfolgreich, bis die Absatzmärkte nach der Währungsunion wegbrachen und es 1992 geschlossen wurde.

Vom Bahnhof in Wittenberge rollen wir ein Stück durch die Innenstadt, vorbei an hübsch sanierten Bürgerhäusern hinunter zum Hafen, wo die Nebenflüsse Stepenitz und Karthane in die Elbe münden. Hier liegt das Tor zum UNESCO-Biosphärenreservat. Gleich hinter der Elbbrücke breitet sich die **Elbtalaue** vor uns aus wie eine große, grüne Bühne, auf der knorrige Weiden und ausladende Schwarzpappeln die Hauptrolle spielen. Mittendurch fließt der lange, ruhige Fluss, der noch viel träger wäre, wenn ihn von der Quelle bis zur Mündung nicht an die 7000 Buhnen gängeln würden, um die Elbe schiffbar zu halten. Die Buhnen, künst-

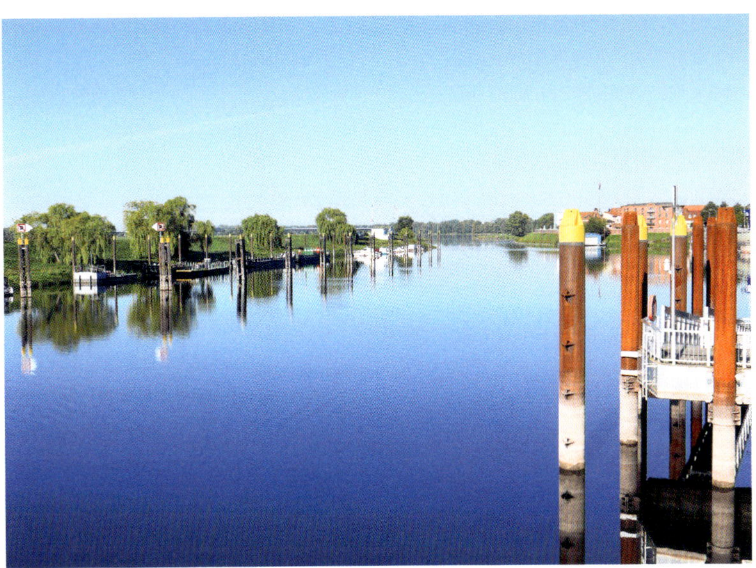

Elbanleger von Wittenberge

liche Landzungen aus Kies und Steinen, die quer zur Fließrichtung in den Strom ragen, kanalisieren das Wasser zur Strommitte, wodurch der Pegel steigt und die Fließgeschwindigkeit zunimmt. Hinter den Buhnen, in den kleinen Buchten, wo das Wasser ruhiger fließt, spuckt der Fluss seine beschwerliche Fracht aus Sand und Sedimenten ans Ufer. So entstehen die unzähligen Naturstrände, die den Fluss bei Niedrigwasser wie Girlanden schmücken.

Über viele Kilometer radeln wir wie Deichfürsten oben auf der mit feinem Schotter befestigten Deichkrone. In **Müggendorf** müssen wir kurz auf die kopfsteingepflasterte Dorfstraße ausweichen, was nicht weiter schlimm ist, weil die gemütlichen Backsteinhäuser und das »Kleine Hofcafé« zu einer willkommenen Pause verleiten. Kurz vor **Cumlosen** geht es über das Schöpfwerk, das erst vor ein paar Jahren grundlegend saniert wurde, damit die Wittenberger bei Hochwasser keine nassen Füße fürchten müssen. Hinter **Lütkenwisch** biegen wir links vom Elbradweg ab, um die Fähre Schnackenburg zu erreichen, ein stinkendes Dieselmonster, das die ehemalige Grenze heute mühelos und in wenigen Minuten überwindet.

Drüben liegt **Schnackenburg** im östlichsten Zipfel des Wendlands, die kleinste Gemeinde mit Stadtrecht in Niedersachsen. Bis zum Mauerfall war der Ort an drei Seiten von der innerdeutschen Grenze eingefasst – mehr Ex-»Zonenrandgebiet« geht nicht. Direkt am Hafen, im Alten Fischerhaus, befindet sich das Grenzland-Museum Schnackenburg, das 1994 auf zivilgesellschaftliche Initiative hin gegründet wurde. Auf drei Etagen drängen sich hunderte Dokumente, Fotos, Karten, Modelle, Ausrüstung der Grenztruppen, Fahrzeuge, Waffen, Orden, Fahnen, Schilder und andere Kuriositäten aus der Zeit der Teilung – eine Dauerausstellung, in der man sich leicht verlieren kann.

Begegnungen: Die Affäre Kugelbake

In der Elbe vor Schnackenburg lag während der Teilung ein wichtiger Messpunkt für die Tauchtiefe der Wasserstraße, die für die Schifffahrt von Bedeutung war. Allerdings gingen in Ost und West die Meinungen darüber auseinander, wo genau die deutsch-deutsche Grenze im Fluss verlief. In der Mitte, sagten die Einen, am östlichen Ufer, da waren sich die Anderen sicher – Streit schien damit vorprogrammiert. Am 18. Oktober 1966 spitzte sich die Lage zu. Glaubt man Zeitzeugen, stand nichts weniger als der Weltfrieden auf dem Spiel. Was war geschehen? Zu Vermessungszwecken war das Schnackenburger Peilschiff »Kugelbake« wie üblich auch in die östlichen Buhnenfelder geschippert, als sie plötzlich von Streifenschiffen aus der DDR umzingelt wurde. Zwischen den russischen und den englischen Besatzern stand es angeblich damals Spitz auf Knopf, bis sich die Oberen in Potsdam friedlich einigten und der Dritte Weltkrieg gerade noch abgewendet werden konnte.

Nur dreieinhalb Kilometer vom Grenzland-Museum entfernt, ebenfalls gleich an der Strecke, liegt die Gedenkstätte **Stresow**. Das frühere Straßendorf befand sich im sogenannten Schutzstreifen zwischen den beiden deutschen Staaten. 1952 begann die DDR im Rahmen der »Aktion Ungeziefer« – von der Stasi so genannt – mit den ersten Zwangsaussiedlungen, um politisch »unzuverlässige« Personen aus dem Sperrgebiet »zu entfernen«. Bis 1974 war das Dorf vollständig zwangsgeräumt, die

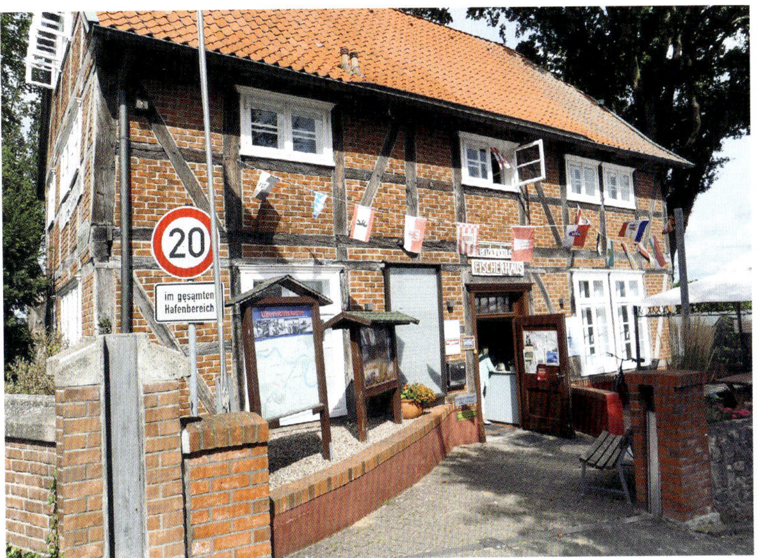

Grenzland-Museum Schnackenburg, von April bis Oktober geöffnet

Höfe wurden dem Erdboden gleichgemacht. Vier Familien flohen in den Westen. An der Open-Air-Gedenkstätte ist dargestellt, wie die damaligen Grenzbefestigungsanlagen aussahen.

Die Aussichtskanzel in der Nähe gewährt einen schönen Ausblick auf die **Aland-Niederung**, ein fisch- und vogelreiches Feuchtwiesen- und Seengebiet, das von dem gleichnamigen Fluss und der Elbe eingefasst wird. Bis **Wahrenberg**, wo wir wieder auf die Elbe stoßen, geht es kurvenreich durch einsame Auenlandschaft und abgelegene Dörfer. Bei **Wanzer** bieten sich die Picknickbänke unter der restaurierten **Bockwindmühle** für eine Rast an, bevor wir in einem weiten Bogen nach **Pollitz** und über den Aland zurück in Richtung **Wittenberge** fahren. Der Abschluss unserer Rundtour ist ebenso beeindruckend wie holprig: Mehr als einen Kilometer müssen wir über einen schmalen, mit verwitterten Bohlen gepflasterten Steg rumpeln, der direkt neben den Gleisen auf der stählernen Eisenbahnbrücke über die Elbe führt. Man kann von Glück sprechen, wenn gerade keine Regionalbahn fährt.

Auf dem anderen Ufer landen wir mitten im Industriegebiet. Auch wer nicht im Elbe Resort Alte Ölmühle übernachten will, sollte dem Ge-

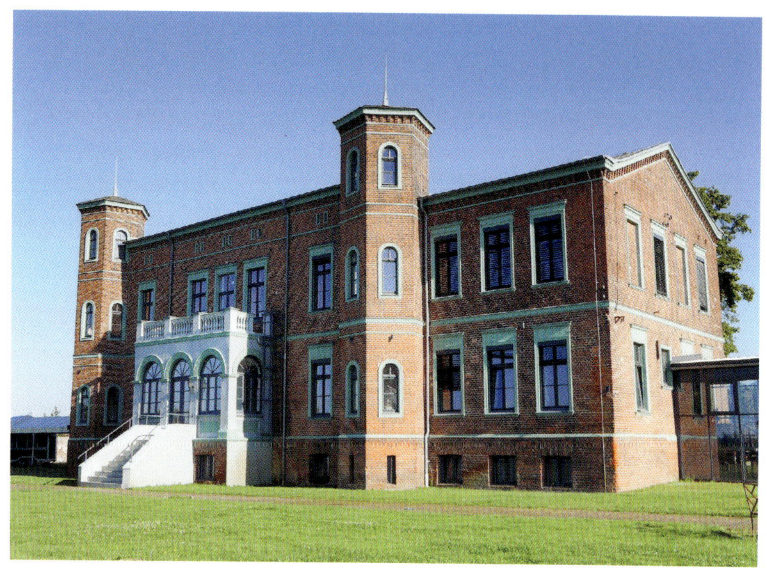

Elbe Resort Alte Ölmühle Wittenberge

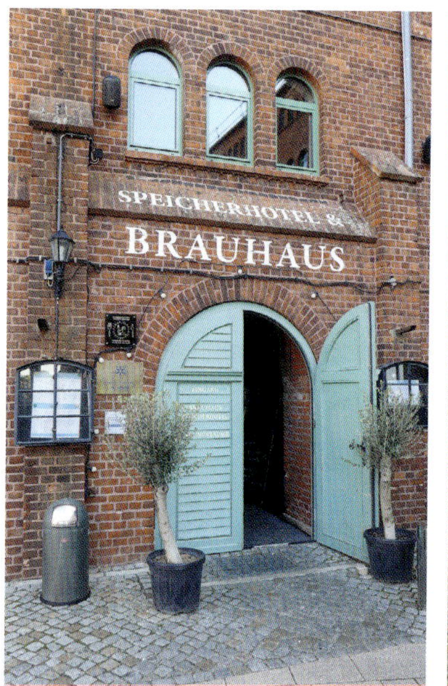

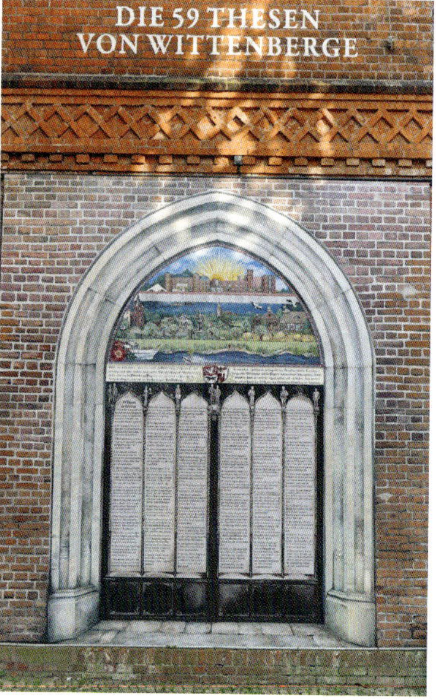

Verwechslungen mit der Lutherstadt nimmt Wittenberge mit Humor.

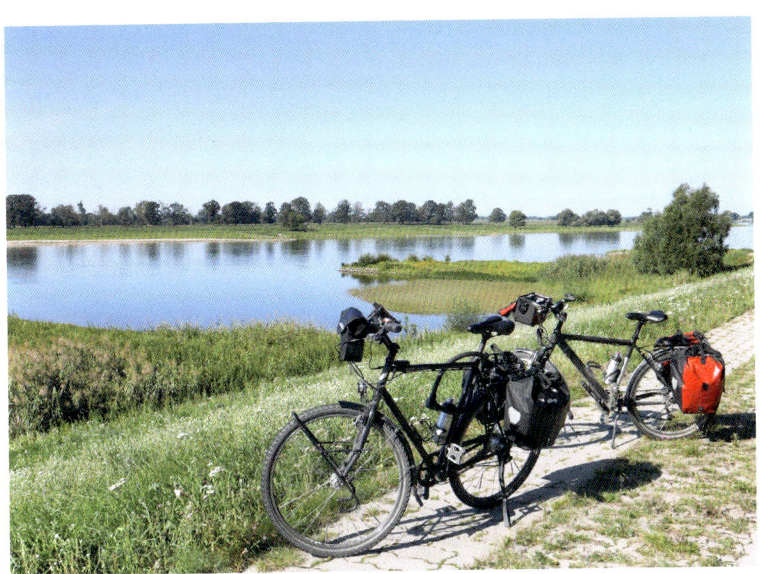

Radweg in der Wittenberge-Rühstädter Elbniederung

lände einen Besuch abstatten. Der Gebäudekomplex aus monumentalen roten Backsteinbauten steht seit 1992 unter Denkmalschutz. Wo von 1839 bis 1991 Rohöl und Ölprodukte aus Raps, Lein und Rüben hergestellt wurden, sind heute ein Hotel, ein Restaurant mit angeschlossener Brauerei und eine Saunalandschaft eingezogen. Im Hof gibt es eine Freilichtbühne und zwei achteckige Türme wurden zu einer Kletteranlage und einem Tauchturm umfunktioniert. Der Betreiber bietet geführte Rundgänge über das Gelände der historischen Ölmühle an.

Zwischen den Flüssen: von Wittenberge nach Bad Wilsnack (ca. 60 km)

Zwischen Wittenberge und Rühstädt werden Fahrradträume wahr: Auf kaum befahrenen Nebenstraßen und gut gepflasterten Radwegen kurven wir längs zum Fluss durch die scheinbar grenzenlose Elbniederung. Früher intensiv landwirtschaftlich genutzt, wird das Naturschutzgebiet Stück für Stück in ursprüngliche Auenlandschaft zurückentwickelt.

Das urige Backsteindorf **Rühstädt** ist vor allem für seine Störche bekannt. Mit der größten Storchenkolonie Europas gilt es als »Europäisches Storchendorf«. Rund 30 Paare bauen auf Dächern und Türmen der Rüh-

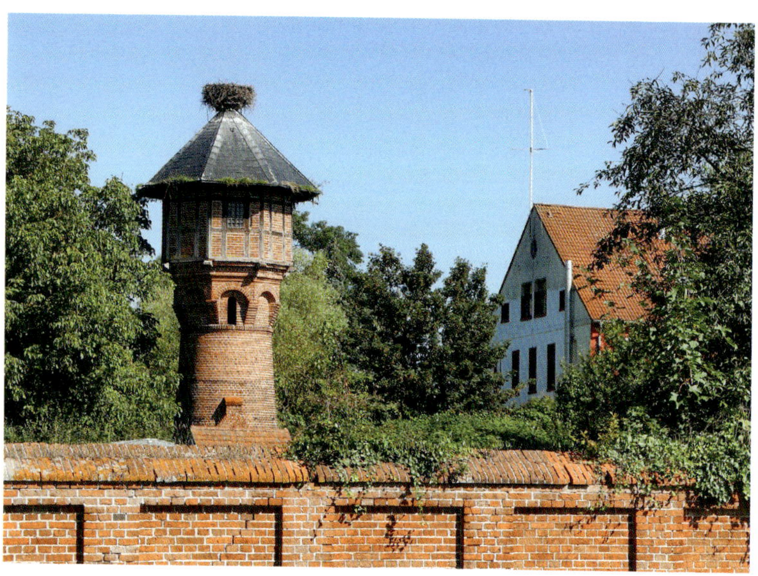

Storchendorf Rühstädt

städter Höfe im Frühjahr ihre Nester, zwischen Mai und Mitte August ist der abendliche Einflug der Störche nach ihrer Futtersuche in den Elbauen eine Riesenattraktion. Dafür geht es jetzt im September um einiges beschaulicher zu. Eine Ausstellung im NABU-Besucherzentrum vermittelt Wissenswertes über den »Weltenbummler Adebar«, zum Beispiel, dass die Zahl der Jungvögel seit Jahren drastisch rückläufig ist, weil der Klimawandel mit seiner grassierenden Trockenheit auch das Storchenbuffet reduziert.

Zurück am Fluss entscheiden wir uns für den Mitteldeich und das ist vielleicht der schönste Abschnitt der ganzen Tour. Im rechten Augenwinkel fließt die Elbe, im linken der **Gnevsdorfer Vorfluter**, ein rund 11 Kilometer langer Kanal, der Elbe und Havel verbindet. Dazwischen erstreckt sich sattes Grün, durchsetzt mit wassergefüllten Altarmen, Rinnen und Mulden. Eine Landschaft, die, obwohl topfeben, dem Auge immer einen Fluchtpunkt bietet: mal ist es ein Seeadler, der am Himmel kreist, mal eine Gruppe Kiefern, die schon von Weitem duftet, mal eine grellbunte Raupe, die sich über den Asphalt schiebt. Der Fokus auf das Wenige lässt das Herz automatisch ruhiger schlagen – Meditation pur.

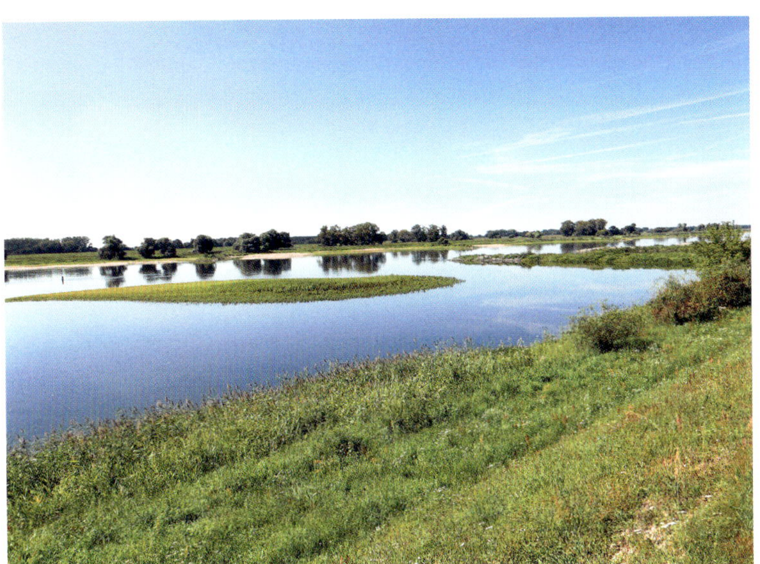

Elbdeichvorland zwischen Gnevsdorfer Vorfluter und Elbe

Wo die Havel in die Elbe mündet, überqueren wir einen Teil der Wehranlage **Quitzöbel** und folgen dem Elberadweg nach **Havelberg**. Die schöne Hansestadt, deren historisches Zentrum auf einer Havelinsel liegt, lohnt einen Zwischenstopp. Schon bei der Einfahrt über die Havelbrücke begrüßt sie uns mit einem Postkartenpanorama der Altstadt mit der Kirche St. Laurentius im Hintergrund. Hinter der Altstadt auf dem Havelberg thront der mächtige Dom Sankt Marien.

Aus Havelberg heraus fahren wir auf mäßig befahrenen Landstraßen nach **Bad Wilsnack**, bis Nitzow immer parallel zur Havel, die aber meist von Häusern verdeckt ist, vorbei am Truppenübungsplatz Göwen. Die **Wunderblutkirche St. Nikolai** war vom 14. bis 16. Jahrhundert ein europaweit bekannter Wallfahrtsort und ist bis heute Ziel des Pilgerweges von Berlin nach Bad Wilsnack.

Ob sich in den Trümmern der niedergebrannten Kirche 1383 tatsächlich ein Hostienwunder ereignete oder der Pfarrer Johannes Calbutz einfach einen guten PR-Einfall hatte, bleibt dem Glauben überlassen. Nach dem Verlust ihrer Wunderhostien im 16. Jahrhundert erschloss sich die Stadt 1929 eine neue Einnahmequelle: Das Moor aus den umliegenden

Begegnungen: Das Hostienwunder von Wilsnack

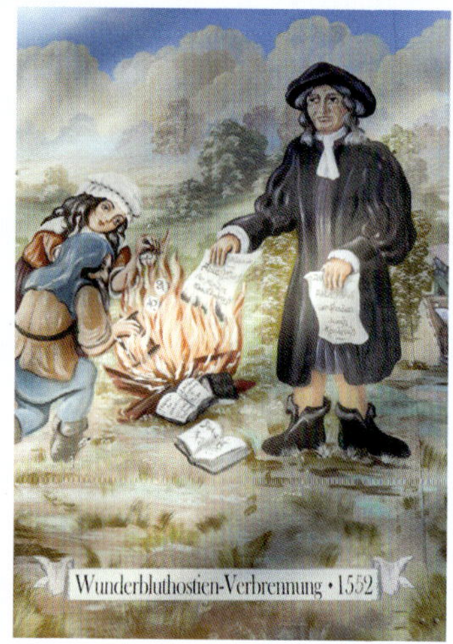

Wunderbluthostien-Verbrennung • 1552

Verbürgt ist, dass der Ritter Heinrich von Bülow, der mit dem Bistum von Havelberg schon länger im Streit lag, 1383 eine günstige Gelegenheit nutzte, um Wilsnack und zehn weitere Dörfer, die zum Bistum gehörten, auszurauben und niederzubrennen. Der Legende nach fand der katholische Priester Johannes Calbutz wenige Tage nach dem Brand in den Trümmern seiner Kirche drei vom Feuer verschonte Hostien, von denen jede mit einem roten Blutstropfen gekennzeichnet war. Nachdem in den folgenden Monaten von weiteren größeren und kleineren Wundern in der Gegend berichtet wurde, stellte Papst Urban VI. Wilsnack 1384 einen Ablassbrief zum Wiederaufbau der Kirche als Wallfahrtsort aus. Daraufhin entwickelte sich die »Wunderblutkirche« zu einem der wichtigsten Wallfahrtsorte in ganz Nordeuropa, hunderttausende Pilger reisten nach Wilsnack und bescherten der Stadt einen enormen wirtschaftlichen Aufschwung, bis der evangelische Pfarrer Joachim Ellefeld im Zuge der Reformation der Wunderblutverehrung ein jähes Ende bereitete, indem er die Monstranz kurzerhand zerschlug und die darin befindlichen Hostien verbrannte. Danach ebbten die Pilgerströme allmählich ab und Wilsnack verlor seine wichtigste Einnahmequelle. Der Wunderblutschrein ist jedoch bis heute in St. Nikolai zu besichtigen.

Sümpfen erwies sich als reich an Eisenoxiden und Huminsäuren, denen heilende Wirkung zugesprochen wurde, seither führt die Stadt den Beinamen »Bad«. In den späten 1990er Jahren wurde zudem noch ein Solevorkommen unter der Stadt angezapft, sodass Bad Wilsnack seit 2003 als Thermalsole- und Moorbad staatlich anerkannt ist. Die Kristalltherme in Bad Wilsnack ist auch vielen Berlinerinnen und Berlinern ein Begriff.

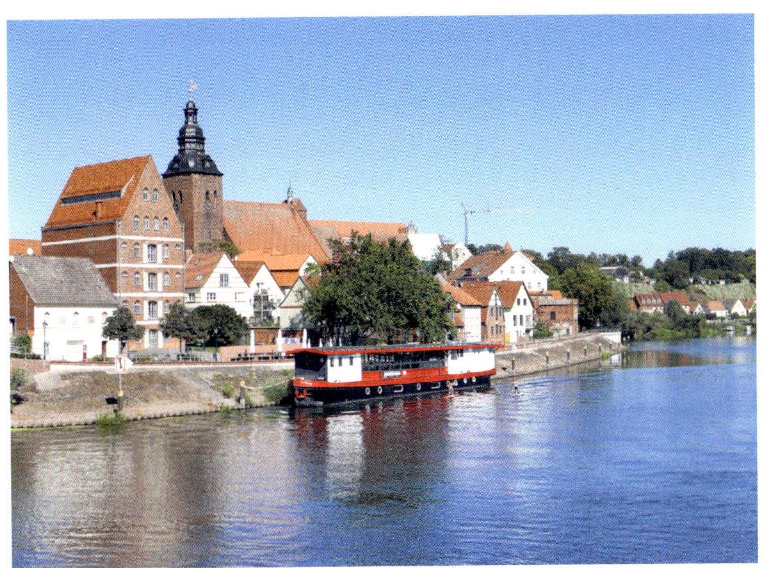

Historische Altstadt von Havelberg

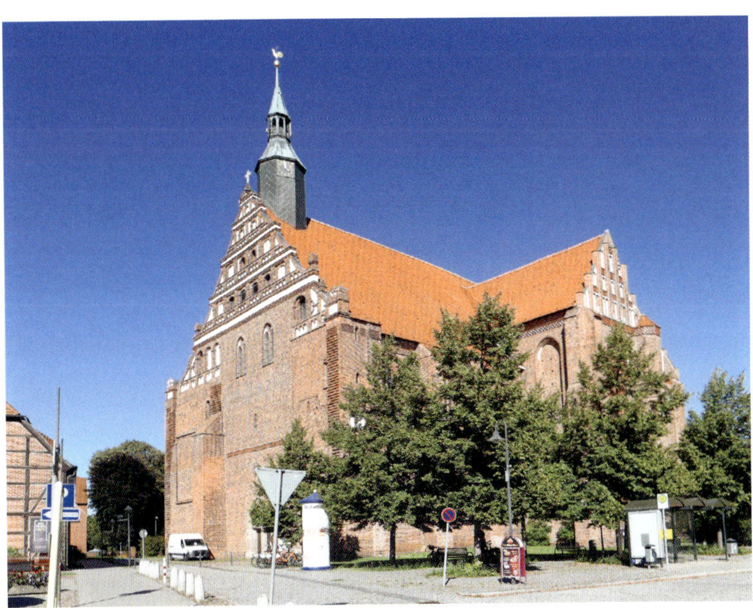

Wunderblutkirche St. Nikolai von Bad Wilsnack

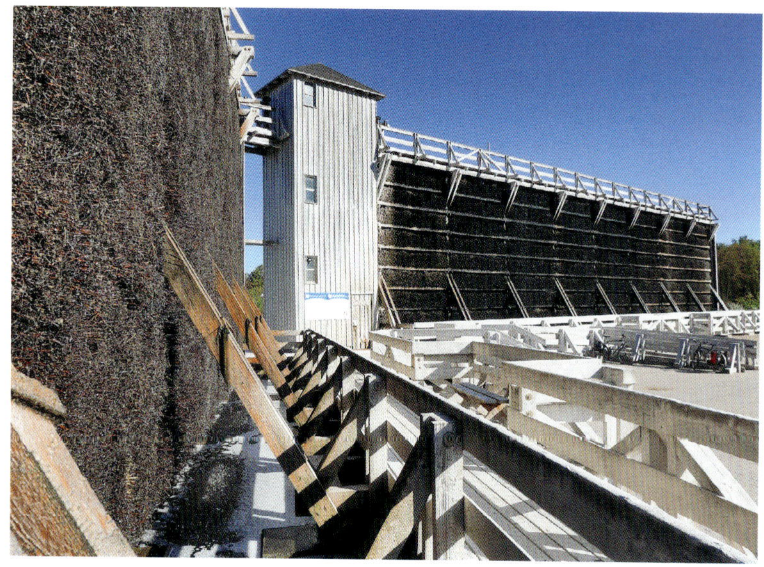

Gradierwerk an der Kristalltherme Bad Wilsnack

Was uns bis dato unbekannt war, ist, dass man im »**Gradierwerk Bad Wilsnack**« heute kostenlos unter freiem Himmel salzhaltige Luft inhalieren kann. Die riesige zweiflügelige Anlage befindet sich neben dem Parkplatz an der Kristalltherme und ist rund um die Uhr frei begehbar. Gradierwerke dienten ursprünglich dazu, den Salzgehalt der Sole zu erhöhen, um den Energiebedarf bei der Salzgewinnung zu senken. Dazu wird die Sole von oben über dichte Bündel aus Schwarzdornreisig gerieselt, die in einem Holzgerüst übereinandergestapelt sind. Dabei verdunstet einerseits Wasser, andererseits lagern sich unerwünschte Minerale wie Kalk oder Gips am Reisig ab. Wegen der angenehmen »Meeresluft« werden Gradierwerke heute oft in Kurbetrieben eingesetzt. Bei spätsommerlichen Temperaturen sind die Stunden im Schatten des Gradierwerks ein krönender Abschluss dieser Wellness-Tour durch die Elbtalauen.

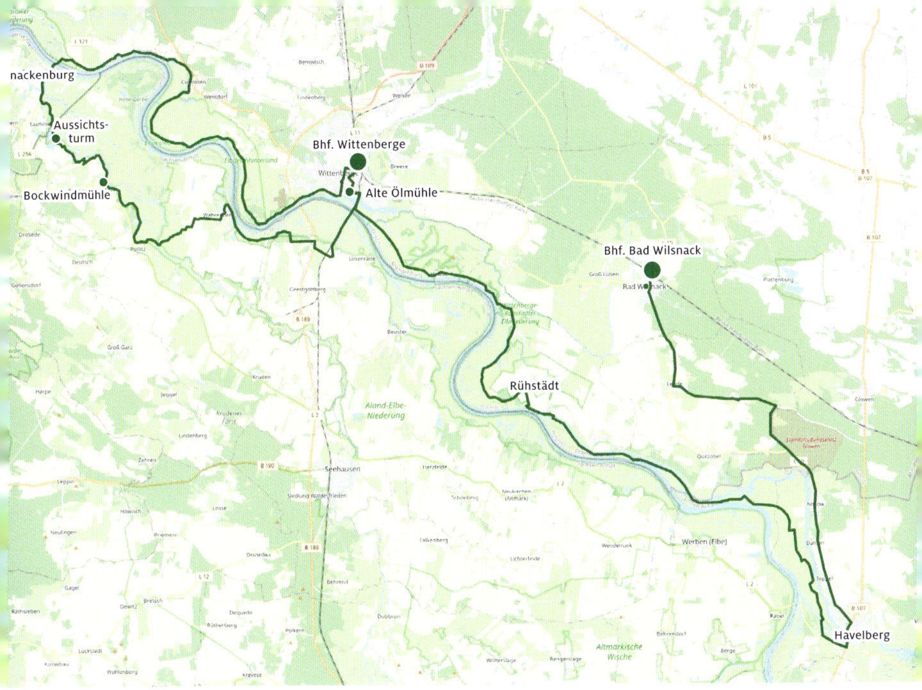

Hin und weg: Mit dem RE 8 ab Zoologischer Garten nach Wittenberge (ca. 1,5 h), zurück von Bad Wilsnack mit dem gleichen Regional-Express. Achtung, im Sommer kann es in den Zügen, die in Wismar enden oder starten, sehr voll werden!

Schlafen und Schlemmen: Die Übernachtungspreise im Elbe Resort Alte Ölmühle sind zwar kein Pappenstiel, allerdings bietet das fahrradfreundliche Hotel oft günstige All-Inclusive-Pakete an. Die Saunalandschaft im obersten Stockwerk des vierstöckigen Seitenflügels mit Dachterrasse und Turmsauna ist grandios. Und wer im Brauhaus einkehrt, sollte unbedingt das HerzBräu, benannt nach dem Erbauer der Ölmühle Salomon Herz, probieren.

Fun-Fact: An einem der beiden achteckigen Türme im Hof der Alten Ölmühle sind die »59 Thesen von Wittenberge« angeschlagen, zur Begrüßung nicht nur derjenigen Besucher, die sich bis hierher in der fast gleichnamigen Lutherstadt wähnten.

Tour auf Google Maps

13 Die Heide ist frei!

Naturpark Stechlin-Ruppiner Land, Kyritz-Ruppiner Heide

Kurz und knapp: Wanderung auf dem Heide-Erlebnisweg von Pfalzheim nach Neuglienicke durch eine der größten Heideflächen Europas, die Kyritz-Ruppiner Heide. Besonders im Spätsommer, wenn die Besenheide blüht, verwandelt sich der einstige Truppenübungsplatz in ein lila Blütenmeer. Einstieg ab Rossow, Pfalzheim oder Neuglienicke
Variation: Der Heide-Erlebnisweg ist auch für Fahrräder freigegeben, allerdings sind die Sandwege je nach Jahreszeit mitunter sehr schwer befahrbar.

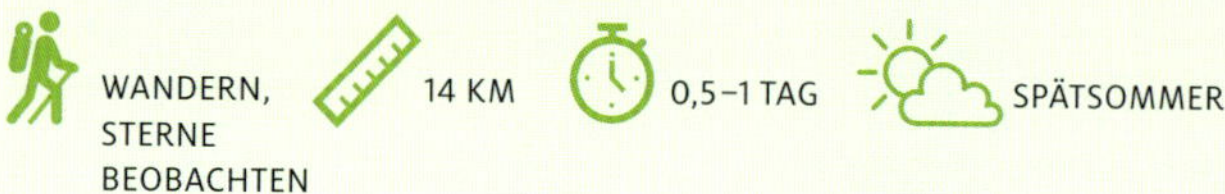

Für viele Ortsansässige ist es ein später Triumph. Über 40 Jahre, von 1952 bis 1993, hatten sowjetische Truppen auf dem insgesamt 12 000 Hektar großen Gelände das Kriegführen mit scharfen Waffen geübt. Panzerketten pflügten damals durch den märkischen Sand, Kampfjets donnerten im Tiefflug über das Gelände, sodass in den Häusern der umliegenden Dörfer die Gläser im Schrank klirrten, wie Zeitzeugen berichten. Millionen Bomben prasselten auf die Heide, darunter auch Streumunition, die heute international geächtet ist.

Jetzt ist die Heide wirklich frei – jedenfalls auf einem knapp 1000 Hektar großen Areal, das sich wie ein Hufeisen um das südliche Ende des ehemaligen Truppenübungsplatzes **Wittstock** legt. Anfang 2023 wurden entlang der Sandwege über hundert Verbotsschilder und ein gutes Dutzend Schranken abgebaut. Die Fläche gilt als restlos von Munition befreit. Besucherinnen und Besucher dürfen sich hier erstmals ungehindert durch die Wald- und Heidelandschaft bewegen, auch abseits der Wege.

Teile des ehemaligen Militärgeländes gehören heute zum Naturpark, etwa 4000 Hektar werden von der Heinz Sielmann Stiftung gepflegt. Wo früher Bomben fielen, ist eine der letzten großen Heidelandschaften

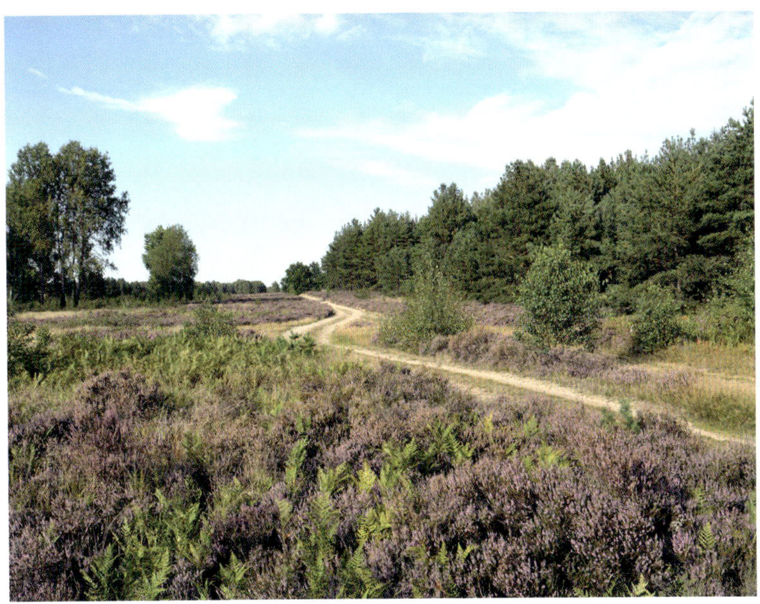

Heidelandschaft auf dem Weg zum Heinz-Sielmann-Hügel

Europas entstanden, ein Rückzugsort für seltene Tiere und Pflanzen. Aber nicht nur das, die **Kyritz-Ruppiner Heide** ist auch ein echter Geheimtipp – sogar zur Heideblüte im Hochsommer kann es passieren, dass man die Freiheit ganz allein genießen kann.

Wo der Wiedehopf wohnt

Ab **Rägelin** geht es über einen Panzerplattenweg, der so pockennarbig ist, dass mein Lenker flattert. Kurz hinter dem Dorf liegt der Eingang zum Naturpark, an der Schutzhütte vor dem Parkplatz schließe ich mein Fahrrad an. Auf dem Wegweiser am Tor thront ein aus Metall gesägter Wiedehopf, das Logotier der Kyritz-Ruppiner Heide: Ein Vogel, der so selten ist, dass er auf der Roten Liste steht. Seit 2021 nisten wieder einige Paare im Park.

Nach 500 Metern öffnet sich der Kiefernwald und der Heideteppich liegt mir zu Füßen, dicht und wollig, dazwischen weiches Moos – ich kann nicht widerstehen: Ich lege mich auf den Rücken und breite die Arme aus. Es summt und brummt so intensiv in meinen Ohren, dass ich nach einer Drohne Ausschau halte. Großstadtsozialisation. Doch nichts

Begegnungen: Der Kampf gegen das »Bombodrom«

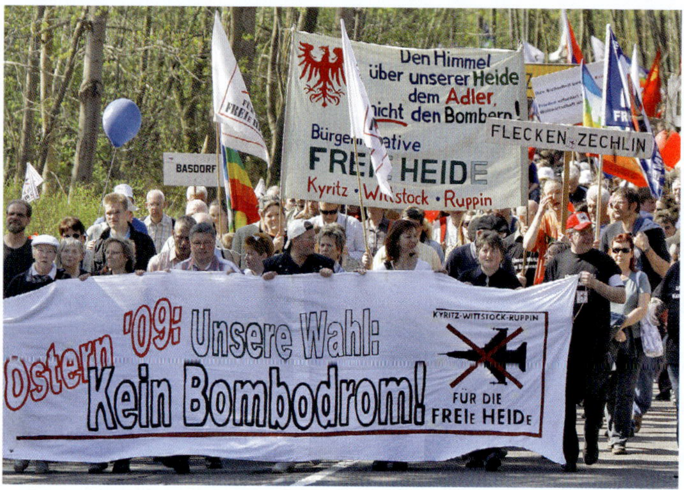

Als Anfang der 1990er-Jahre durchsickerte, dass die Bundesrepublik den Übungsplatz nach dem Abzug der Sowjets militärisch weiter nutzen wollte, formierte sich massiver Widerstand. 1992 taten sich Anwohnerinnen und Anwohner, Friedensbewegte und Naturschützer in der Bürgerinitiative »Freie Heide« zusammen. Unter dem Motto »Die Heide muss frei sein« kämpfte die Initiative gegen die Pläne des Verteidigungsministeriums, das Gelände zum größten Bombenabwurfplatz Europas auszubauen. Sie sammelte Unterschriften gegen das »Bombodrom« und organisierte über 100 Protestwanderungen, einige der größten Ostermärsche fanden am Rande der Heide statt. Bis heute zeugen mehrere Mahnmale davon. 17 Jahre kämpfte die Initiative, gewann 27 Gerichtsverhandlungen, später war es endlich so weit: 2009 gab das Verteidigungsministerium seine Pläne auf. Wirklich frei war die Heide trotzdem nicht – und wird es vielleicht nie ganz sein. Denn Blindgänger, aber auch Metallschrott von Raketen, Bomben und Granaten spicken bis heute den Boden, bis zu 6 m tief, an manchen Stellen mehrere Lagen dick. Das Gelände vollständig zu räumen, wäre extrem aufwendig und teuer, deshalb ist das bisher nur für einen kleinen Teil der Heide – weitere rund 1100 Hektar – geplant. Bis 2025 soll die Munition zumindest aus diesem Gebiet verschwunden sein.

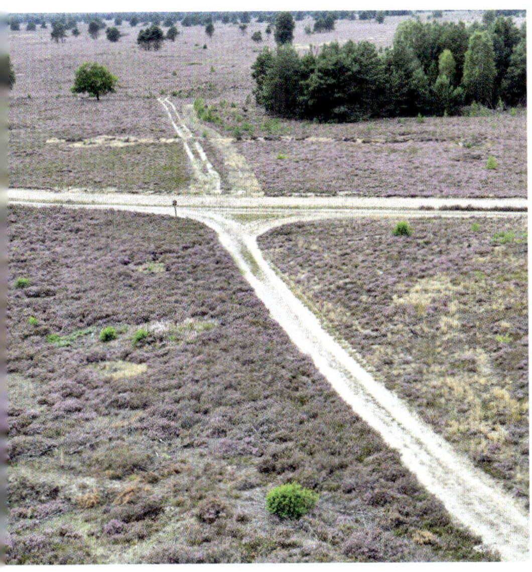
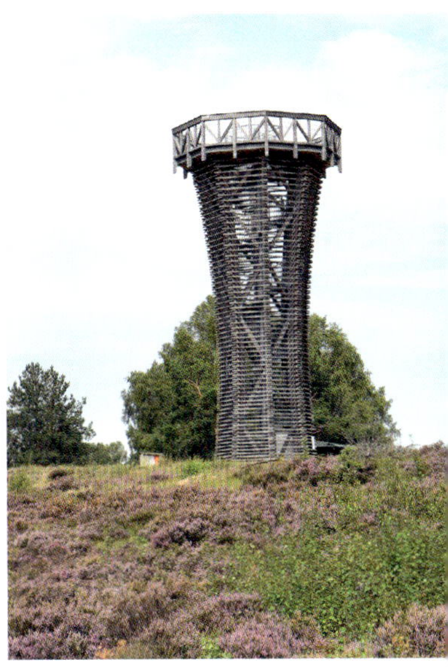

Freier Blick in die Heide vom Turm auf dem Heinz-Sielmann-Hügel

zu sehen, nur Wildbienen schwirren durch die Luft. Es dauert, bis ich in der Natur angekommen bin. Die Farben um mich herum erinnern an die Provence und meine Nase foppt mich mit dem Duft von Lavendel. Tatsächlich riecht das Kraut der Besenheide viel dezenter, sogar wenn es – wie gerade jetzt – in voller Blüte steht.

Bis zum **Heinz-Sielmann-Hügel** ist es nicht mehr weit. Ich steige auf den schlank taillierten Turm, der mit Lärchenholz verkleidet ist, und habe freien Blick aus 20 Meter Höhe. Im Westen Richtung Rossow drehen sich ein paar Windräder träge am Himmel, mehr gibt der Horizont nicht her, nur Heide, Kiefernwäldchen und vereinzelt Birken. Schnurgerade Sandwege ziehen sich wie Lebensadern durch das topfebene Feld. Von unten höre ich Stimmen und suche das Gelände ab, bis ich weit entfernt zwei Wanderer entdecke. Es ist so still hier oben, dass jedes Geräusch hunderte Meter weit getragen wird.

Genügsame Tiere und Pflanzen

Wieder unten angekommen, folge ich dem Wegweiser nach **Neuglienicke**. 12 Schautafeln soll es entlang des Heide-Erlebnisweges geben,

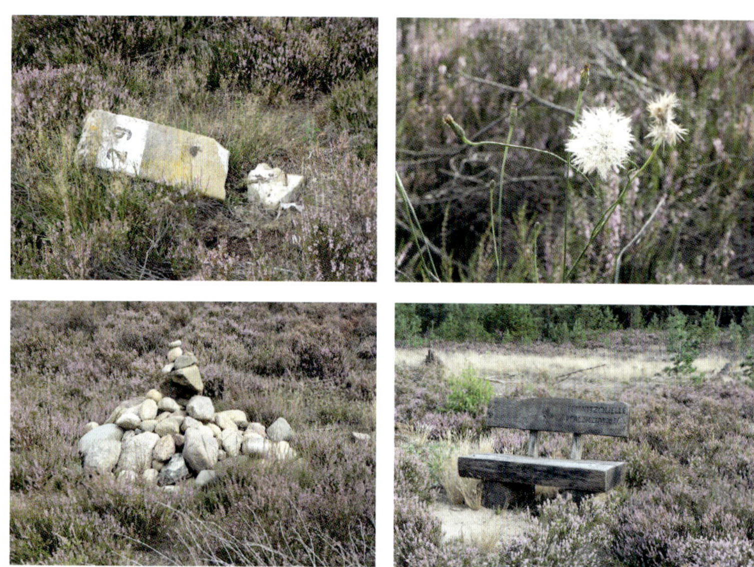

Wo die Heide Geschichte(n) erzählt

einige davon schaue ich mir an. So erfahre ich zum Beispiel, dass der Ginster, der hier ab Mai blüht, zwar schön anzusehen, aber pures Gift für die Heide ist, weil er den Boden mit Nährstoffen anreichert und das Heidekraut verdrängt. Eine andere Tafel stellt die Rote Röhrenspinne vor, eine wahre Nachhaltigkeitskünstlerin. Wenn ihre Jungtiere fast ausgewachsen sind, verwandelt sie sich selbst in Nahrungsbrei und stirbt.

Überraschend, wie vielen Pflanzen und Tieren die karge, knochentrockene Landschaft einen Lebensraum bietet, der ironischerweise erst durch die jahrzehntelange militärische Nutzung geformt wurde. Denn wo schwere Kettenfahrzeuge regelmäßig den Boden aufgerissen und verdichtet haben, konnten sich keine Büsche und Bäume ansiedeln. Stattdessen entstanden ausgedehnte Magerrasen- und Heideflächen. Damit sich die Natur diese Flächen nicht zurückerobert, werden Jahr für Jahr einige Hektar Heidefläche kontrolliert abgebrannt – andernfalls würde aus der Heide wieder Wald.

Die Sonne steht inzwischen hoch am Himmel und es wird drückend heiß. Meine Wanderschuhe sinken tief in den feinen Sand, bei jedem Schritt stieben braungraue Sandschrecken in alle Richtungen. Seit dem

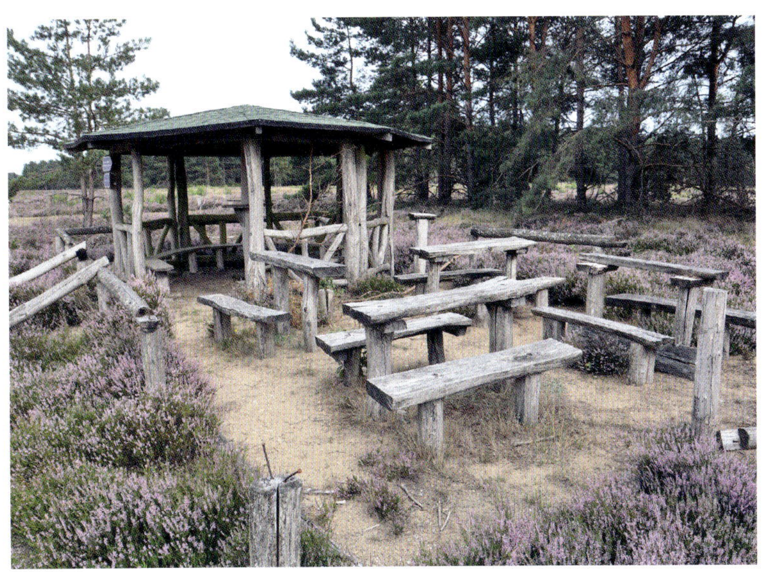

Steinschmätzer-Hütte vor Neuglienicke

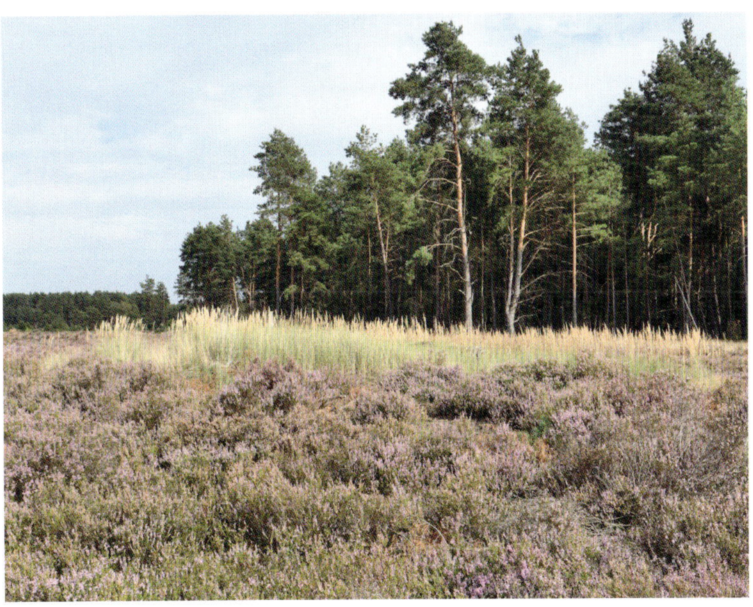

Silbergras am Waldrand

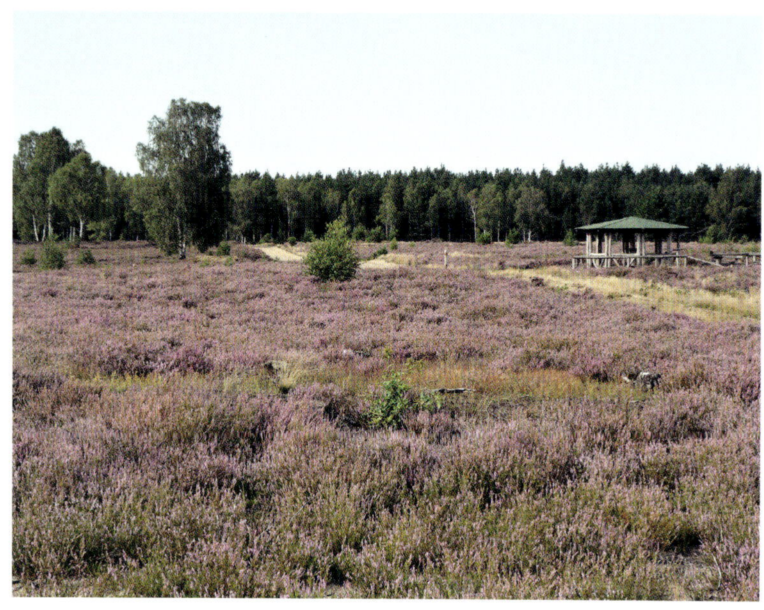

Am Waldrand endet das beräumte Gebiet – Betreten verboten!

Aussichtsturm ist mir kein Mensch begegnet. Ich bin froh, dass ich zwei Liter Wasser im Rucksack mit mir schleppe. Schatten gibt es kaum, bis auf ein paar überdachte Rastplätze aus verwittertem Holz.

An der **Steinschmätzer-Hütte** kurz vor Neuglienicke kehre ich um und wandere etwas weiter nördlich auf einem Parallelweg zurück, der mich näher an die Verbotszone führt. Am Waldrand stehen große weiße Schilder: »Lebensgefahr! Kampfmittel! Betreten und Befahren verboten« – so sah es hier früher wohl überall aus.

Hinter mir höre ich ein leises Fluchen. Zwei Radler, verschwitzt und mit hochroten Köpfen, den Blick starr auf den Weg gerichtet, müssen sich sichtlich anstrengen, ihre Gravel Bikes auf dem sandigen Untergrund in der Spur zu halten. Sie grüßen freundlich, sind aber für einen Stopp nicht zu haben.

Zurück auf dem Sielmann-Hügel hat sich eine fünfköpfige Familie auf dem Picknickplatz eingerichtet, um von hier aus den Sonnenuntergang zu beobachten. Ich bin ein bisschen neidisch, aber wenn ich meinen Zug erreichen will, muss ich mich jetzt wirklich sputen. Beim nächsten Mal werde ich länger bleiben, dann ist die Kyritz-Ruppiner Heide vielleicht schon offiziell ein Sternenpark. Den Nachthimmel über der Heide bestaunen, das geht natürlich auch heute schon.

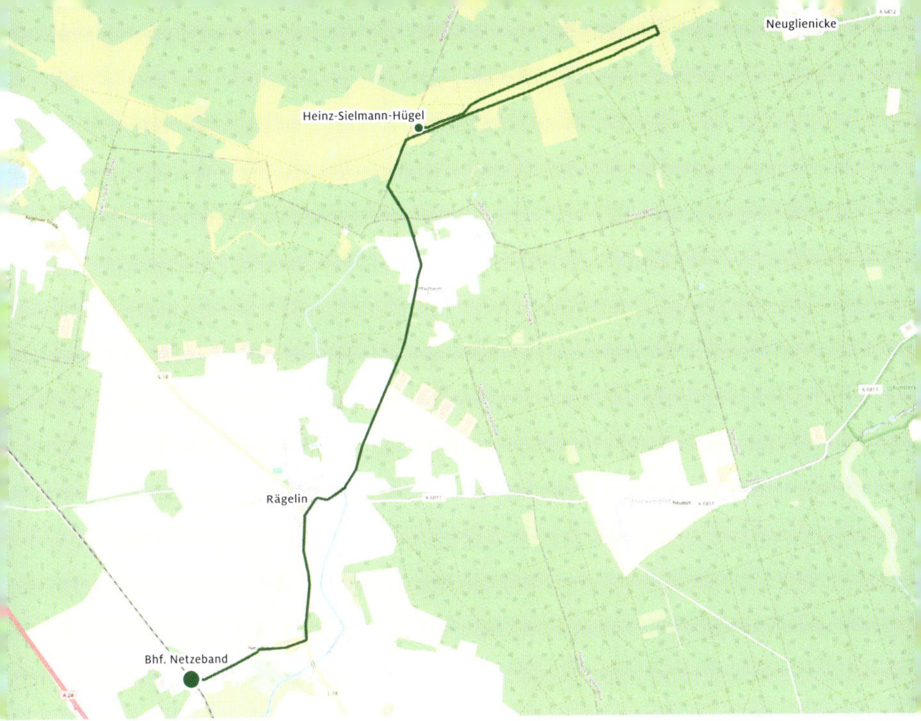

Hin und weg: Günstigste Verbindung mit dem RE 6 (3614) nach Netzeband, weiter rund 6 Kilometer mit dem Fahrrad zum Eingang Pfalzheim (Dauer: 2 bis 2,5 h). Etwas komplizierter ist die Anreise nach Rossow oder Neuglienicke.

Bonustipp: Die Kyritz-Ruppiner Heide gehört nachts zu den dunkelsten Orten Deutschlands, deshalb lässt sich hier der Sternenhimmel besonders gut beobachten, vor allem im August, auf dem Höhepunkt des Perseidenstroms können sich bis zu 50 Sternschnuppen pro Stunde am Himmel zeigen.

Tour auf Google Maps

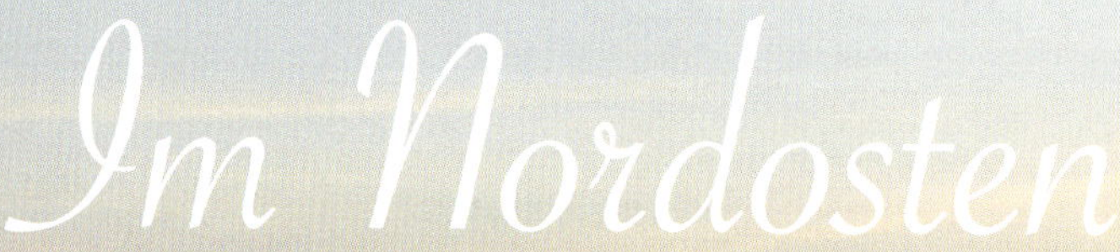
Im Nordosten

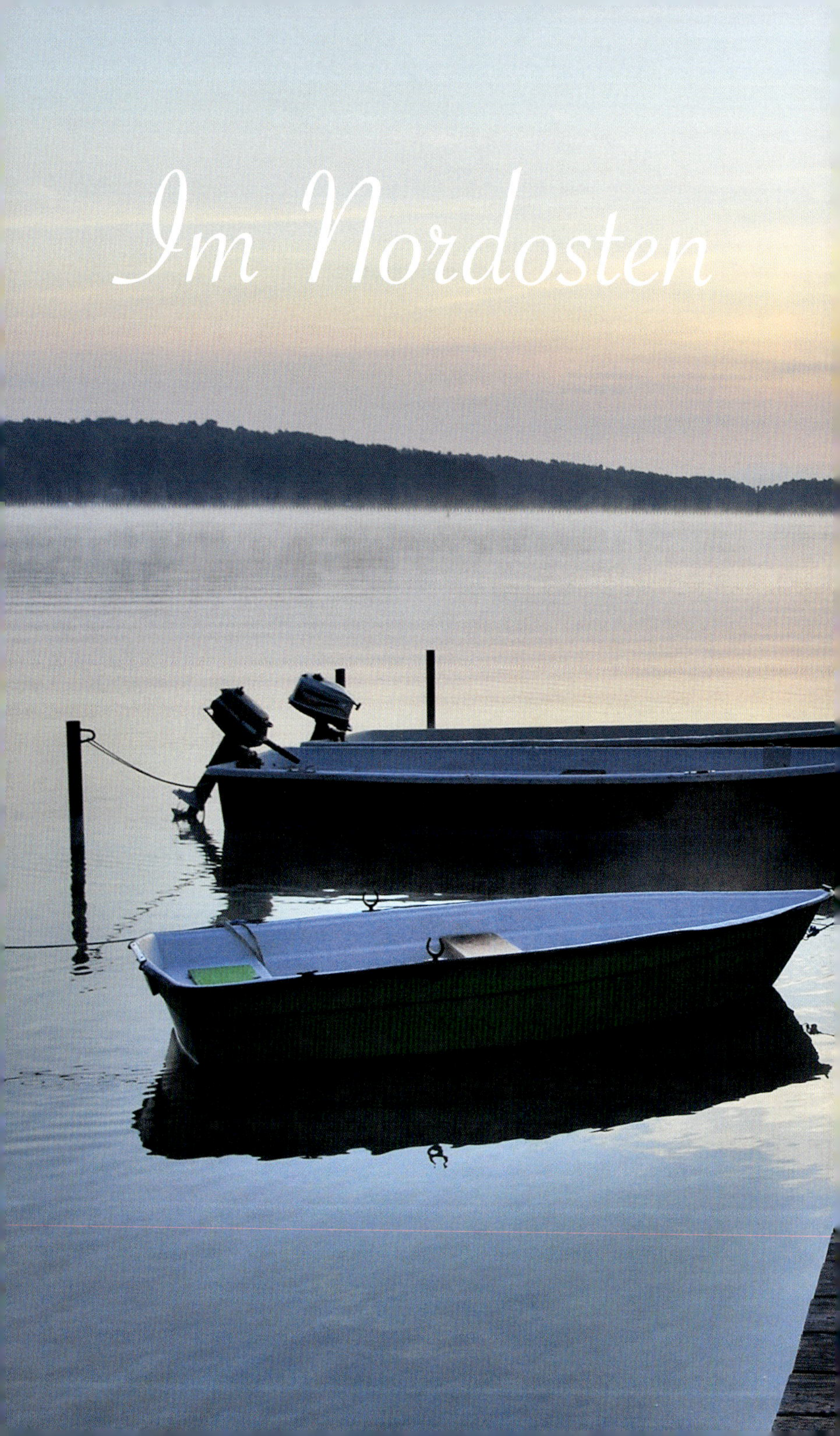

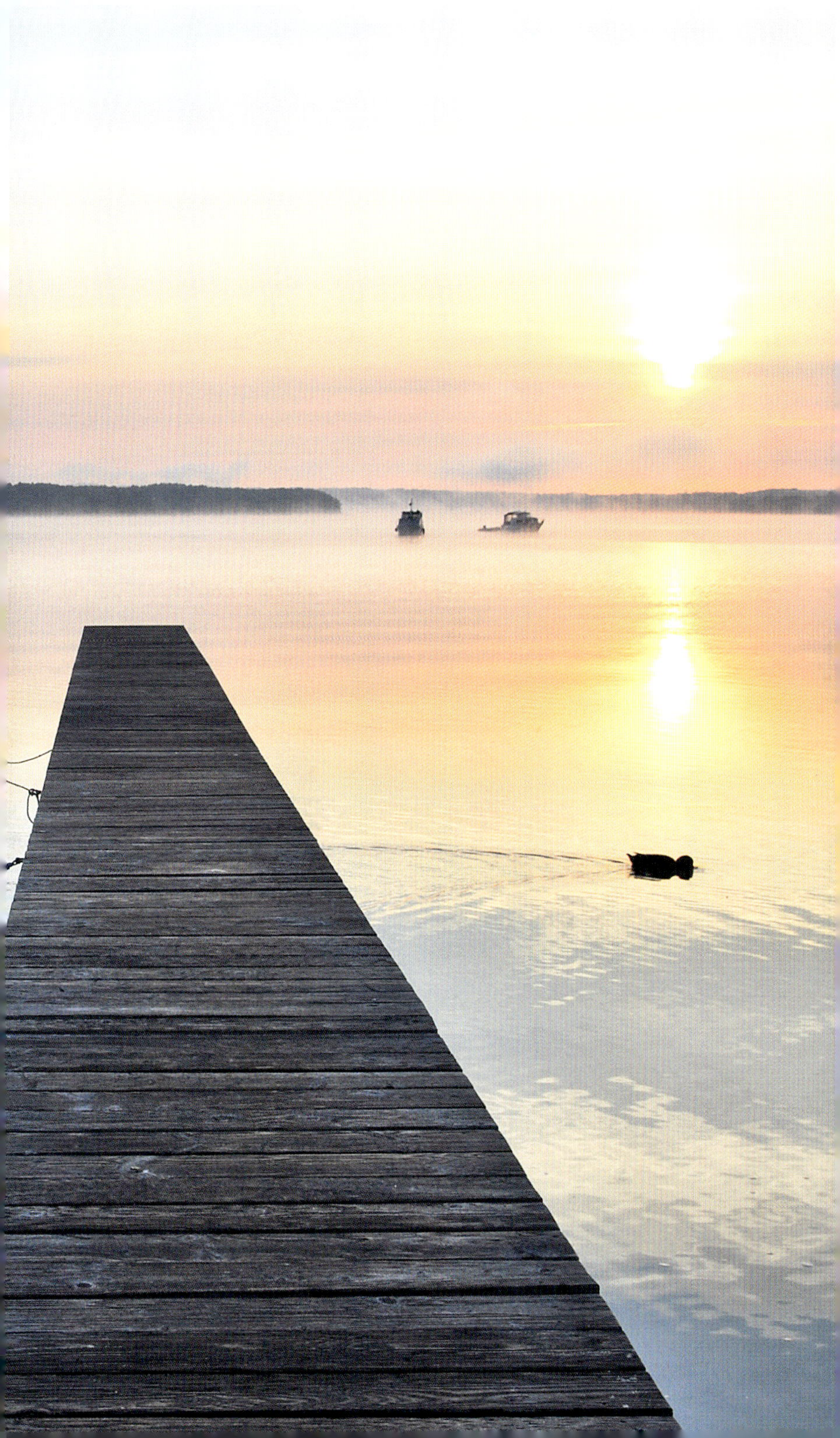

14 Ein Lied von Eis und Wasser

Feldberger Seenlandschaft

Kurz und knapp: Zwei- bis dreitägige Wanderung durch die magische Feldberger Seenlandschaft an der Grenze zwischen Mecklenburg-Vorpommern und Brandenburg, überwiegend naturnahe Wege durch hügelige Landschaft, entlang moosbewachsener Feldsteinwälle und klarer Seen. In der Gegend gibt es einige der ältesten Buchenwälder Deutschlands.

Es gibt Orte, die fühlen sich »ganz weit draußen« an, obwohl sie keine 100 Kilometer Luftlinie von Berlin entfernt sind. **Feldberg** zum Beispiel. Vielleicht liegt es daran, dass schon die Anfahrt dorthin nicht ganz einfach ist. Zwar gibt es noch einen verrammelten Bahnhof, aber seitdem die Strecke zwischen Neustrelitz und Feldberg um die Jahrtausendwende eingestellt wurde, hält hier nur noch der Bus. Hatte Feldberg zu DDR-Zeiten noch eine glanzvolle Geschichte als »staatlich anerkannter Erholungsort«, brachen die Übernachtungszahlen nach dem Mauerfall rapide ein. In jüngerer Zeit hat sich die Gemeinde zwar als Kur- und Kneipport wieder einen Namen gemacht, bei Naturliebhabern gilt die Seenlandschaft aber bis heute als Geheimtipp.

Höhenrausch: Von Feldberg nach Lichtenberg (ca. 10 km)

Von der Bushaltestelle spazieren wir als erstes auf den **Feldberger Kirchberg**. Das Wetter an diesem Karfreitag ist ungemütlich wie ein nasses Handtuch. Außer einer Frau in Steppjacke, die ihren Pudel im Kirchgarten Gassi führt, begegnet uns kein Mensch. Vom Balkon vor der imposanten Backsteinkirche schauen wir über weiße Kurort-Villen auf den Haussee. Aber heute ist die Aussicht trübe, der Wind pfeift um die Häuser.

Unten im Dorf an der Mole lauert der überdachte Ausflugsdampfer wie ein Glas gewordenes Krokodil auf Kundschaft. Der Ticketverkäufer setzt für einen Moment ein Lächeln auf, das wie auf Knopfdruck ver-

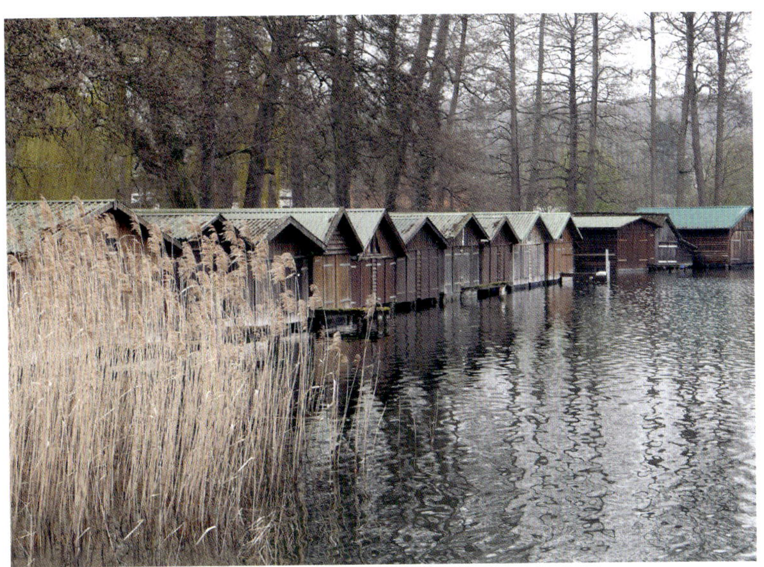

Bootshäuser am Kurpark Feldberg

schwindet, sobald wir in den Kurpark abbiegen. Wir steuern auf das Ufer zu, vorbei an Bootshäusern, die über Winter Grünspan angesetzt haben. Kalter Nebel sickert durch die Buchen. Zwei Wildgänse gleiten schnatternd über den See.

Etwa einen halben Kilometer hinter der Ranger-Station schlagen wir uns in die Büsche und kraxeln die Treppe zum Aussichtspunkt **Reiherberg** hinauf, 143 Meter – in mecklenburgischen Dimensionen fast ein Höhenrausch. Entsprechend fantastisch ist hier normalerweise der Ausblick, heute verschwimmt der Horizont hinter einem grauen Vorhang. Was auch sein Gutes hat, denn die Wanderwege sind einsam und die Abgeschiedenheit ist perfekt.

Hinter dem überdachten Rastplatz biegen wir auf den **Reinhard-Barby-Höhenweg** ein, der sichelförmig an einer Abbruchkante entlang durch alten Buchenwald zur Feldberger Hütte führt.

Auf dem nächsten Hügel, dem **Schlossberg**, braucht man schon ein wenig Fantasie, um sich eine slawische Höhenburg aus dem 7. Jahrhundert vorzustellen, die mehr als 1000 Menschen Schutz hinter Palisadenzäunen geboten haben soll. Übriggeblieben ist nur ein laubbedeckter

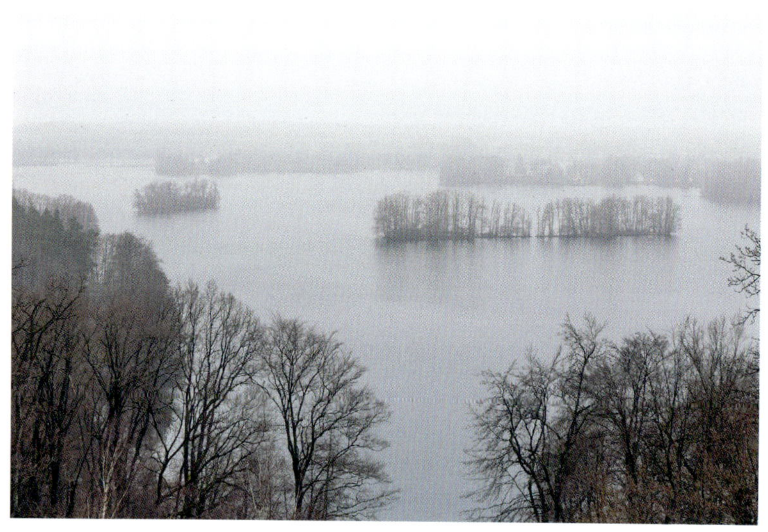

Die Nebel von Feldberg – Blick vom Reiherberg auf den Haussee

Erdwall. Am Fuß des Steilhangs, der künstlich abgetragen wurde, um die Burg besser verteidigen zu können, liegt der **Breite Luzin**.

Dass in der fischreichen Region einst viele Menschen gelebt haben müssen, belegen auch die vielen Hügelgräber aus Feldsteinen. Einige besonders gut erhaltene sind kurz vor **Lichtenberg** im Wald zu finden, das Älteste ist vermutlich mehr als 3000 Jahre alt.

Vorbei an der Badestelle und noch ein Stück durch den Kurwald mit Erlebnispfad und Kneippanlagen, dann haben wir unser heutiges Etappenziel erreicht, das **Seehotel Lichtenberg**. Das 2016 umgebaute Forsthaus ist ein Wohlfühlort mit Panoramablick auf den **Lütten See**.

Eiszeit: Von Lichtenberg nach Feldberg (ca. 14 km)

Auch am nächsten Morgen ist der Himmel noch wolkenverhangen und der See verschwindet hinter einer Milchglasscheibe. Es wäre verlockend, jetzt die Sauna im alten Bootshaus vor dem Hotel anzuwerfen und den Tag mit Nichtstun zu verplempern. Aber wir haben noch nicht genug von der welligen, urtümlichen Landschaft, in der sich der Alltag wie ein Igel versteckt.

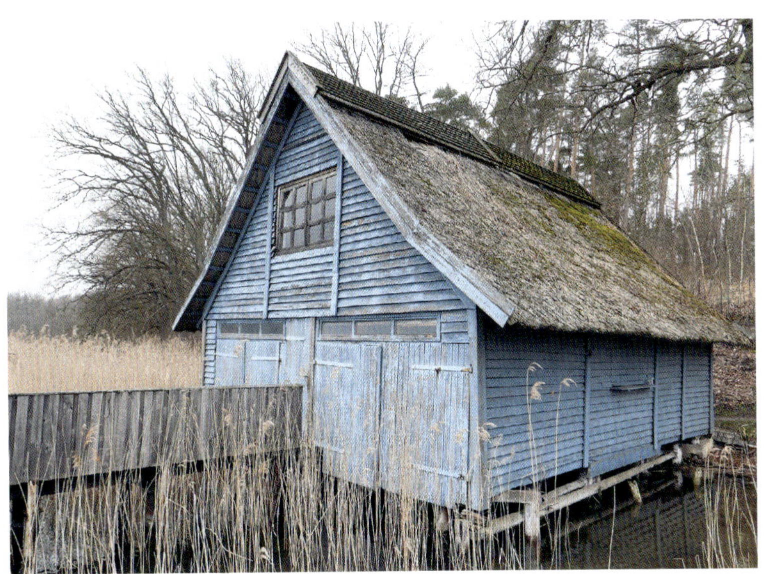

Zur Sauna umgebaut: altes Bootshaus am Lütten See

Verglichen mit dem Auf und Ab der ersten Etappe ist der heutige Wanderabschnitt eher flach. Der Uferpfad unterhalb des Hotels geht bald in einen breiten Sandweg über und mündet schließlich auf der Landstraße. Hier beginnt der ungemütlichste Abschnitt der gesamten Wanderung, ein guter Kilometer Pflastertreten auf der L341, die wir zum Glück schon vor **Tornowhof** wieder verlassen. Das Ostufer des **Breiten Luzin** ist verwildert, mehr ein Trampelfpad, der ein paar windschiefe Bootshäuser verbindet.

Nach einer Weile öffnet sich die Landschaft, Wiesen und Felder spannen sich über sanft wellige Anhöhen. Im Sommer lohnt ein Abstecher zu der von Bäumen eingefassten Liegewiese am Breiten Luzin. Ein Stück weiter schwenkt der Pfad vom See ab und verläuft auf dem Alten Postweg über einen Hügelrücken parallel zum Ufer, das von einem schmalen Streifen Auenwald gesäumt ist.

In **Wittenhagen** geht es gemächlich zu, besonders in der Dorfkirche, einem trutzigen achteckigen Bau, der aus groben Feldsteinen gemauert ist. Einen Kirchturm sucht man vergeblich, die Glocke ist über der Tür in die Wand eingelassen und wird über einen Seilzug geläutet. Hinter den

An der Strecke: Eiszeitlehrpfad Wittenhagen

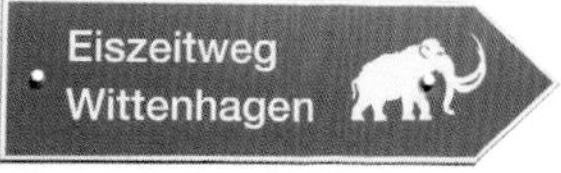

Wer wissen will, wie die jüngste Kaltzeit vor etwa 10–15 000 Jahren der Feldberger Seenlandschaft ihren Stempel aufgedrückt hat, sollte den Umweg über den rund zwei km langen Eiszeitrundweg nicht scheuen. Auf 13 Schautafeln wird hier erklärt, wie sich damals ein kilometerdickes Eisschild von Skandinavien bis ins nördliche Brandenburg wälzte und dabei Geröll, Schotter und Erde mit sich riss.

An ihren Abbruchkanten schob die Eiswalze riesige Wälle auf, presste Mulden in den Untergrund und hinterließ Rinnen, in denen sich, als die Gletscherschmelze einsetzte, Wasser und Gestein sammelten. Zurück blieben weichgeschliffene Hügel, kreisrunde Kesselmoore und unzählige Seen – die typische Endmoränenlandschaft, die das Landschaftsbild im nordöstlichen Deutschland heute prägt.

Außerdem erfährt man, warum die Steinschlägerei noch bis zum Beginn der Industrialisierung ein gefragtes Handwerk war, wie massive Felsblöcke auch ohne Motorkraft bewegt werden konnten oder warum die sogenannten Lesesteinhaufen an den Feldrändern unter Naturschutz stehen.

1,60 Meter dicken Wänden verbirgt sich ein einziger, weiß getünchter Raum, in dessen Mittelpunkt ein runder Altar steht. An der Wand verläuft eine schlichte Holzbank für die Gemeinde. Allein die Akustik lohnt, hier eine Pause zu machen.

Nach dem Ortsausgang an der Dorfstraße nach Feldberg liegt, etwas versteckt hinter dem ehemaligen Gutshaus, der Eiszeitlehrpfad Wittenhagen. Zurück auf der Dorfstraße wandern wir weiter auf dem Hullerbuscher Weg, der schnurgerade erst zwischen Feldern, dann durch alten Buchenwald zum **Schmalen Luzin** und zum Fähranleger führt. Normalerweise verkehrt hier die handbetriebene Seilfähre Anna Lena. Doch Fährmann Tom hat Rücken. Und das obwohl er im Naturpark seinen Traumjob macht. Aber was Thomas Voigtländer liebt, ist auch seine Knochenmühle. An die hundert Mal muss er am Rad der Seilfähre drehen, bis seine Gäste wieder festen Boden unter den Füßen haben, fast zehn Minuten dauert eine Fahrt.

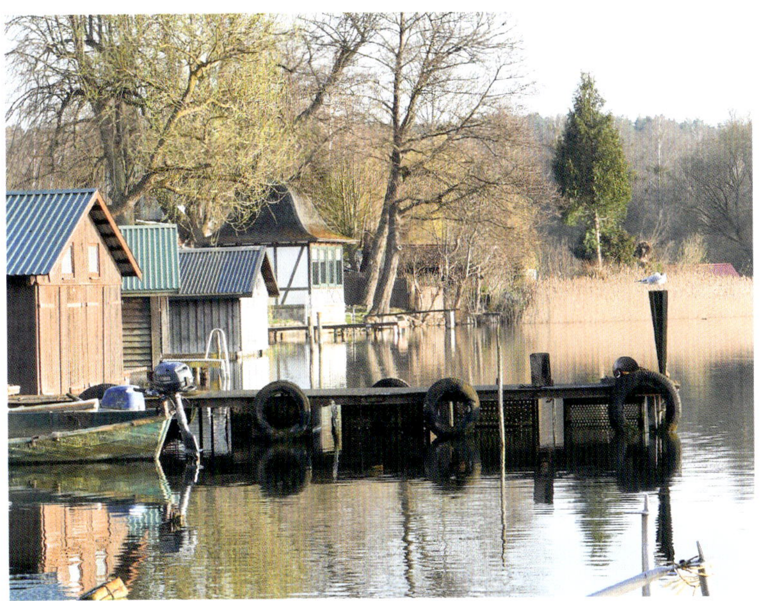

Der Haussee vor der Terrasse der »Fischerhütte« auf Amtswerder

Die Luzinfähre ist ein Traditionsunternehmen. Seit 1907 verbindet sie von Mai bis Oktober die Seeufer des Schmalen Luzin zwischen Feldberg und dem Hullerbusch. Vor gut 17 Jahren trat Tom als dritter Fährmann seinen Dienst in Feldberg an. Inzwischen sind »die Knochen morsch geworden«, wie der 54-Jährige im breiten Mecklenburgisch augenzwinkernd klagt. Und weil er nicht enden wolle wie sein Vorgänger, als »körperliches Wrack«, steuert er heute ein winziges Elektroboot. Ganz glücklich scheint er mit der Lösung nicht.

Auf der Feldberger Seite wandern wir auf dem Uferweg zur Halbinsel **Amtswerder** und lassen in der **Gaststätte Fischerhütte** den Tag mit einer Feldberger Maräne, vom örtlichen Fischer fangfrisch gebraten, ausklingen.

Falladas Abgründe: Rund um den Schmalen Luzin (ca. 13 km)

»Jedem Sonntag folgt sein Montag auf dem Fuße«, klagte schon der Schriftsteller Hans Fallada, der in den 1930er-Jahren im Feldberger Ortsteil **Carwitz** vorübergehend eine Zuflucht fand. Glück für uns, dass heute

Begegnungen: Hans Fallada

Drogen, Alkohol, Depression: Das Leben des Schriftstellers Hans Fallada war geprägt von Krisen und Exzessen. Geboren wurde er 1893 als Rudolf Ditzen in Greifswald. Glücklich war seine Kindheit sicher nicht. Vom Vater ignoriert, einem angesehenen Richter, der für seinen Sohn eine juristische Laufbahn vorgesehen hatte, flüchtete er sich früh in Krankheiten und Bücher. Bei seinen Mitschülern galt er als Sonderling, er selbst fühlte sich als Versager. Mehrere Selbstmordversuche gingen schief, weshalb er schon als Jugendlicher viel Zeit in psychiatrischen Heilanstalten verbrachte. Kurz vor dem Schulabschluss schmiedete er mit einem lebensmüden Freund den Plan, sich gemeinsam umzubringen. Der Plan ging schief, nur Ditzen überlebte – und landete in der Psychiatrie.

Er flog von der Schule, taumelte durchs Leben, log und betrog, um Alkohol- und Drogensucht zu finanzieren. Zwischen Aufenthalten in Entzugskliniken und Gefängnissen absolvierte er eine Ausbildung in der Landwirtschaft. 1920 erschien sein erster Roman, schon unter dem Pseudonym Hans Fallada, angelehnt an das juristische Kürzel »Fall ad a[cta]«.

Fallada schrieb realistische Geschichten über das Streben der einfachen Leute nach Glück. Seine frühen Texte fielen beim Publikum durch, der Erfolg kam erst mit den Nazijahren. »Kleiner Mann, was nun« wurde ein

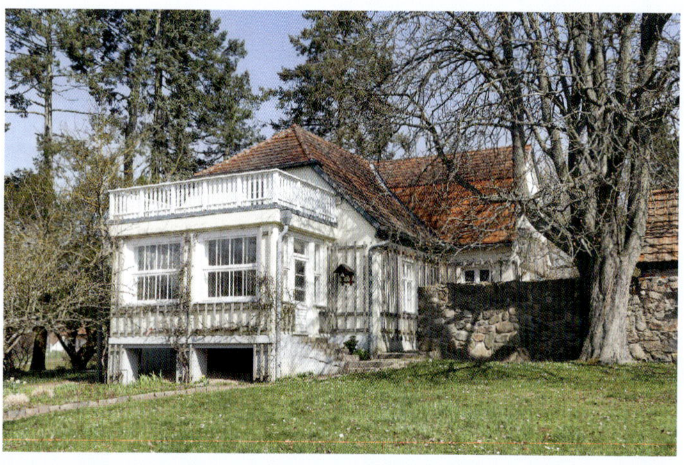

Kassenschlager. Aber mit dem Ruhm stürzte sich Fallada auch immer tiefer in Exzesse. Mit seiner Frau Anna flüchtete er schließlich aufs Land und kaufte den Hof in Carwitz. Auf dem Anwesen fand er sein privates Glück, pflegte Obstbäume und Bienen. Frau und Kinder gaben ihm Halt. Zwischen 1933 und 1944 entstanden in Carwitz allein 14 Romane und viele seiner Geschichten.

Doch das stete Leben war nicht von Dauer. 1943 trennte er sich von seiner Frau, auf die er später, sturzbetrunken, schoss und wieder ins Gefängnis ging. Zurück in Berlin lebte er mit einer anderen zusammen, die selbst schwer morphiumsüchtig war. Die Abgründe wurden immer tiefer. 1946 kollabierte sein Herz und er wurde in die Charité eingewiesen. Dort schrieb er in nur vier Wochen den Roman »Jeder stirbt für sich allein«. Anfang Februar 1947 starb Hans Fallada mit 53 Jahren an den Folgen seiner Morphiumsucht.

Ostermontag ist und wir dank Feiertag dem »alten Trott« ein Schnippchen schlagen.

Am frühen Morgen wandern wir auf dem Luzinweg aus Feldberg heraus direkt auf den Rand des Abgrunds zu. Ein passender Auftakt für die Begegnung mit dem rastlosen Erzähler, der zeitlebens unter Depressionen und Drogensucht litt. Unter uns liegt der Schmale Luzin, sieben Kilometer lang, zwischen bewaldeten Hängen eingezwängt, an seiner engsten Stelle gerade mal 70 Meter breit. Eine verwitterte Treppe führt hinunter zum See, wo der **Fridolinwanderweg** beginnt, benannt nach Dachs »Fridolin« aus dem gleichnamigen Kinderbuch von Hans Fallada.

Der Uferweg ist in milde Morgensonne getaucht, die Bäume werfen noch lange Schatten. In der Feiertagsstille wirkt die Natur beinahe laut: Zwischen den rundgeschliffenen Feldsteinen am Ufer giggelt der See, über unseren Köpfen hämmert ein Specht und der kniehohe Ameisenhaufen am Wegesrand brummt wie eine riesige Transformatorenstation.

An der **Badestelle Ziegenwiese** leuchtet der Schmale Luzin smaragdgrün, was ein bezauberndes Fotomotiv abgibt, der jungen Frau, die ihren Hund am See spazieren führt, aber Sorgen macht. Denn die grüne Farbe deutet, wie sie uns erklärt, auf starkes Algenwachstum hin. Noch

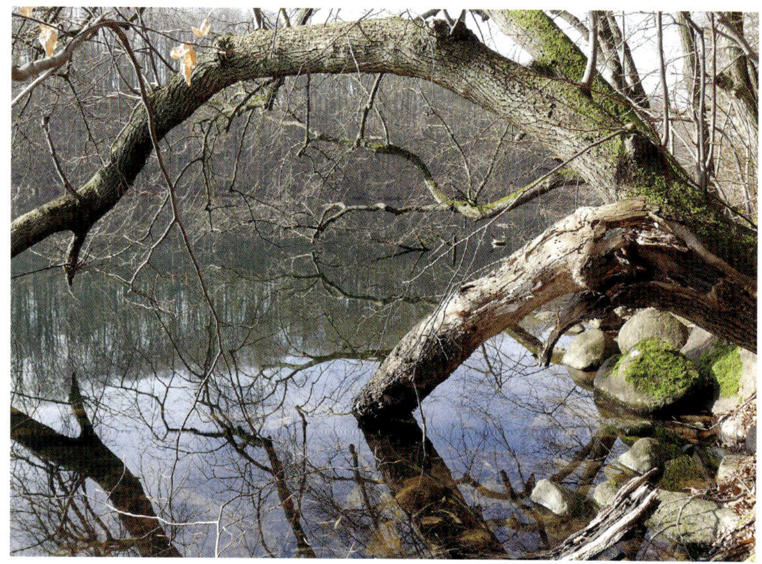

Uferweg am Schmalen Luzin

bis in die 1920er-Jahre galt der Schmale Luzin als nährstoffarmer Kaltwassersee. Je mehr Abwässer ungefiltert in den See gelangten, desto mehr Algen bildeten sich. Der See trübte sich ein und besonders in den tieferen Schichten wurde die Luft für die angestammten Pflanzen und Tiere knapp. Umfangreiche Schutzmaßnahmen Anfang des Jahrtausends konnten den Schmalen Luzin zwar vor dem Schlimmsten bewahren, aber Trockenheit, Landwirtschaft und steigende Temperaturen machen dem eiszeitlichen Rinnensee bis heute zu schaffen.

Hinter der nächsten Biegung taucht schon die Windmühle von Carwitz auf. In dem kleinen Dorf am südlichen Ende des Sees ist Hans Fallada nicht nur begraben, am Ortsrand steht auch das Wohnhaus, in dem er mit Frau und Kindern von 1933 bis 1944 lebte. Direkt am **Carwitzer See** gelegen, umgeben von einem weitläufigen Garten – ein Traum für jeden Sommerfrischler. Heute ist in dem Landhaus das **Hans-Fallada-Museum** untergebracht.

Auf dem **Hartmannsberg** hinter Carwitz reihen sich die Picknickplätze wie Perlen aneinander und konkurrieren um den schönsten Ausblick auf den Carwitzer See und **Zansen**. Vorbei an einer großen Lich-

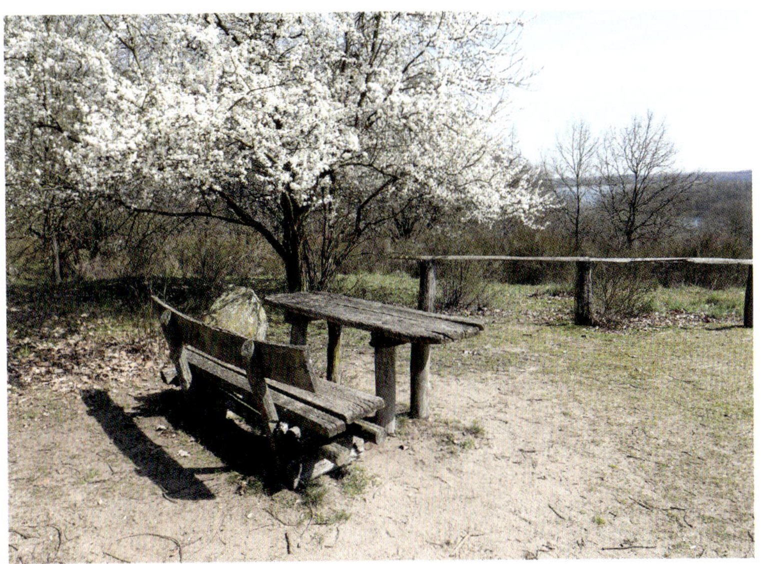

Picknickplatz auf dem Hauptmannsberg mit Blick auf den Zansen

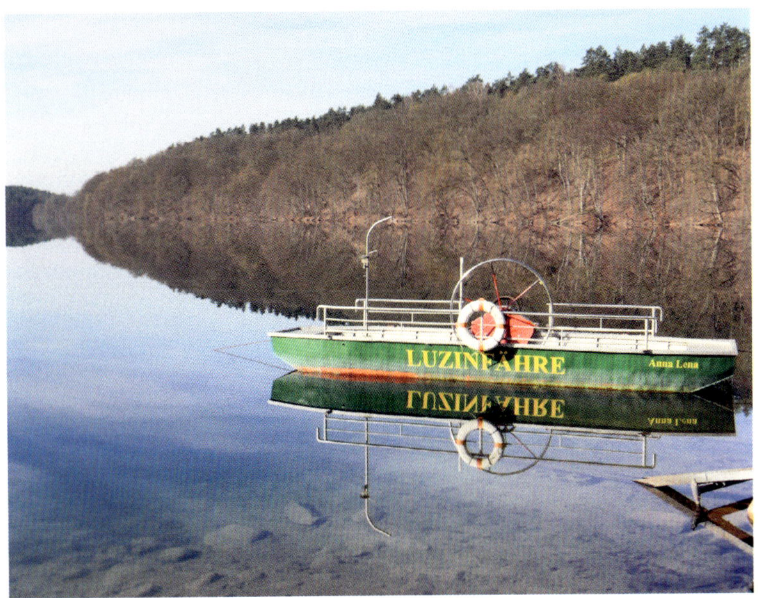

Seilfähre Anna Lena wartet auf das Frühjahr

Abstecher: Heilige Hallen

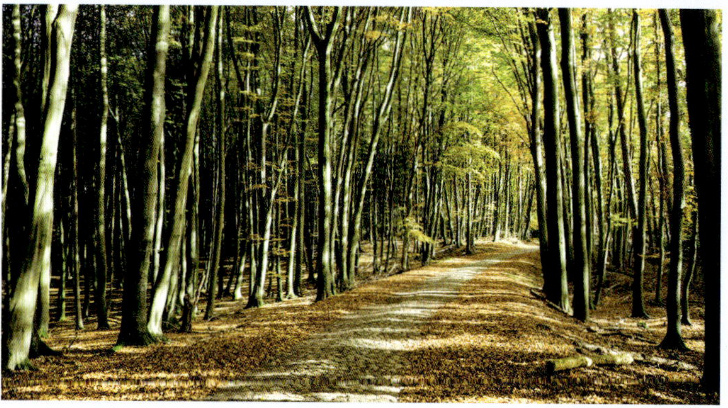

Die »Heiligen Hallen« gelten als ältester Buchenwald Deutschlands. Woher der Name kommt, erschließt sich unter dem Blätterdach der bis zu 350 Jahre alten Baumriesen sofort. Dem Strelitzer Großherzog Georg ist zu verdanken, dass der Wald seit 150 Jahren unter Schutz steht, seit 1950 wird er komplett sich selbst überlassen. Von Feldberg aus ist das Naturwaldreservat bei Lüttenhagen mit dem Fahrrad in einer guten Viertelstunde zu erreichen. Die Kernzone ist zwar für Besucher gesperrt, aber eine rund 5 Kilometer lange Wanderung führt am Rand des Gebiets entlang. Mehr über das Thema Wald lernt man im Arboretum »Paradiesgarten« und im Waldmuseum »Lütt Holthaus«. Die Anreise ist auch mit dem Bus 619 möglich, Ausstieg Lüttenhagen Museum.

tung, auf der im Sommer Schafe für die Landschaftspflege sorgen und deren Produkte man im Hofladen der Schäferei kaufen kann, geht es tiefer in den Buchenwald. Jetzt muss man sich entscheiden, ob man noch einen Bogen um das Kesselmoor im Norden drehen oder zum Hotel Villa Hullerbusch abkürzen will. Von der Gründerzeitvilla sind es nur noch ein paar Schritte hinunter zum Anleger, wo Tom seine letzten Fahrgäste für heute zusammentrommelt. Einmal noch »hol over«, dann ist bis zum regulären Saisonstart im Mai Schluss. Ob er dann wieder am Rad der moosgrünen Seilfähre drehen wird? Man merkt dem Fährmann an, dass es ihm in den Fingern juckt.

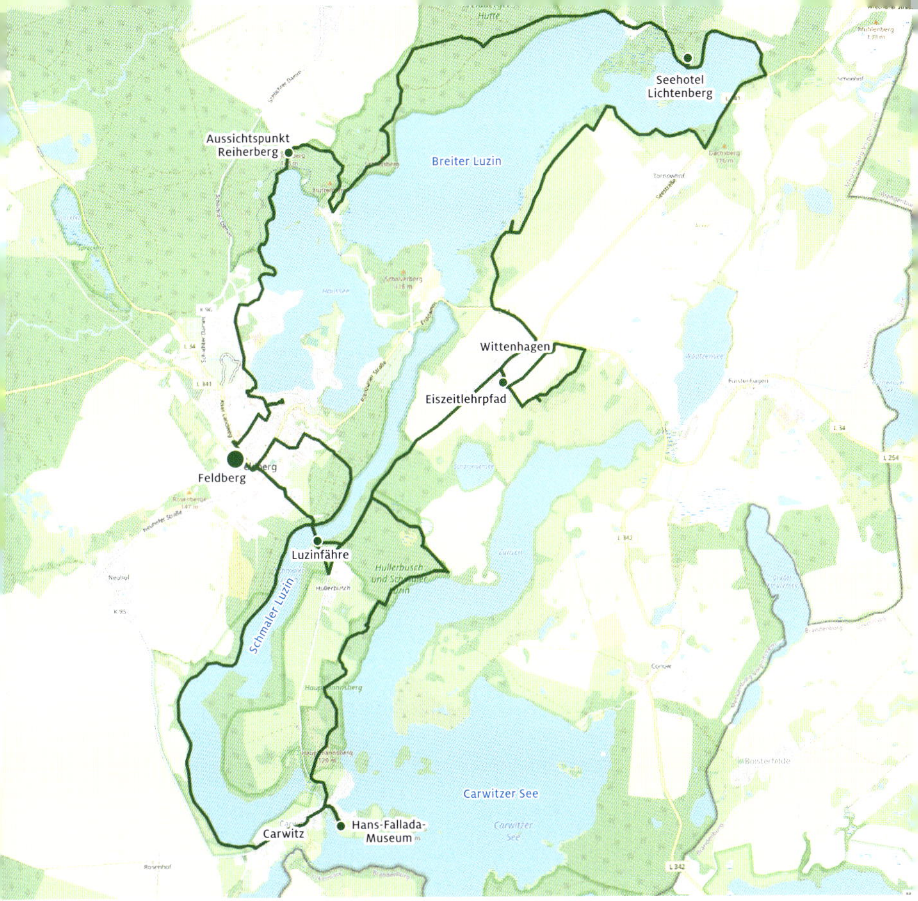

Hin und weg: Vom Hauptbahnhof mit dem RE 5 nach Neustrelitz, Bus 619 (Fahrzeit ca. 2:15 h)

Schlafen und Schlemmen: Seehotel Lichtenberg (https://www.seehotel-lichtenberg.de/), frischen Fisch aus den umliegenden Seen gibt es im Restaurant »Die Fischerhütte« der Fischerei Feldberg (https://www.fischerei-feldberg.de/)

Bonustipp: Historische Audiotour »Ottilein« (11 Kilometer, 23 Audiostationen) – Touristeninformation (https://www.feldberger-seenlandschaft.de/aktives-und-gesundes/wandern/wanderwege/historische-wanderung-feldberg-mit-dem-audio-guide/)

Tour auf Google Maps

15 Winterwandern in der Uckermark

Naturpark Uckermärkische Seen

Kurz und knapp: Zauberhafte Winterwanderung in zwei Etappen durch den Naturpark Uckermärkische Seen, besonders ruhig und empfehlenswert außerhalb der Ferien, auch als Fahrradtagestour geeignet. Auf ruhigen Rad- und Waldwegen durch die typische, sanft-wellige Landschaft der Uckermark, ausgedehnte Waldpartien und viele Seen.

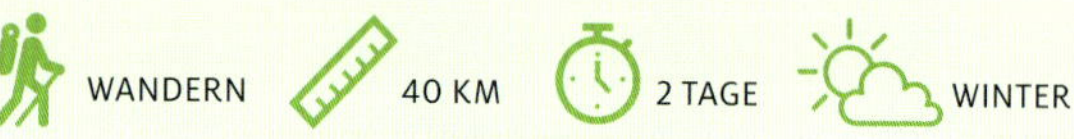

Es ist voll geworden in der Uckermark. An Sommertagen dröhnen mehr SUV-Boliden mit Hauptstadtkennzeichen über uckermärkische Alleen als über die Berliner Stadtautobahn. Auch auf Wasser- oder Wanderwegen herrscht meist Hochbetrieb. Wer es lieber abgeschieden mag, wandert besser außerhalb der Saison, vielleicht sogar im Winter. Ja, das Wetter neigt in dieser Zeit zu Kapriolen und die Natur trägt meist gedeckte Farben. Dafür wird man belohnt mit Stille und Einsamkeit, zum Beispiel bei dieser Wanderung von **Fürstenberg** über **Lychen** nach **Templin**.

Zwischen Lager und Lungenheilanstalt: Fürstenberg–Lychen (ca. 19 km)

Als uns die RE 8 in **Fürstenberg** auf den Bahnsteig spuckt, zieht sich der Himmel gerade eine Wolkendecke vors Gesicht, es nieselt kalt auf unsere Kapuzen. Wo im Sommer ein Klavierspieler Ausflüglern die Wartezeit bis zum nächsten rappelvollen Ostsee-Express versüßt, bläst heute der Wind über den verwaisten Bahnsteig. Missmutig stapfen wir auf der menschenleeren Luisenstraße nach Norden, wo wir die B96 kreuzen. Wir könnten jetzt auf direktem Weg zu unserem Etappenziel nach Lychen wandern. Oder gleich den Bus nehmen. Aber das wäre Kapitulation.

Wo die Hölle an Himmelpfort grenzt

Also biegen wir in die Himmelpforter Landstraße ein, die zugleich ein Radweg ist und auch zur Gedenkstätte des Frauen-Konzentrationslagers

An der Strecke: Mahn- und Gedenkstätte Ravensbrück

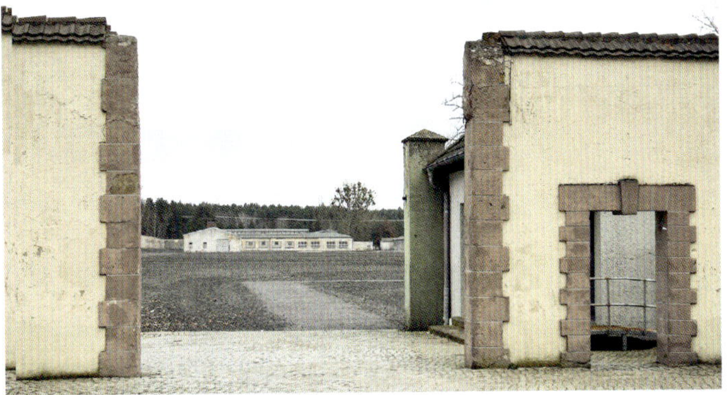

Zwischen 1939 und 1945 wurden im Lager Ravensbrück mehr als 120 000 Frauen und Kinder, 20 000 Männer und 1200 Jugendliche als Häftlinge registriert. Sie mussten schneidern, weben, flechten, später auch Zwangsarbeit für das Berliner Siemens-Werk leisten. Tausende wurden hingerichtet, erschossen, vergast, starben an Hunger, Misshandlung oder Krankheiten. Die Gedenkstätte kann das ganze Jahr über besucht werden. https://www.ravensbrueck-sbg.de/

Ravensbrück führt, dem größten seiner Art im damaligen Deutschen Reich.

Rund um die Gedenkstätte gibt es noch viele Spuren des ehemaligen Lagerkomplexes zu entdecken: verfallene Häuser, rostige Tore, Rampen und Bahngleise, von Bäumen überwuchert. Nachdem wir das Lagergelände hinter uns gelassen haben, blinzelt hinter den Hügeln der **Stolpsee**, erste Sonnenstrahlen schimmern durch die Kiefern. Als wir das Ufer des nördlich gelegenen **Sidowsees** erreichen, hat es aufgehört zu regnen.

Energie für kalte Tage

Über eine Landenge zwischen Sidowsee und Moderfitzsee gelangen wir nach **Himmelpfort**. Der staatlich anerkannte Erholungsort ist vor allem wegen seines Postamtes deutschlandweit bekannt. Denn seit den 1980er-Jahren gilt Himmelpfort als eine Wohnanschrift des Weihnachtsmanns.

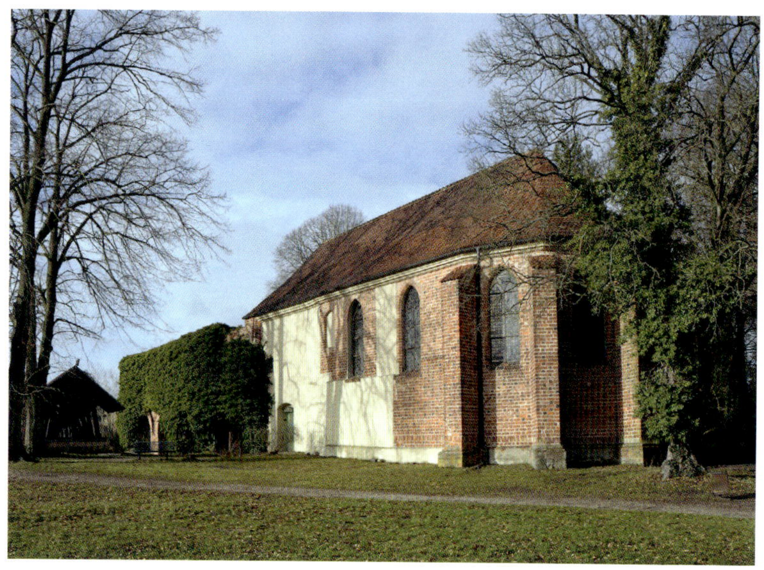

Ruine des Zisterzienserklosters

Fast 300 000 Briefe kommen hier jährlich an und werden von Freiwilligen beantwortet, mit Weihnachtsmarke und Sonderstempel.

Wir haben Glück, das rote Café Hasenheide in der Himmelpforter Chocolaterie macht zwar offiziell erst später auf, doch die Besitzerin, die gerade backt, empfängt uns mit offenen Armen und serviert frischen Käsekuchen mit heißer Schokolade.

Durchgewärmt und gut gestärkt wandern wir weiter zu den Backsteinruinen des mittelalterlichen Zisterzienserklosters, das einen Mantel aus immergrünen Kletterpflanzen trägt. Die Klosterbrauerei gegenüber ist leider geschlossen, der Kräutergarten wartet auf die nächste Gartensaison. Also schlagen wir den schilfgesäumten Pfad nördlich des Haussees in Richtung **Woblitzbrücke** ein. Der Schlenker lohnt sich, denn die tief stehende Wintersonne, die jetzt immer wieder durch die Wolken bricht, lässt den See quecksilbern glänzen. Noch ein Stück weiter durch den Wald geht es zum **Großen Lychensee**. Dort weht uns der Wind so brachial entgegen, dass wir froh sind, am späten Nachmittag **Lychen** zu erreichen und uns am knisternden Bullerjan in der Mühlenwirtschaft aufwärmen können.

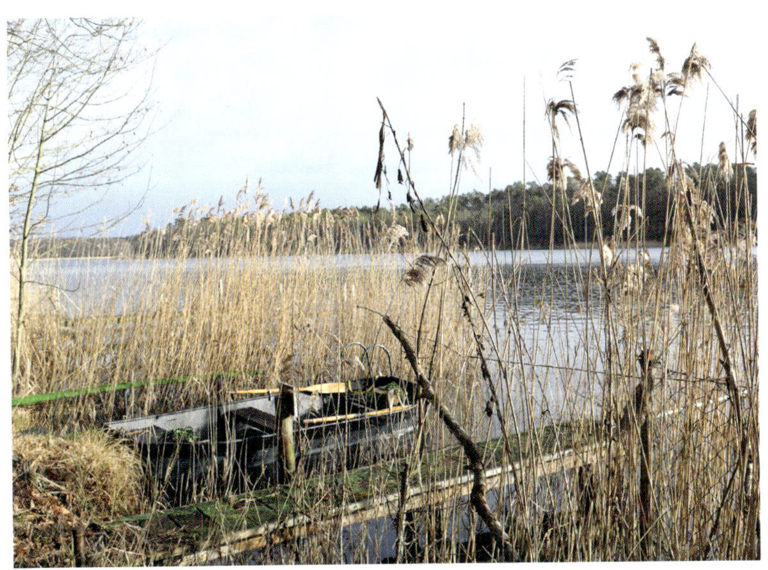

Boote am Haussee im Winterschlaf

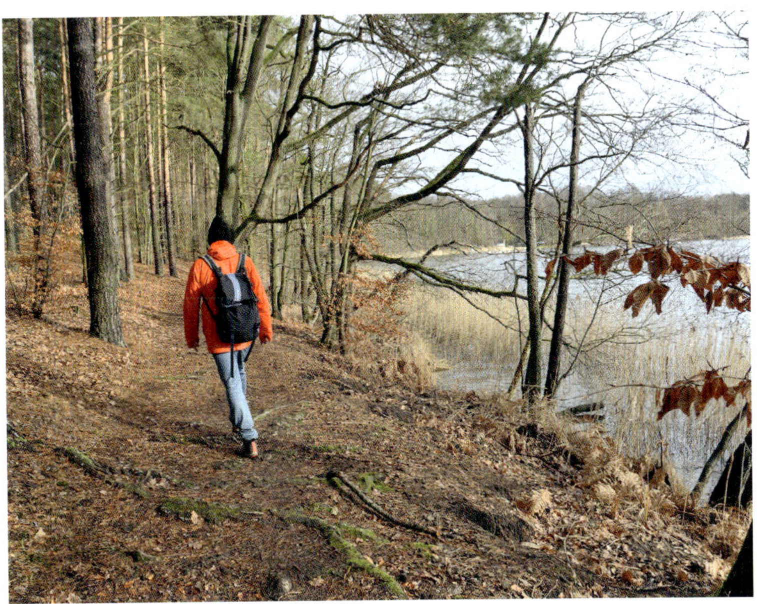

Uferweg am Haussee vor der Woblitzbrücke

An der Strecke: Heilanstalten Hohenlychen

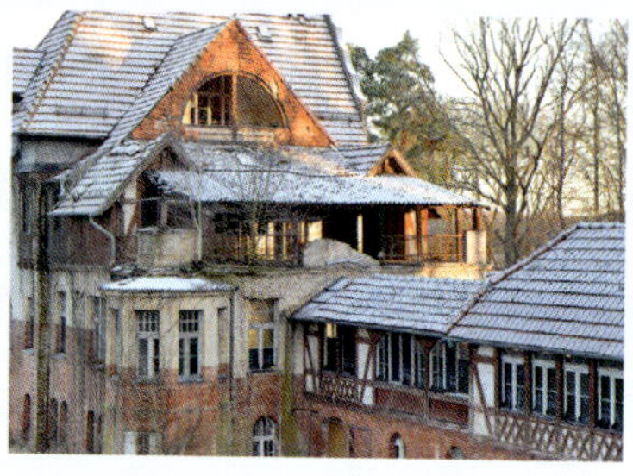

Anfang des 20. Jahrhunderts als Heilstätte für Lungenkranke gegründet, wuchs die Anlage bis in die 1920er-Jahre auf 47 Gebäude an. In den Hochzeiten zählte sie mehr als 500 Betten, die jedoch nicht nur für die Heilbehandlung vorgesehen waren. Nazigrößen wie Rudolf Heß und Heinrich Himmler suchten hier Erholung, sogar Hitler soll seinen Urlaub am Zenssee verbracht haben, bevor die Anstalt nach Kriegsbeginn zum Lazarett umfunktioniert wurde. Später führten hier skrupellose NS-Ärzte Menschenversuche mit Wundinfektionen und Knochentransplantationen durch. Nach dem Krieg nutzten die sowjetischen Streitkräfte die Heilanstalt als militärischen Stützpunkt und Geburtsstation, später auch als Wohnungen für Soldaten. Nach dem Abzug 1993 standen die meisten Gebäude jahrelang leer und verfielen. Erst 2009 kaufte ein Freiberger Bauingenieur dem Land Brandenburg ein Teilstück ab. Zwei der Gründerzeitvillen wurden inzwischen zu Ferienwohnungen umgebaut, es gibt auch ein Bistro auf dem Gelände. Trotzdem wirken weite Teile der Anlage noch wie ein melancholischer Lost Place.

Heilanstalten Hohenlychen – zwischen Lost Place und Erholungsort

Von der Mühlenwirtschaft sind es nur noch ein paar hundert Meter über die Landstraße bis zu unserer Ferienwohnung in der Parkresidenz Lychen. Sie liegt auf dem parkähnlichen Gelände der ehemaligen Heilanstalten Hohenlychen direkt über dem **Zenssee**.

Auf einsamen Wegen nach Templin (ca. 20 km)

Am Morgen bedeckt weißer Puderschnee die Hügel im Park, unten am See schnattern die Gänse. Wir steigen hinter der Helenenkapelle durch den Wald zum Ufer ab und folgen dem Pfad nach Süden durch raschelndes Laub am Wasser entlang. Am südlichen Zipfel des Zenssees wechseln wir die Seiten. Weiter geht es am wilden nördlichen Ufer des **Platkow-**

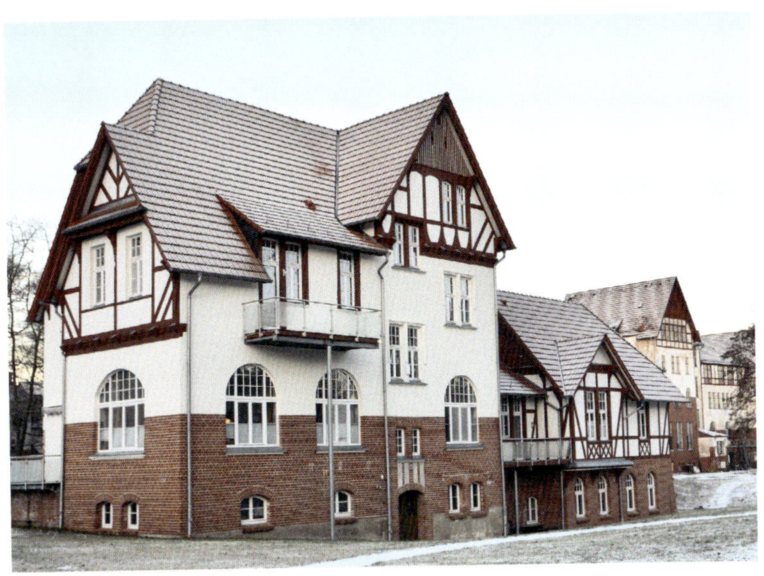

Früher Heilanstalt – heute Ferienwohnungen

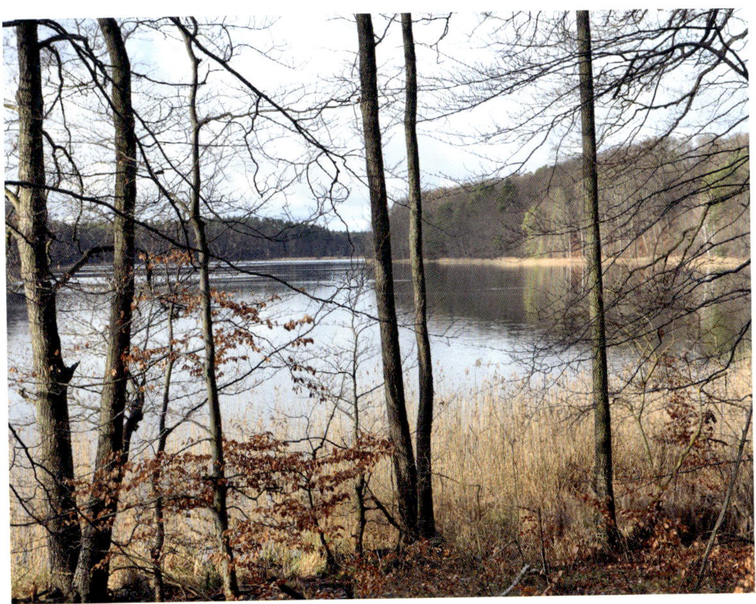

Im Winter ruhig und abgeschieden: der Zenssee

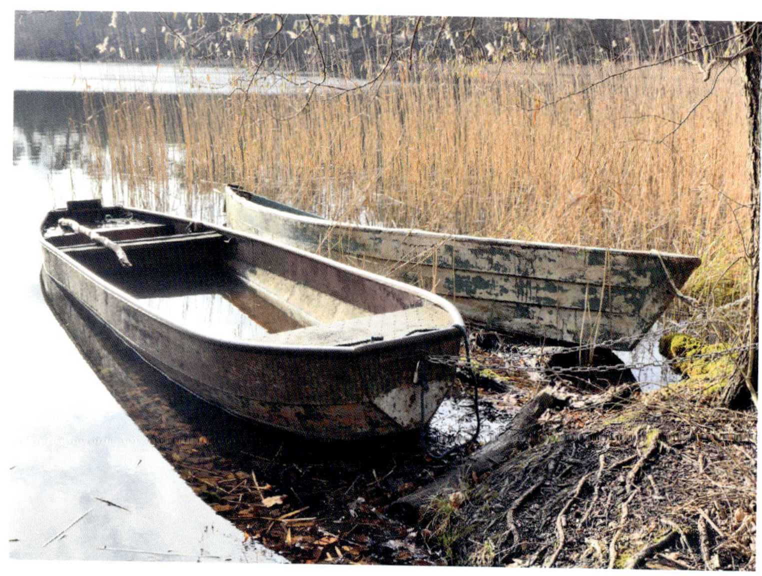

Fischerboote am Ufer des Platkowsees

sees, vorbei an mächtigen, umgestürzten Bäumen, die wie Angelrouten von Riesen weit ins Wasser ragen. An der Schutzhütte lohnt ein kleiner Zwischenstopp, denn hier ist unverkennbar eine Biberfamilie zuhause.

Über den Wanderweg Richtung **Alt Placht** erreichen wir schließlich das »Kirchlein im Grünen«, eine denkmalgeschützte und liebevoll sanierte Kapelle im Fachwerkstil, die vermutlich um 1700 von den Hugenotten erbaut wurde. Leider ist die Kirche geschlossen und die Picknickbänke im Garten laden bei dieser Kälte nicht zum Bleiben ein. Also weiter durch den Wald zur überdachten Rastbank »An der Lindenallee«, die etwas mehr Schutz bietet.

Auf gepflasterten Alleen zur »Perle der Uckermark«

Die letzten vier, fünf Kilometer nach **Templin** sind pures Pflastertreten auf einem geteerten Wirtschaftsweg durch karges Ackerland – im Sommer mag die Kirschallee ihre Reize haben, um diese Jahreszeit wird das Wandern hier ein bisschen zäh. Kein Wunder, dass unser Tempo automatisch anzieht, bis wir die schützende Altstadt von Templin erreichen. Nach den einsamen Tagen in der uckermärkischen Seenlandschaft kom-

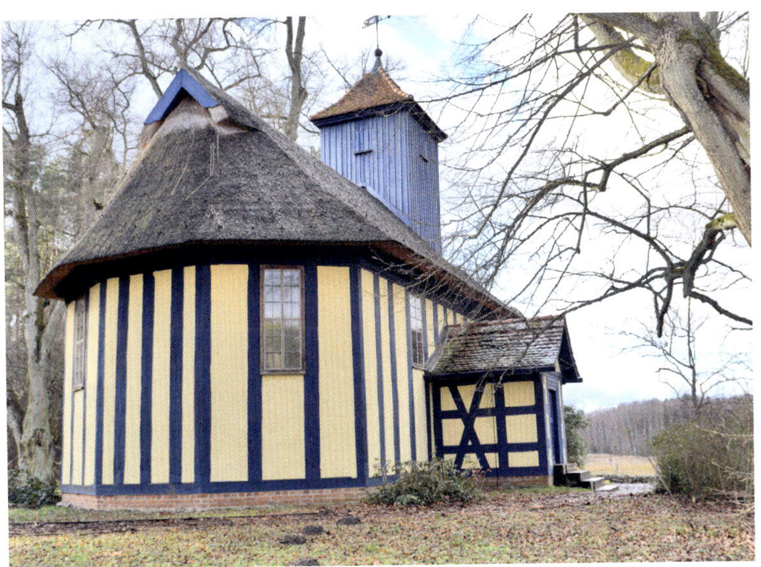

Kirchlein im Grünen

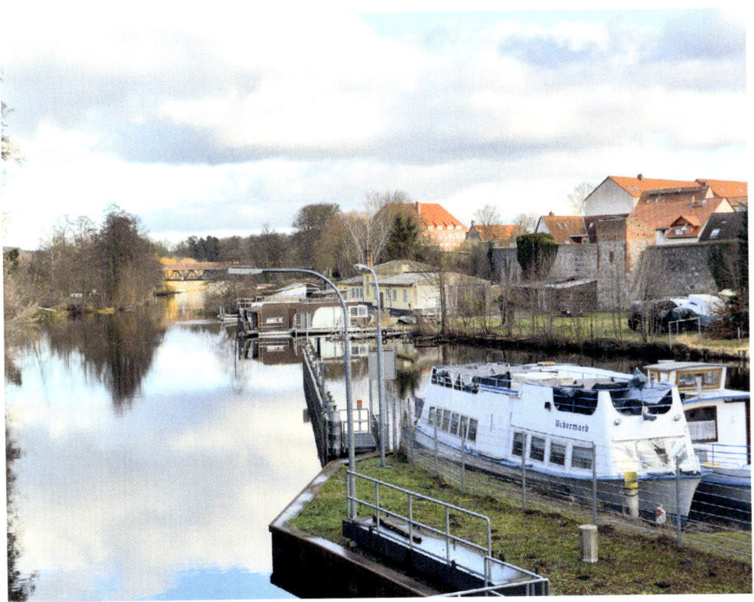

Schleuse Templin

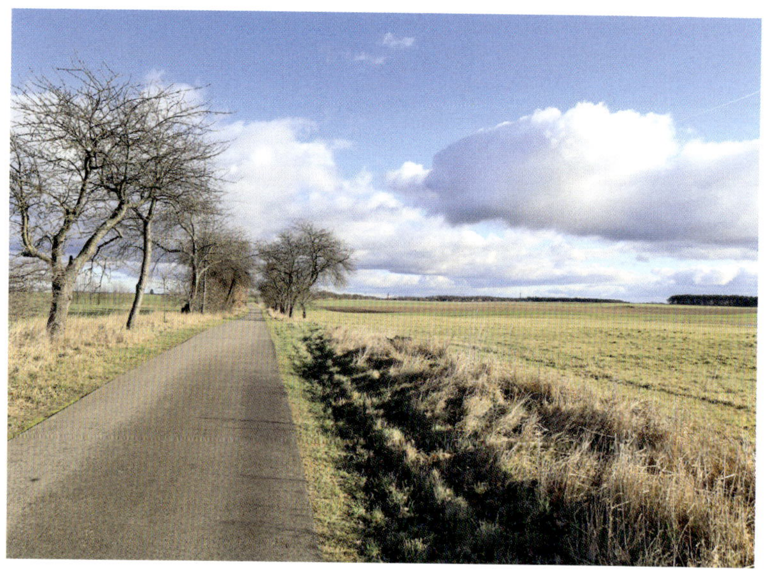

Pflastertreten auf der Kirschallee in Richtung Templin

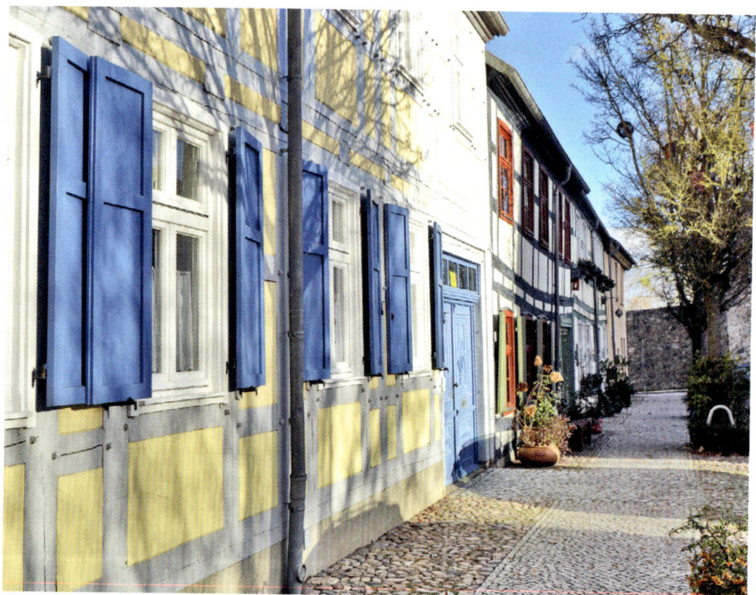

In der Rühlstraße befinden sich die ältesten Fachwerkhäuser von Templin.

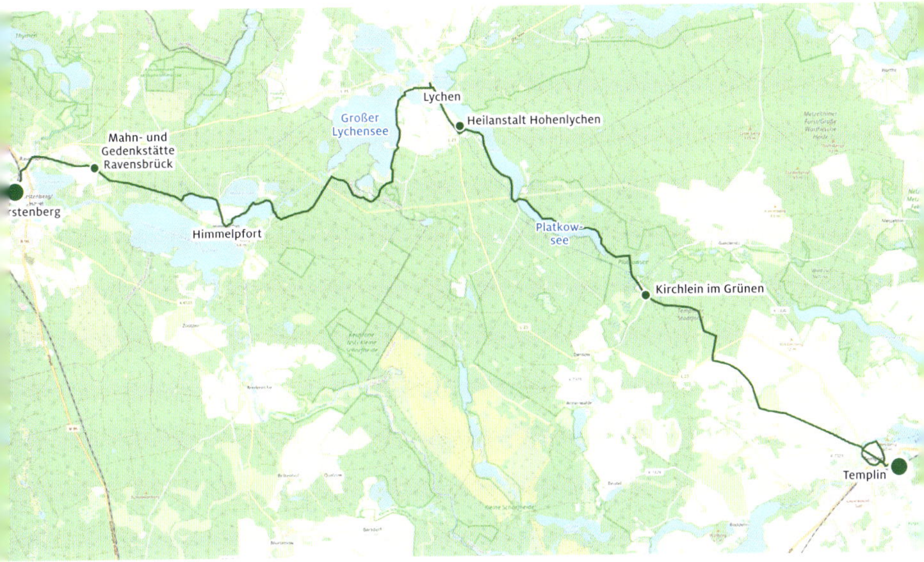

men uns die wenigen Spaziergänger in der Stadt beinahe wie Massentourismus vor.

Aber nach einem Cappuccino im Marktcafé und Nudeln beim Italiener haben wir uns akklimatisiert und drehen eine letzte Runde an der historischen Stadtmauer mit ihren fünf markanten Türmen um die Stadt. Auf dem Weg zum Bahnhof grüßt aus der Entfernung der Templiner Stadtsee und empfiehlt sich für die nächste Wanderung.

Hin und weg: Mit dem RE 5 ab Gesundbrunnen nach Fürstenberg (ca. 1 h), zurück von Templin mit der RB 12 (ca. 1:35 h)

Schlafen und Schlemmen: Mühlenwirtschaft & Mühlencafé Lychen (https://www.muehlen-mahlzeit.de/); Parkresidenz Lychen (https://www.parkresidenz-lychen.de/)

Bonustipp: Nach zwei langen Wandertagen im Kalten bietet sich ein Besuch in der Naturtherme Templin an (https://www.naturthermetemplin.de/)

Tour auf Google Maps

16 Gipfelstürmer: Hoch hinaus in Brandenburg

Seenland Oder-Spree

Kurz und knapp: Sportliche Tageswanderung mit knapp 900 Höhenmetern (!) auf der Bruchkante oberhalb des Oderbruchs von Falkenberg nach Bad Freienwalde, auf dem Weg liegen vier Türme und mehrere Aussichtspunkte. Die Wanderung ist ganzjährig begehbar und hat auch im Winter ihre Reize, allerdings sind dann die Aussichtstürme geschlossen. Auch für Trail-Running geeignet!

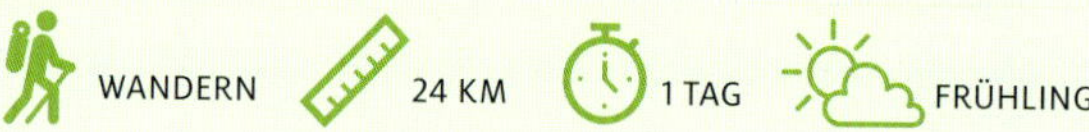

Berge in Brandenburg? Klingt ein bisschen nach Palmen in der Antarktis. Aber den Eckdaten zufolge macht der Gipfelstürmer seinem Namen alle Ehre: 900 Höhenmeter, vier Türme, mehrere Aussichtspunkte mit Weitblick, ein Profil wie ein Läusekamm und sogar der Watzmann liegt auf der Strecke. Wer eine sportliche Herausforderung sucht, ist hier definitiv richtig. Wobei man für die Höhenmeter schon alle vier Turmaufstiege mitnehmen muss.

Start bei zwei Meter über Null

Das Basecamp für den noch recht neu ausgewiesenen Wanderweg liegt am Bahnhof **Falkenberg** (Mark), etwa zwei Meter über Null. Nach einem kurzen Bummel durch den Luftkurort schlägt der Gipfelstürmer den ersten Haken an der **Carlsburg** vorbei durch den alten **Cöthener Landschaftspark**. Ein Warm-up durch urigen, naturbelassenen Buchenwald, bevor der Weg wieder die Ortsstraße erreicht und zu einem Zwischenstopp an der 200 Jahre alten Rothe Mühle einlädt.

Über den Fontaneweg – der wanderfreudige märkische Dichter war natürlich auch schon da – geht es ortsauswärts und mit teils amtlicher Steigung hinauf zum **Barnimer Kammweg**. Hier, wie über weite Abschnitte der gesamten Route, windet sich der Wanderweg durch ausge-

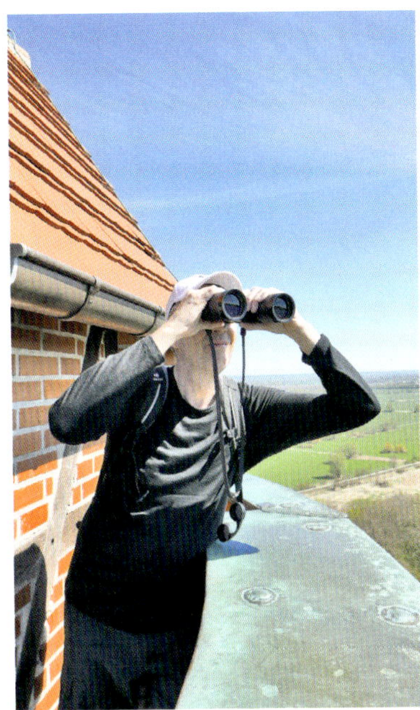

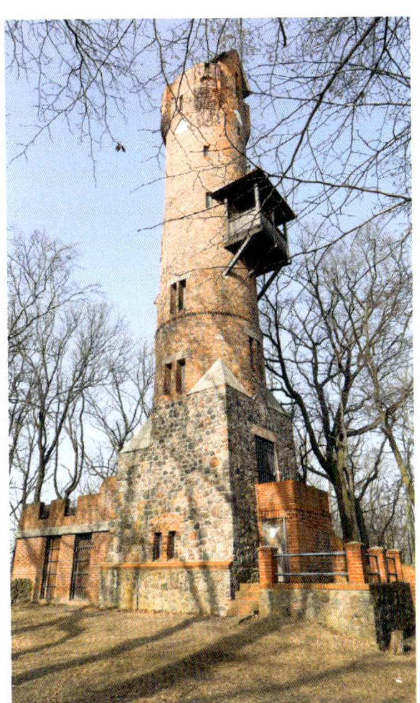

Der Bismarckturm ist vom 1. April bis 31. Oktober geöffnet.

dehnten Laub- und Mischwald – eigentlich zu jeder Jahreszeit ein Genuss.

Den ersten Höhepunkt erreicht der Gipfelstürmer am **Bismarckturm**, 25 Meter über Null. Der hübsche Backsteinturm auf dem Schlossberg ist dieser Tage leider nicht zu besteigen, denn die Turmsaison reicht nur von April bis Oktober. Und auch Rapunzel lässt ihr Haar nicht herunter, so dass ich auf die »fantastischen Blicke zu den Schiffshebewerken Niederfinow und ins Oderbruch«, von denen die Tourenbeschreibung schwärmt, heute leider verzichten muss.

Gipfelkreuz mit Humor

Dafür entschädigt das Gipfelkreuz auf dem märkischen **Watzmann** – zwar nicht durch eine atemberaubende Aussicht, aber mit Superlativen und Humor: Denn wer es bis hier oben schafft, hat immerhin die stolze Höhe von 1062 Dezimeter über Null bezwungen. Und befindet sich – zumindest gedanklich – in sehr prominenter Gesellschaft.

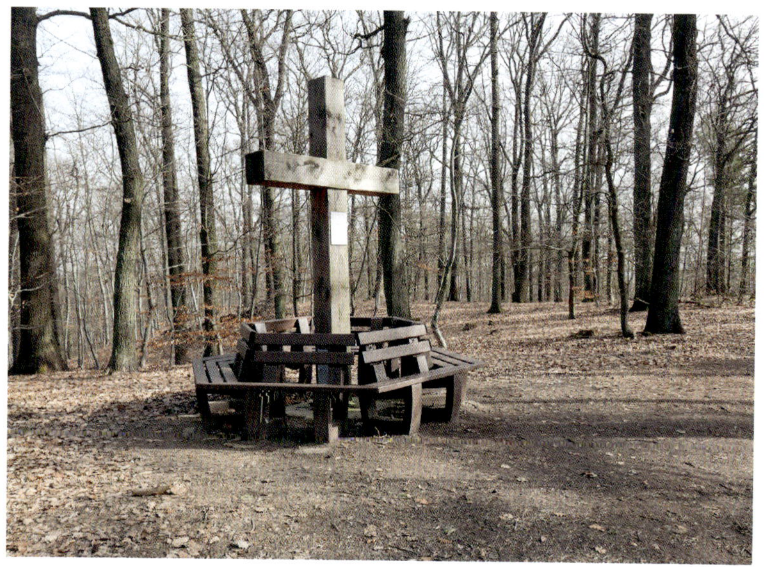

Gipfelkreuz auf dem märkischen Watzmann

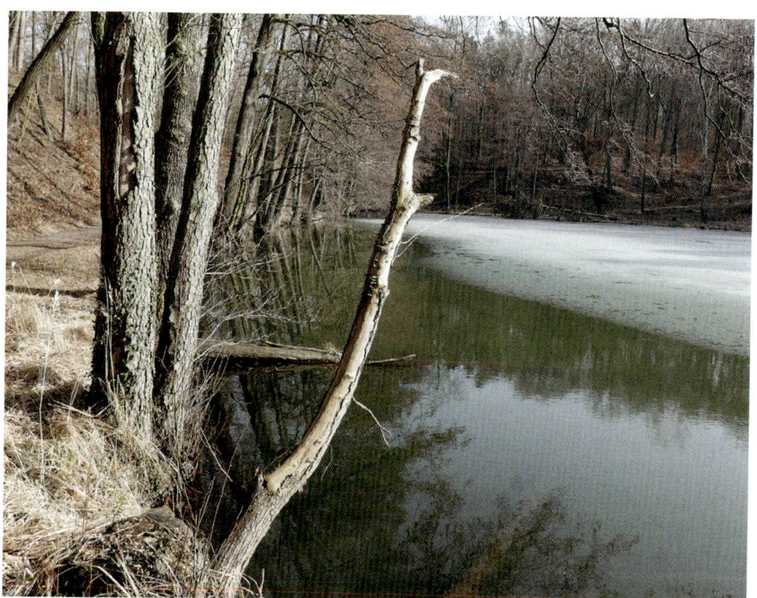

Teufelssee im Winter

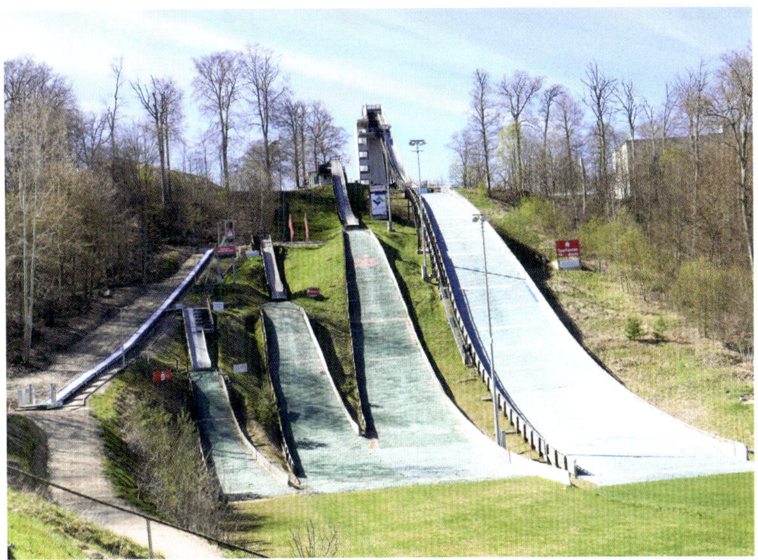

Schanzenturm Bad Freienwalde

Auf den nächsten Kilometern heißt es Höhenmeter sammeln beim Auf und Ab über Kämme und durch Schluchten, mitsamt einer Extrarunde um die romantische **Ahrendskehle**, einem engen, baumbestandenen Tal.

Ein lauschiges Picknickplätzchen, das den Spuren nach zu urteilen auch den Bibern gut gefällt, liegt am glasklaren **Teufelssee**, trotz seines diabolischen Namens ein idyllisches Gewässer. Gipfelfeeling pur kommt wenig später beim Abstecher zum **Thüringer Blick** auf, wo die Aussicht an klaren Tagen weit hinein ins flache, von Fließen geäderte Oderland reicht. Kurz vor dem Abstieg zur B158 kündigt sich ein weiteres Gipfelhighlight an, der hölzerne Eulenturm mitten im Garten des Hauses der Naturpflege – der aber heute betriebsbedingt leider ebenfalls geschlossen ist.

Märkische Schanzen

Der eigentliche Höhepunkt des furiosen brandenburgischen Gipfelsturms folgt wenig später am **Papengrund**. Fast 40 Meter und 112 Stufen hoch ragt der Schanzenturm von **Bad Freienwalde**, Heimat der nörd-

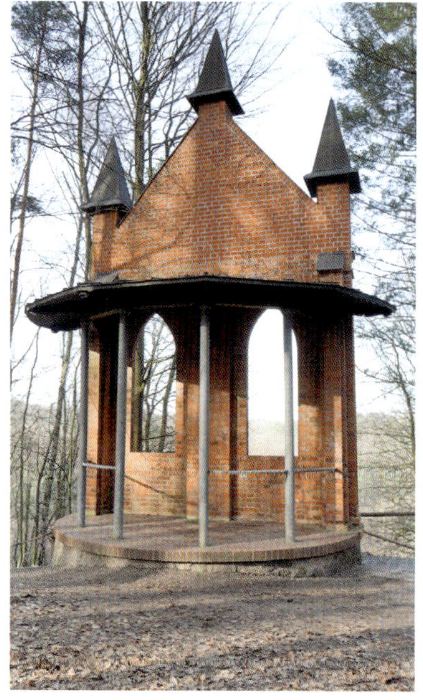

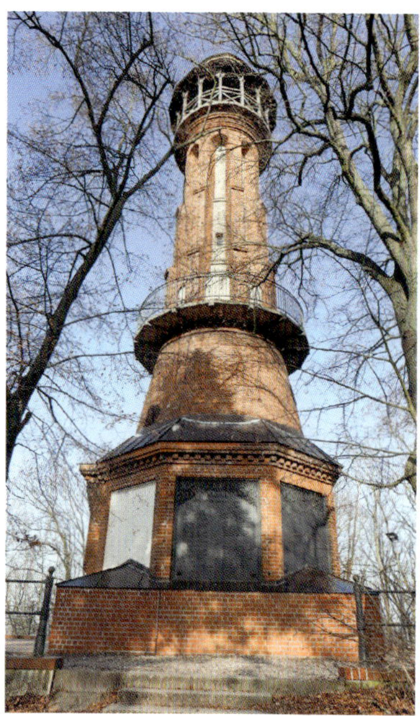

Brunnenkapelle, Aussichtsturm auf dem Galgenberg

lichsten Sprungschanze Deutschlands, wie ein Weltraumbahnhof in den Himmel und erlaubt einen grandiosen Weitblick bis nach Polen. Der östliche Nachbar liegt hier allerdings auch so nah, dass sich mein Handy schon ins polnische Netz einwählt.

Vom obersten Deck der Schanze aus wirkt die letzte Herausforderung beinahe zum Greifen nah, der Anstieg über 225 steile Stufen zu einer kleinen Kapelle und weiter bis zum Aussichtsturm auf dem Galgenberg, 110 Meter über Normalnull.

Hier endet die Tour offiziell. Wer auch die letzten anderthalb Kilometer zum Bahnhof durch die märkische Kurstadt Bad Freienwalde ohne Blasen und Blessuren zurückgelegt hat, darf sich eine ziemlich robuste Kondition bescheinigen – Prädikat Gipfelstürmer.

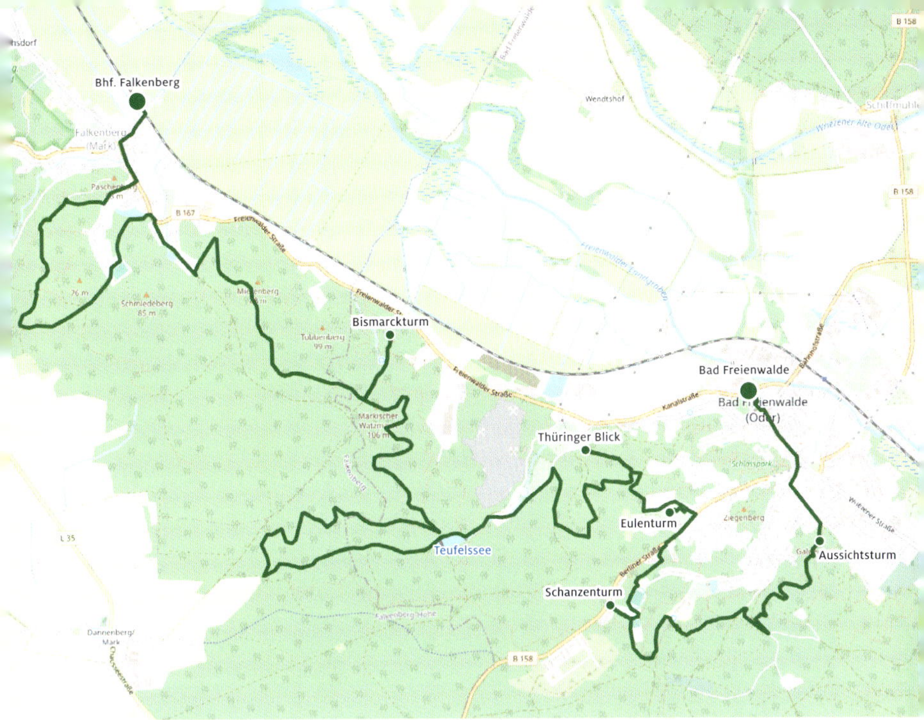

Hin und weg: Ab Berlin-Ostkreuz mit der RB 24 und der RB 60 über Eberswalde nach Falkenberg (Mark), zurück ab Bad Freienwalde mit derselben Verbindung (Fahrtzeit werktags jeweils ca. 1,5 h)

Bonustipp: Wer alle vier Türme besteigt und sich das auf dem Stempelkärtchen, dass an jedem Einlass erhältlich ist, bestätigen lässt, kann sich in der Touristen-Info Bad Freienwalde ein »Turm-Diplom« ausstellen oder zusenden lassen. (https://bad-freienwalde.de/turm-diplom/)

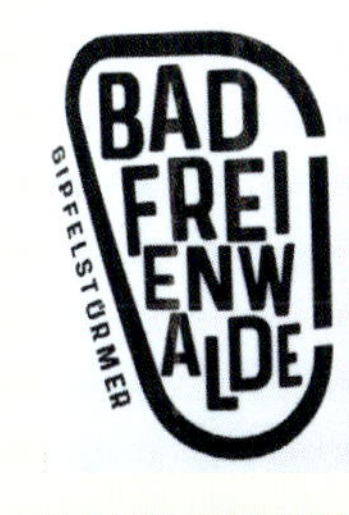

Beschilderung: Ab Falkenberg ist der Weg anfangs mit einer eigenen Markierung beschildert, verlassen sollte man sich darauf aber besser nicht, denn spätestens ab dem Kammweg werden die Schilder rar, allerdings kann man sich recht gut an den lokalen Wegweisern orientieren.

Tour auf Google Maps

17 Wo die Oder träge fließt

Nationalpark Unteres Odertal

Kurz und knapp: Eintauchen in eine der letzten sagenhaften Flussauenlandschaften Europas! Geführte (oder selbst organisierte) Kanutour durch den Landschaftsschutzpark/Nationalpark Unteres Odertal von Mescherin nach Gryfino/Polen und zurück (ca. 6 Stunden) mit An- und Abreise über den Oder-Neiße-Radweg von Schwedt/Oder nach Mescherin (jeweils ca. 28 km). Empfohlen von April bis Oktober

Mit Einbruch der Dämmerung erklingt das Froschkonzert, an Schlaf ist nicht zu denken. Andererseits grenzt die Idylle, die vor meinem Zelt am Flussufer herrscht, tatsächlich an ein Wunder.

Denn vor gar nicht langer Zeit, im Sommer 2022, glich die Oder einem Massengrab. Wochenlange Hitze hatte für niedrige Pegelstände gesorgt und die Salzkonzentration im Fluss in die Höhe getrieben – ideale Bedingungen für das explosionsartige Wachstum der giftigen Goldalgen, die, wie Fachleute heute wissen, Auslöser für das große Sterben war: Geschätzt 1000 Tonnen Fisch, Muscheln und Insekten holten Helfer aus dem Fluss. Davon hat sich die Oder zumindest von Land aus betrachtet überraschend gut erholt. Der Fischbestand hat sich jedoch dramatisch reduziert.

Und die Erinnerung an die Katastrophe ist noch frisch: »Eine furchtbare Zeit«, sagt Frauke Bennett, die mit ihrem Unternehmen flusslandschaft reisen geführte Kanureisen auf der Oder macht. Ich habe eine Paddeltour durch den **Landschaftspark Unteres Odertal** bei ihr gebucht. Gerade dieser Teil der Flussauenlandschaft ist ein besonderer Schatz, weil sich die Natur hier ungestört entwickeln konnte. Der Landschaftspark, der nördlich an den **Nationalpark Unteres Odertal** anschließt, gehört zu Polen und ist erst seit dem Schengen-Beitritt des Nachbarlands 2008 ohne Grenzkontrolle befahrbar.

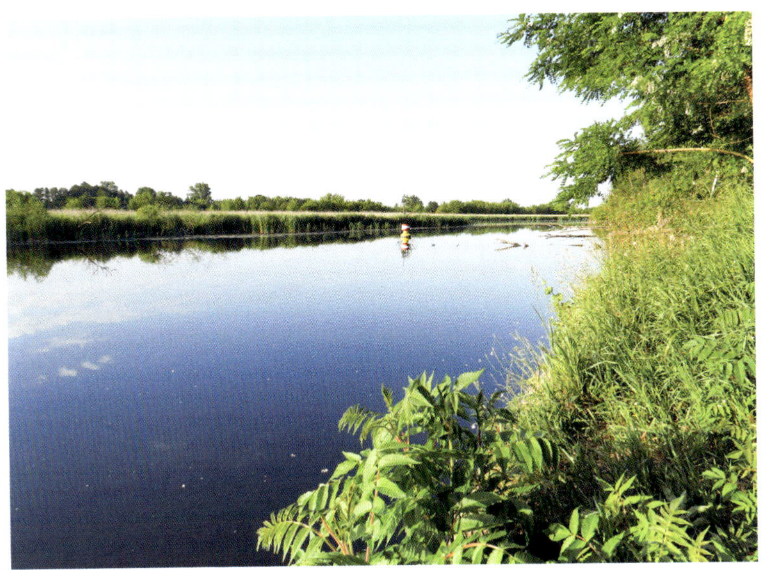

Oder bei Mescherin

Während Frauke Bennett über die Geschichte dieser jahrhundertealten Kultur- und Flusslandschaft spricht, wandert ihr Blick prüfend über das mit Schilf bewachsene Ufer. Es ist Anfang Juni und seit Wochen heiß und trocken. In polnischen Oderzuflüssen wurde schon wieder ein erhöhter Salzgehalt gemessen. »Viele Menschen wissen nicht, welche Bedeutung eine intakte Flussauenlandschaft für unsere Umwelt hat. Zum Beispiel, dass die Schilfrohrwiesen zwischen den Oderarmen wie ein natürlicher Filter wirken, ohne den die Ostsee längst gekippt wäre.« Solche Zusammenhänge zu erklären, ist der Nationalparkpartnerin wichtig.

Unterwegs im Flussauenland

Bennetts Buddy, Terrier Babette, bellt zum Aufbruch und springt ins Kanu. Von der Wiese am **Campingplatz Mescherin** paddeln wir ein Stück nach Norden die Westoder entlang, die hier kaum noch Gefälle hat, bis uns Frauke Bennett nach rechts in einen versteckten Stichkanal dirigiert. Vor einem alten Deichtor machen wir Halt. Hier liegt der Eingang in die Welt der **Polderwiesen**, ein System aus Altarmen und Kanälen, reguliert

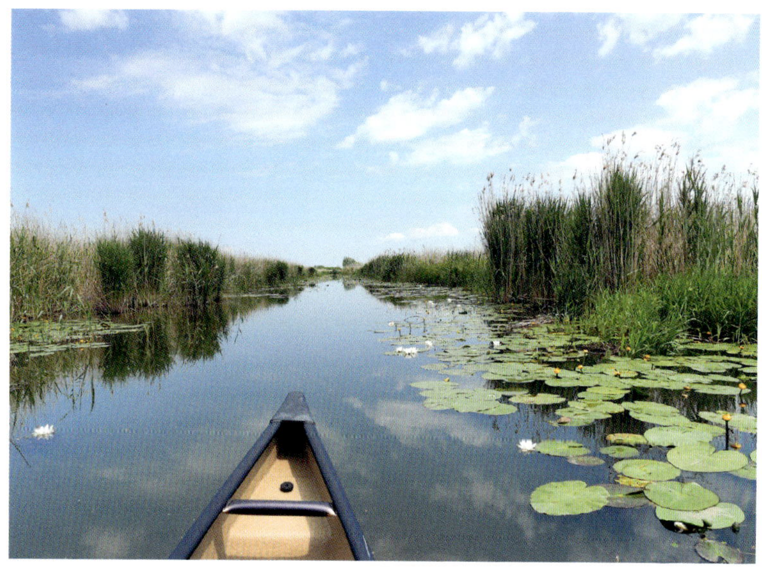

Frauke Bennett lotst durch den Landschaftspark Unteres Odertal.

von Deichen und Wehren, die nach holländischem Vorbild Anfang des 20. Jahrhunderts zum Hochwasserschutz angelegt wurden.

Die rostigen Stahltore hängen schief in ihren Angeln, in diesem Teil des Parks wurden die Gewässeranlagen nach dem Zweiten Weltkrieg nie reaktiviert. Als wir die marode Betonbrücke passieren, schießt dahinter ein Eisvogel aus seinem Versteck. Gelb blühende Teichrosen bedecken das Wasser wie Pailletten auf einem grünen Kleid. Libellen schwirren über unsere Köpfe, ein Reiher fixiert die Kanus von seinem Posten auf einem umgestürzten Stamm.

Biberstarke Leistung

Gut getarnt im Röhricht ragt ein meterhoher Haufen aus Ästen aus dem Wasser, eine riesige Biberburg. »Das muss ein richtiger Angeber sein«, sagt Frauke Bennett und lacht. Notwendig wäre ein solcher Protzbau nämlich nicht, meist wird eine Biberburg nur von einer einzigen Familie bewohnt. Ab und zu entscheidet sich ein Paar für einen Anbau und tritt die alte Höhle an einen Untermieter ab, zum Beispiel einen Otter, der im besten Fall auch lästige Konkurrenz verjagt.

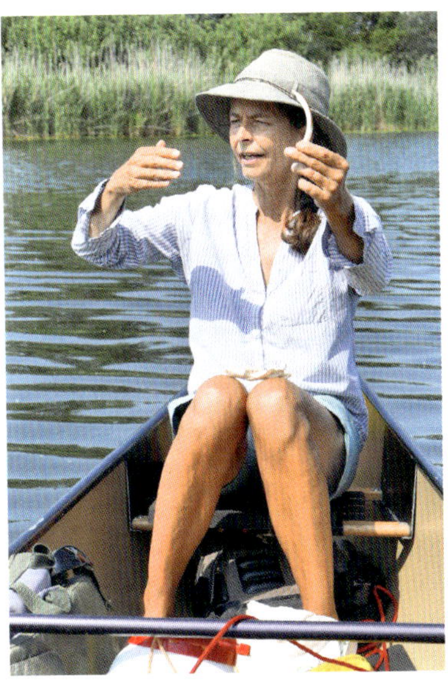

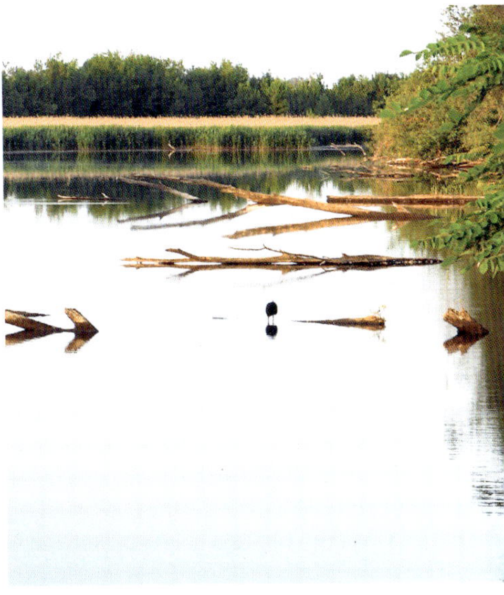

Wie Biber Bäume fällen? Mit Zähnen, die wie Kneifzangen geformt sind.

Dass sich der Biber wieder einigermaßen zahlreich im Odertal angesiedelt hat, findet Frauke Bennett wertvoll, auch wenn viele Land- und Forstwirte das anders sehen. Doch auch bei denen fände langsam ein Umdenken statt. Natürlich seien die Fraßspuren der Biber nicht zu übersehen, aber seitdem die Wiesen neben den Oderdeichen im Sommer immer häufiger trockenfallen, wüssten Viehhalter die Hilfe der Biber beim natürlichen Wassermanagement zunehmend zu schätzen.

Im Herzen der Polder

Mit seinen Wasseradern, Kanälen und Feuchtwiesen ist das untere Odertal aber nicht nur für den Biber ein Paradies, es gilt auch als bedeutendes Brut-, Rast- und Überwinterungsgebiet für Vögel, fast 300 Vogelarten wurden hier gezählt, darunter seltene Großvögel wie Seeadler und Schwarzstorch. In Frühjahr und Herbst machen hunderttausende von Kranichen, Wildgänsen und Enten in den flachen Gewässern Station.

Wir sind in einen schmalen Seitenarm eingebogen, als Frauke Bennett ihr Kanu abrupt stoppt. Zwischen zwei Inseln aus Schwimmfarn dümpelt ein Fisch bäuchlings auf dem Wasser. Konzentriert untersucht

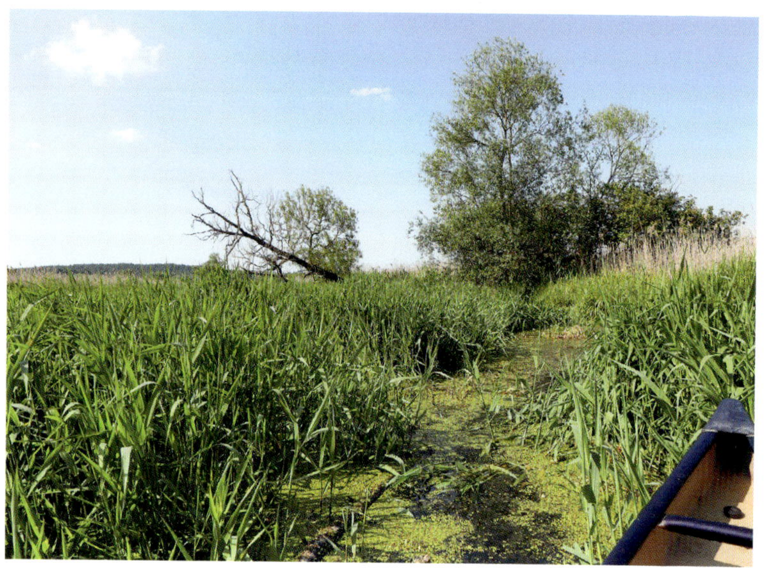

Hier ist Muskelkraft gefragt.

die zertifizierte Natur- und Landschaftsführerin den Fund und gibt Entwarnung. Diesmal scheint der Kadaver nur der Rest einer Reihermalzeit zu sein. Oder Beifang der Wilderer, die manchmal illegal mit Strom fischen.

Zur Mittagspause legen wir am Stadtstrand von **Gryfino** an, ein Schubkahn gleitet auf der Ostoder in Richtung Haff, die Hafenstadt Stettin ist von hier keine 20 Kilometer Luftlinie entfernt. Die Verschnaufpause macht sich bezahlt, denn der Rückweg führt durch üppig mit Farn, Schilf und Algen bewachsene Gewässer. Es erfordert Muskelkraft, sich mit dem Kanu einen Weg durch das schwimmende Dickicht zu bahnen.

U-Boot-Scharade in der Oder

Zurück auf der Westoder stoppen wir kurz vor dem Campingplatz an einer schmalen Bucht, in der ein rostiges Schiffswrack aus dem Wasser ragt, ein zweites wirft unter der Wasseroberfläche dunkle Schatten. Angeblich, und dabei beruft sich Frauke Bennett auf einen Dorfbewohner aus Mescherin, hatte die deutsche Kriegsmarine 1945 versucht, im Bauch der beiden Frachtschiffe zwei Mini-U-Boote aus der Hafenstadt

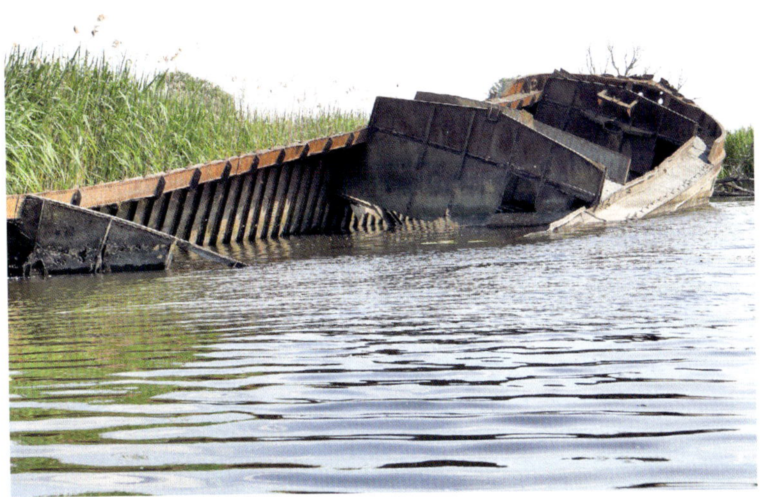

Schiffswracks in der Oder bei Mescherin

Stettin nach Frankfurt/Oder in Sicherheit zu schmuggeln, indem sie die wertvolle Fracht unter Kohlenhaufen versteckte. Der Plan misslang. Der Schwindel hielt die Sowjets nicht davon ab, die Kähne zu bombardieren. Sie liefen ein paar hundert Meter südlich der Oderbrücke auf Grund. Erst als die Mescheriner nach und nach die wertvolle Kohle aus den Frachträumen bargen, kamen die U-Boote zum Vorschein. Belegen lässt sich die Geschichte wohl nicht.

Zurück an der Einsatzstelle auf dem Campingplatz lasse ich den Tag im Parkrestaurant ausklingen. Hier wird deutsch-polnische Hausmannskost serviert, die vegetarischen Piroggen sind ein Gedicht. Bei Einbruch der Dämmerung bin ich froh, dass die Frösche wieder pünktlich quaken.

Stippvisite auf den Oder-Neiße-Radweg

Am nächsten Morgen verstaue ich mein Zelt auf dem Fahrrad. Die Rückfahrt von Mescherin nach Schwedt auf dem **Oder-Neiße-Radweg**, die ich zwei Tage zuvor schon einmal in die entgegengesetzte Richtung geradelt bin, ist eigentlich eine Notlösung, weil die Eisenbahnstrecke von Berlin nach Stettin, an der auch der nahe Mescherin gelegene Bahnhof Tantow

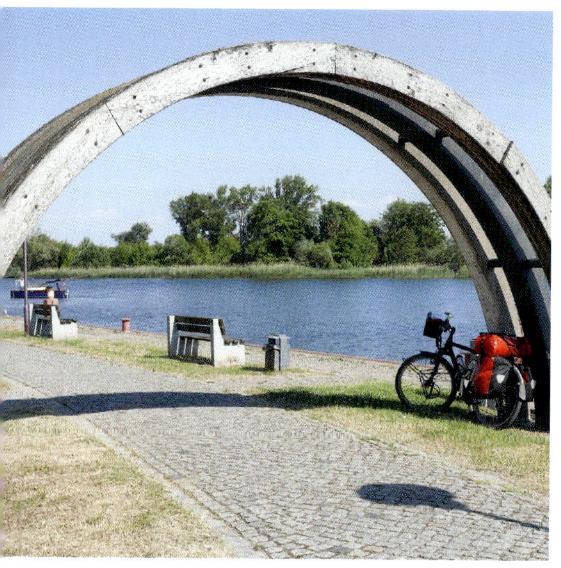

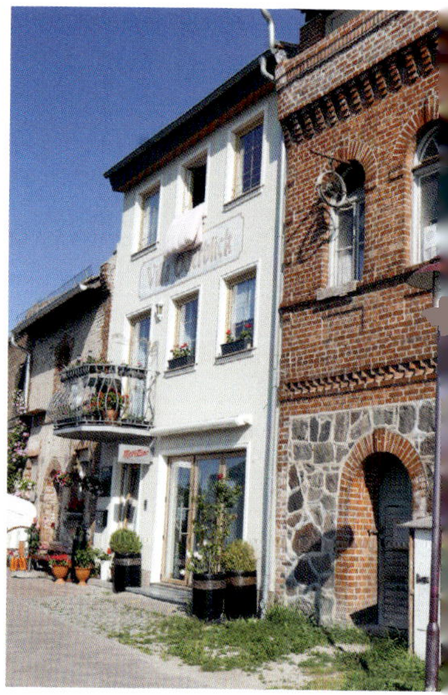

Hafen von Gartz: den Ausblick vom Eiscafé Villa Oderblick genießen

Abstecher: Beobachtungsturm Mescherin

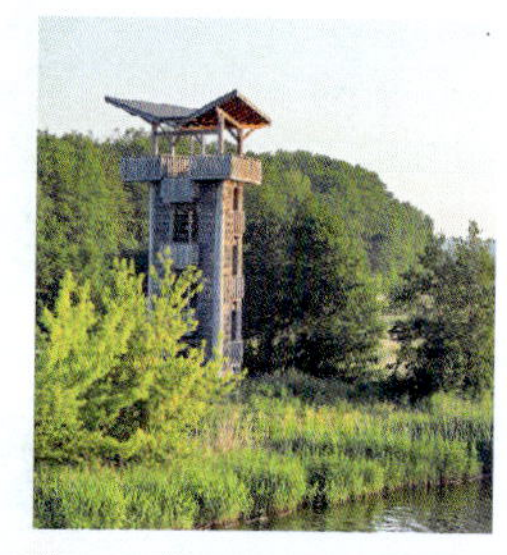

Besonders Ende September, wenn sich hunderttausende Kraniche im Nationalpark sammeln, bevor sie zu ihrem gemeinsamen Zug in die Winterquartiere im Süden aufbrechen, ist ein Besuch des Beobachtungsturms Mescherin ein Muss. Der Holzturm, dessen geschwungenes Dach an die Flügel eines Kranichs erinnern, steht am nördlichen Ortsausgang hinter der Grenzbrücke nach Gryfino. Von der Aussichtsplattform in 11 m Höhe schaut man auf den »Staffelder Polder«, eines der ältesten Wildnisgebiete im Park. In dem 63 Hektar großen Schutzgebiet kann sich die Oder bei Hochwasser heute wieder natürlich ausbreiten, aus einst trockengelegten Flächen entsteht langsam ein neues Auenmoor. Für die Kraniche ist die Feuchtwiese neben der Oder ein willkommener Schlafplatz – mit etwas Glück kann man die Tiere ganz aus der Nähe sehen.

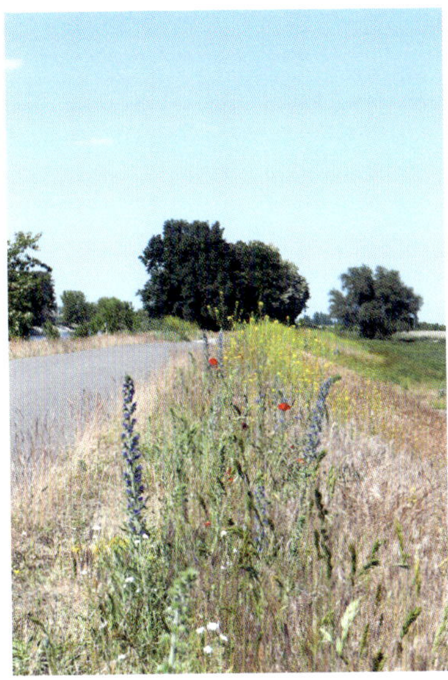

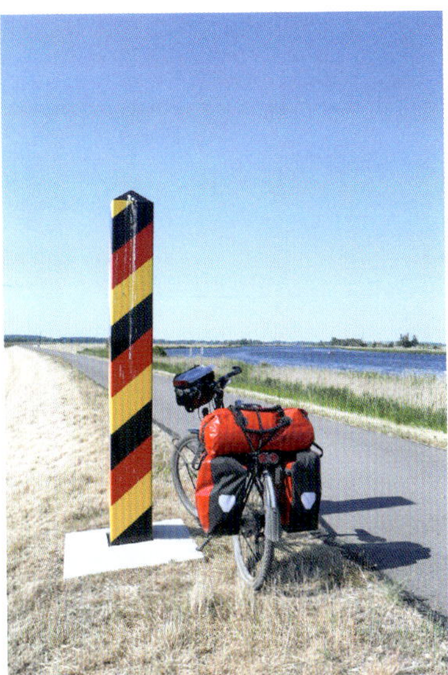

Oder-Neiße-Radweg bei Schwedt

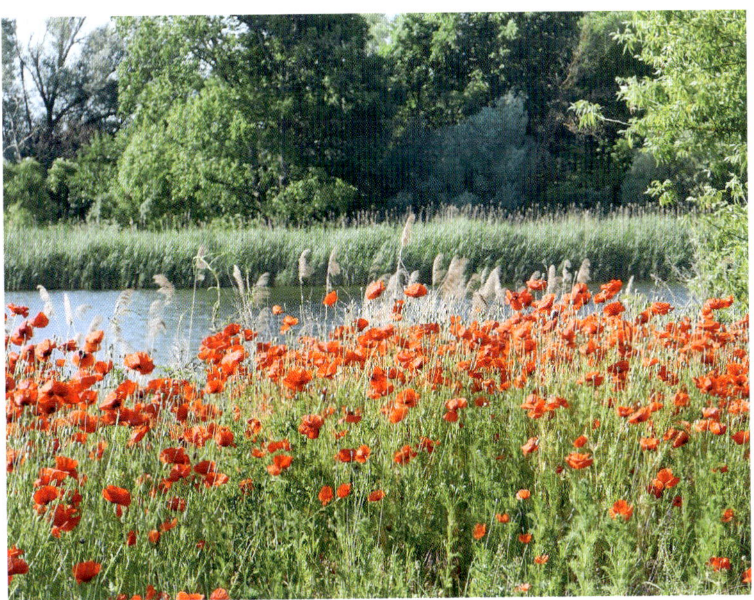

Blütenmeer am Wegesrand im Nationalpark Unteres Odertal

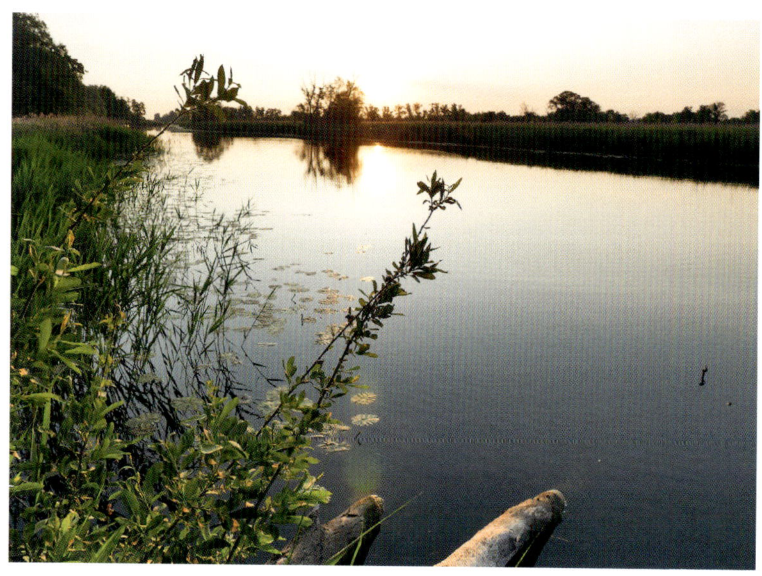

Abendstimmung an der Oder

liegt, noch bis mindestens 2025 ausgebaut wird. Aber wer Zeit hat, sollte die etwas umständliche Anreise wählen, denn der gut ausgebaute Radweg verläuft über weite Strecken aussichtenreich auf dem Oderdeich durch den Nationalpark Unteres Odertal. Das Auge wandert über die gemächlich dahinfließende Oder, verliert sich im Grün der gefluteten Polderwiesen, folgt einem Fischadler bei seinem Sturz in die Tiefe oder den Mauerseglern bei ihren wilden Flugmanövern. Am Wegesrand blüht ein Meer aus Mohn.

Wo früher Fisch verkauft wurde, am Hafen in **Gartz**, lädt ein Strandkorb vor der **Villa Oderblick**, die ihrem Namen alle Ehre macht und noch dazu köstliches Eis verkauft, zu einem Stopp ein. Mitten im Fluss stehen die Betonpfeiler der alten Oderbrücke, die im Zweiten Weltkrieg zerstört wurde. Schon seit 2012 gibt es Pläne, auf den Sockeln eine neue Fußgängerbrücke zu errichten. Doch bis zur Umsetzung wird wahrscheinlich noch viel Wasser die Oder hinunterfließen.

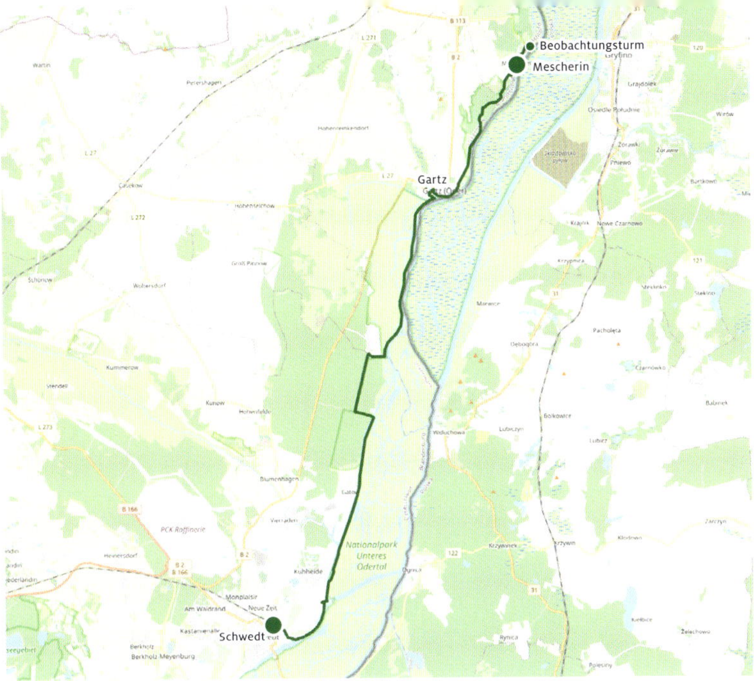

Hin und weg: Mit dem RE 3 und der RB 61 nach Schwedt/Oder (1,5–2 h), weiter auf dem Oder-Neiße-Radweg durch den Nationalpark Unteres Odertal nach Mescherin (28 km)

Schlafen und Schlemmen: Schöne Zeltwiese auf dem Campingplatz am Oderstrom in Mescherin (www.campingplatz-mescherin.de), direkt an der Westoder, wo auch die Kanutour von Frauke Bennett startet (www.fluss-landreisen.de), wenige einfache Unterkünfte vorhanden. Wer auf eigene Faust auf der Oder paddeln will, kann hier auch Boote ausleihen. Auf dem Platz liegt auch das Parkrestaurant (https://park-restaurant.com/)

Bonustipp: An der sandigen Abbruchkante der Moräne hinter der Campingwiese (Seeberge) nistet der Bienenfresser. Der kunterbunte Zugvogel, der nicht nur Bienen, sondern auch andere Insekten jagt, ist normalerweise nur in südlicheren Bundesländern anzutreffen. Aber auch so lohnt ein kleiner Spaziergang auf den Hügel. Vom Picknickplatz auf dem Gipfel aus hat man einen schönen Weitblick über die Oderwiesen nach Polen.

Tour auf Google Maps

18 Buchenwald Grumsin: Im Rausch der Farben

Biosphärenreservat Schorfheide-Chorin, Buchenwald Grumsin

Kurz und knapp: Waldbaden deluxe – diese Wanderung durch den UNESCO-Weltnaturerbe Buchenwald Grumsin ist zu jeder Jahreszeit ein unvergessliches Erlebnis. Regelrecht magisch wird der Spaziergang im Herbst, wenn sich die Blätter der bis zu 180 Jahre alten Buchen färben. Die hier beschriebene Wanderung folgt der Markierung »oranges Buchenblatt«.

Variationen: Insgesamt gibt es vier ausgeschilderte Rundwanderungen (gelbes, grünes, oranges und rotes Buchenblatt), die 7,5 bis 21,5 km lang sind. Weitere Infos unter https://www.schorfheide-chorin-biosphaerenreservat.de

Wenn Bäume wachsen dürften wie sie wollen, wäre Deutschland zu fast zwei Dritteln mit Buchenwald bedeckt. Buchen sind robust und genügsam, schießen vergleichsweise schnell ins Kraut und stellen andere Bäume buchstäblich in den Schatten. Trotzdem bringen es die Buchenwälder bundesweit heute gerade mal auf fünf Prozent, besonders alte, nicht bewirtschaftete Wälder sind selten geworden.

Schuld daran ist der Mensch, der vor über 1000 Jahren damit begonnen hat, den Urwald abzuholzen, um Landwirtschaft, Städte- und Straßenbau voranzutreiben. Ganz anders im **Buchenwald Grumsin**. Als beliebtes Jagdgebiet noch zu DDR-Zeiten blieb er weitgehend von Rodungen verschont und steht seit 1990 unter strengem Schutz. Deshalb erstreckt sich hier, mitten in der Uckermark, über 670 Hektar einer der größten zusammenhängenden Tiefland-Buchenwälder der Erde.

Die Wanderung beginnt am Infopunkt UNESCO-Weltnaturerbe in **Altkünkendorf** gleich neben der Dorfkirche. In dem urigen Fachwerkhaus informiert eine kleine Ausstellung über Flora und Fauna des Grumsins,

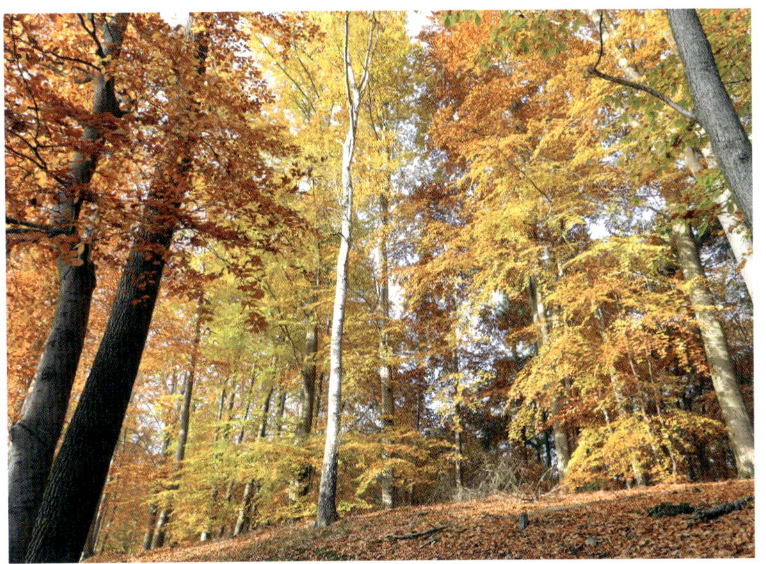

Wald in Flammen – Buchenwald Grumsin

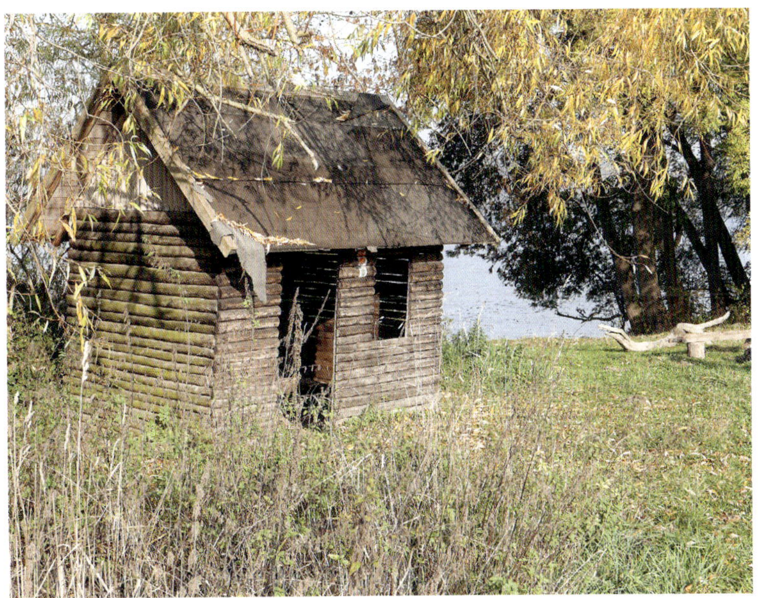

Wolletzsee – auf dem Weg zum Stadtwald Angermünde

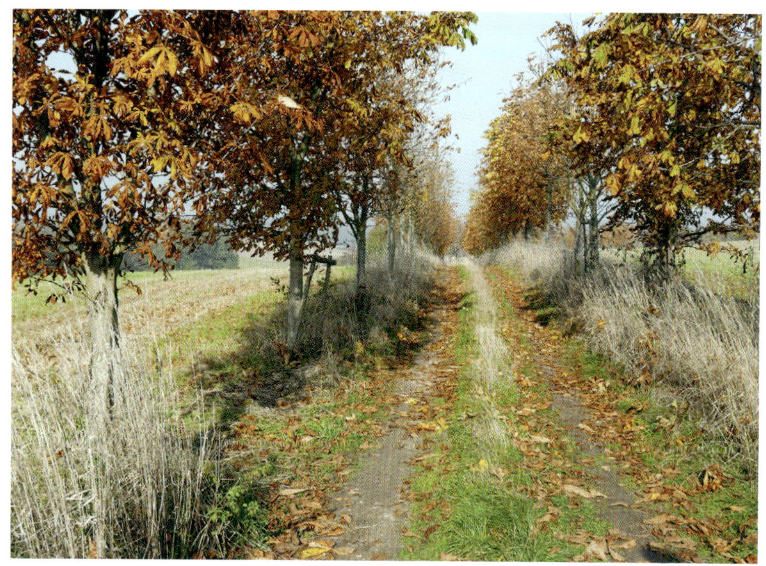

Feldweg bei Altkünkendorf

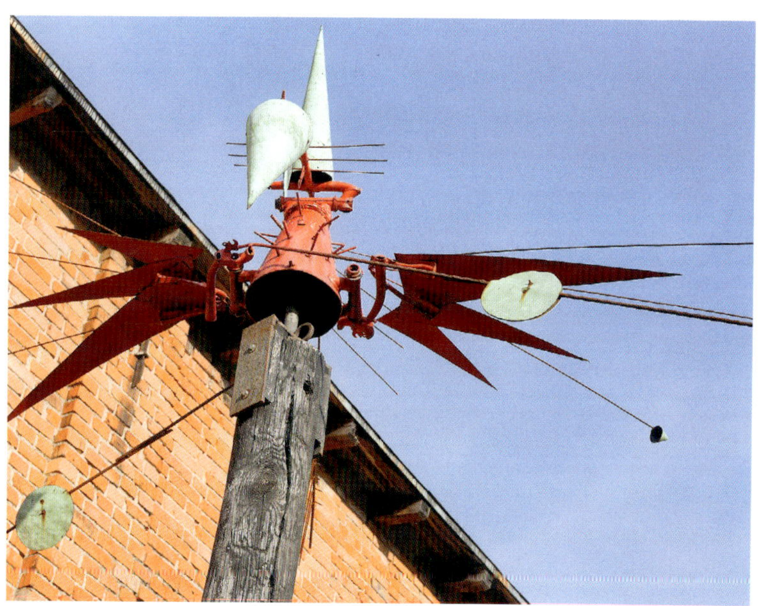

Skulptur an der Galerie Louisenhof

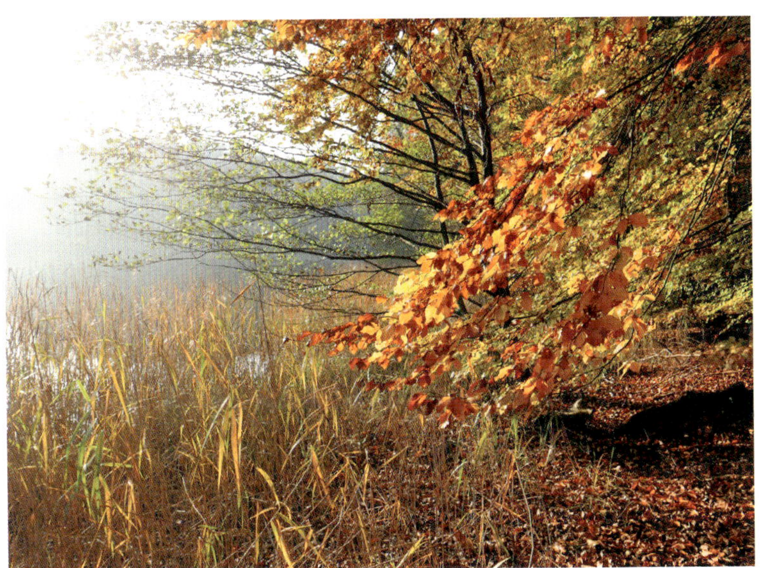

Farbspiel am Buckowsee

auch die geführten Wanderungen beginnen hier. Wer lieber selbstorganisiert unterwegs ist, hat die Wahl zwischen vier gut ausgeschilderten Rundwanderungen.

Wir entscheiden uns für den »Wildnispfad« und folgen dem orangenen Buchenblatt nach Norden. Am Ufer des **Wolletzsees** entlang geht es durch den **Angermünder Stadtwald**. Auf dem Weg zum Grumsin führt der Weg an der Galerie Louisenhof vorbei, in deren Backsteinscheune sich die Werkstätten des Künstlerduos Annette Tucholke und Christian Bonnet befinden, im Sommer laden die Galerie und ein Café zu einer Pause ein.

Seit mehr als 20 Jahren bleibt der Buchenwald Grumsin sich selbst überlassen. Und so malt die Natur Waldbilder von bezaubernder Unordnung in die hügelige Endmoränenlandschaft. Jetzt Anfang Oktober bringt die tief stehende Sonne die gelben Blätter zum Glühen, Nebel steigt aus den Tälern und es duftet herb nach Pilz, Moos und Beeren. Es gibt Rinnen und Löcher, in denen Moore, Tümpel und kleine Bäche schlummern, die Rückzugsgebiet für Seeadler und Kraniche sind. Ein Reh stakst in aller Ruhe durch das Unterholz. Zentimeterdick türmt sich das karamellfarbene Laub am Boden und wir können es uns nicht verkneifen, wie die Kinder darin herumzustapfen.

Auf dem Urwaldsteig, wie der Pfad am Rand der Kernzone heißt, erreichen wir den **Buckowsee**, der südlich des Weges in einer tiefen Senke liegt. Seine glitzernde Wasseroberfläche bildet die Bühne für den Rausch der Farben, der sich in den Bäumen an seinem Ufer abspielt. Der See ist übrigens der Natur vorbehalten, nicht einmal Angeln ist hier erlaubt.

Abstecher: Blumberger Mühle

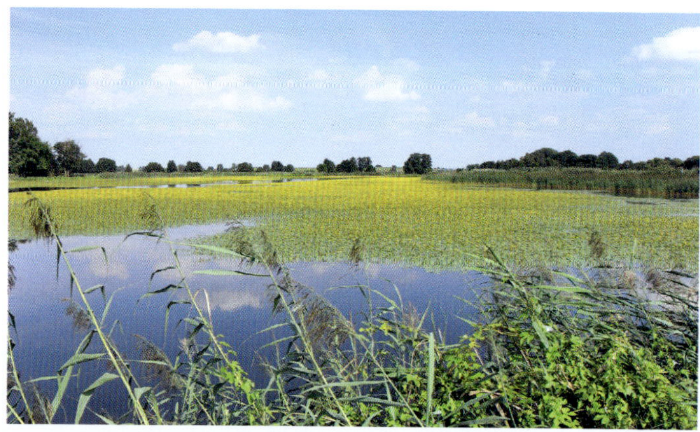

Am NABU-Erlebniszentrum Blumberger Mühle blühen im Sommer die Teichrosen um die Wette und spannen einen gelb getupften Teppich über die Fischteiche. Karpfenzucht und Naturschutz, das geht in dieser Anlage gut zusammen. Die Fische landen nicht nur auf dem Teller des angeschlossenen Restaurants, sondern auch in den Fängen von Fisch- und Seeadlern, die über der offenen Landschaft kreisen. Außerdem leben in den 21 »Blumberger Teichen« Biber, Otter und Sumpfschildkröten, an den Ufern sammeln sich Kormorane und Wildgänse. In der Ausstellung im Gebäuderundling erfährt man viele Details über die Buchenwälder im Biosphärenreservat Schorfheide-Chorin. Eine große interaktive Ausstellung mit einem weitläufigen Außengelände informiert über die vielfältigen Landschaftsformen der Region. Anreise von Angermünde mit dem Biber-Bus (Linie 496). https://blumberger-muehle.nabu.de/

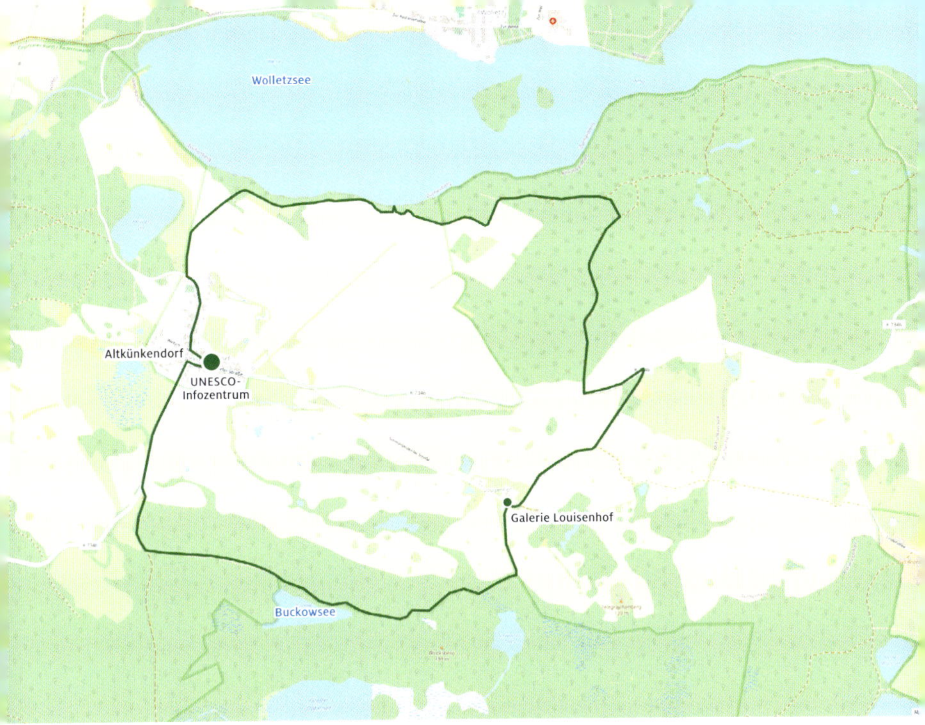

Ganz klar, hier hat die Wildnis Oberhand, und natürlich gibt es keinen Handyempfang. Einmal kreuzt eine Gruppe Naturkundler mit Ferngläsern unseren Weg, ein paar ältere Paare streifen ehrfürchtig staunend durch den Wald. Ansonsten Stille. Hier gibt es nichts zu sehen außer das, was die Natur zu bieten hat. Wem das genug ist, der wird diese Wanderung genießen.

Hin und weg: Mit dem RE 3 nach Angermünde (ca. 1 h), umsteigen in den WelterbeBus (Linie 497) nach Altkünkendorf (ca. 20 min), verkehrt von Anfang April bis Ende Oktober

Bonustipp für Läuferinnen und Läufer: Im September startet an der Dorfkirche in Altkünkendorf der Schorfheidelauf, ein Landschaftsgenusslauf über verschiedene Strecken von einem Kilometer bis zur Marathondistanz. Ein echter »Lauf für die Seele«. (https://schorfheide-lauf.de)

Tour auf Google Maps

19 Im Land der wilden Orchideen

Lange Dammwiesen, Unteres Annatal

Kurz und knapp: Diese Wanderung im Berliner Osten lässt sich nach Lust und Laune zuschneiden: vom kurzen Spaziergang bis zur langen Tageswanderung durch Kalkmoor, Feuchtwiesen und üppigen Mischwald. Sie beginnt am S-Bahnhof Hegermühle und führt zunächst nach Rüdersdorf, wo sich ein Besuch des Museumsparks anbietet. Wer dann noch nicht genug hat, kann bis zur Woltersdorfer Schleuse weiterwandern und mit der historischen Tram 87 durch den Köpenicker Forst nach Berlin-Rahnsdorf zurückkehren.

Variationen: Für einen kürzeren Spaziergang biete sich der »Orchideenweg« ab Strausberg an, er führt in einer großen Runde um die Langen Dammwiesen (ca. 11 km). Wer die lange Wanderung wählt, kann in Rüdersdorf bequem aussteigen und mit der Tram 88 nach Berlin-Friedrichshagen zurückkehren.

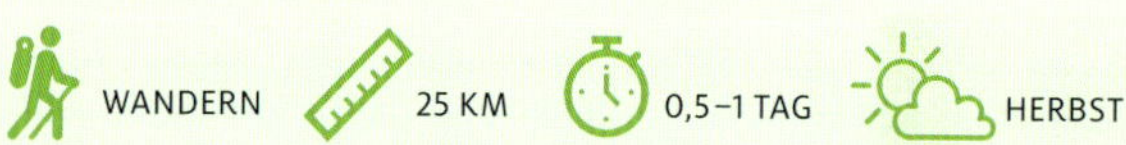

Kalkmoor und Bergbaukultur: von Hegermühle nach Rüdersdorf (ca. 19 km)

Orchideen in Brandenburg? Wer durch das Kalkmoor zwischen **Strausberg** und **Rüdersdorf** streift, hat tatsächlich gute Chancen, eine der hier heimischen Orchideenarten zu entdecken. Die seltenen Exoten sind sogar Namensgeber für einen lohnenswerten Rundweg um die Langen Dammwiesen. Botanische Perlen sind aber nicht das Einzige, was die Wanderung entlang der östlichen Stadtgrenze von Berlin so reizvoll macht. Gerade im Herbst besticht die Landschaft mit buntem Laubwald und glitzernden Seen.

Wir starten am S-Bahnhof **Hegermühle** mit einem Abstecher zum **Herrensee**. Das flache Sumpfgewässer östlich von Strausberg ist gut versteckt hinter einem Gürtel aus Schachtelhalmen und Schilf. In früheren Jahren war der See ein Paradies für Vögel, doch die Dürresommer der

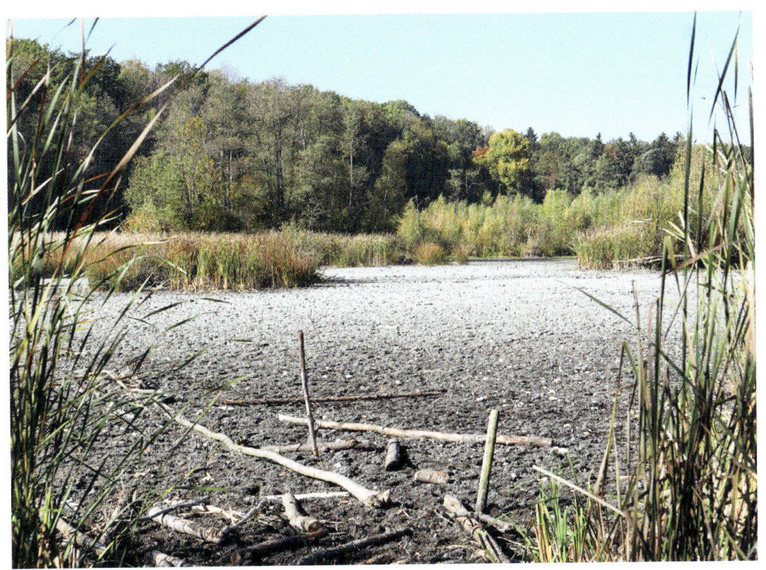

Ausgetrocknete Uferzone am Herrensee

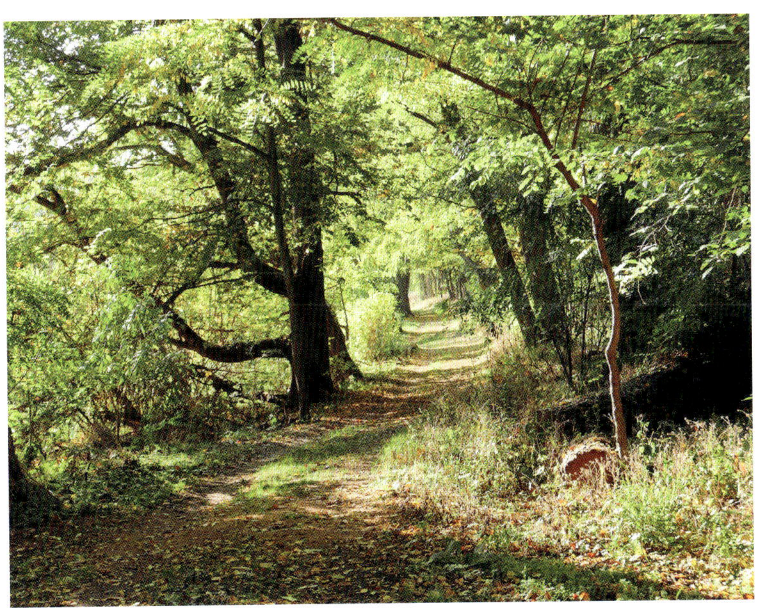

Wald an den Langen Dammwiesen

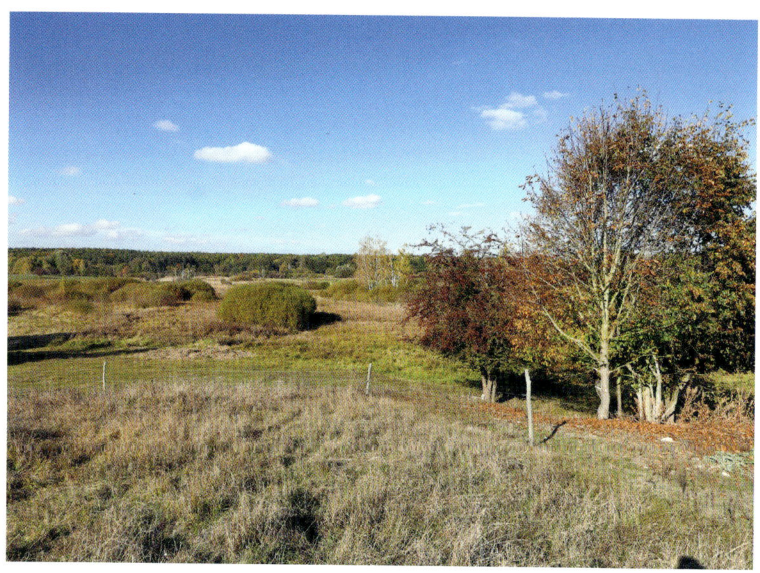

Die Wiesen sind Lebensraum für viele bedrohte Tier- und Pflanzenarten.

vergangenen Jahre haben die Uferbereiche erschreckend freigelegt, der Wasserspiegel ist niedrig und die Trockenheit hat rissigen Boden hinterlassen. Auch das **Annafließ**, ein uriges Bachtal, das sich in südwestlicher Richtung anschließt, ist kaum mehr als ein Rinnsal.

Trotzdem lohnt der Spaziergang durch den hügeligen Mischwald, aus dem das gelbe Herbstlaub segelt und bei jedem leichten Windstoß Eicheln auf den Boden prasseln. Auf Höhe des S-Bahnhofs Strausberg schwenkt der Weg nach Osten, um auf der Kuppe einer alten Bahntrasse einen ausladenden Bogen um die Langen Dammwiesen zu schlagen.

Die über 230 Hektar große Kalkmoorlandschaft steht seit Jahren unter Naturschutz, Kraniche machen hier Station und auf den naturnahen Weiden grasen Auerochsen mit mächtigen Hörnern. Das Landschaftsschutzgebiet gilt als Refugium für viele bedrohte Arten – kein Wunder, dass sich Naturschützer angesichts des wahnwitzigen Wasserbedarfs der nahegelegenen Tesla-Fabrik in Grünheide um den Fortbestand der Feuchtwiesen und Moore sorgen. Der schönste Panoramablick über das weitläufige Tal bietet sich am nördlichen Ortsrand von **Hennickendorf**, wo eine Holzbank eine längere Pause fast unvermeidlich macht.

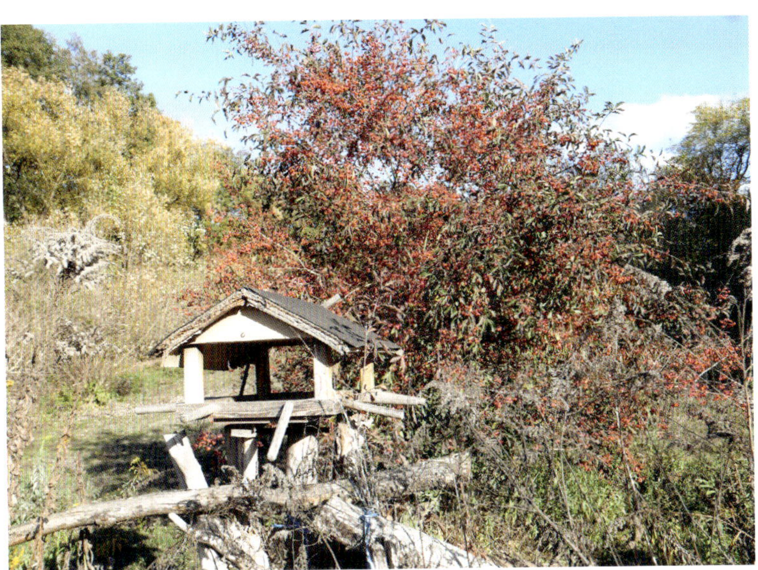

Zuletzt wurden im Naturschutzgebiet mehr als 130 Vogelarten gezählt.

Der Weg, übrigens eine Etappe des 66-Seen-Rundwegs, führt weiter um den **Kleinen Stienitzsee**, vorbei an der Stienitzsee-Quelle und durch den Ortskern von Hennickendorf. Wer seinen Besuch vorher telefonisch angemeldet hat (0171/7087727), kann von April bis Oktober den Wachtelturm besuchen, das 28 Meter hohe Wahrzeichen des Ortes. Über 96 Stufen gelangt man auf die Aussichtsplattform des 1938 erbauten Turms aus blassgelbem Backstein.

Am sumpfigen Ufer des **Großen Stienitzsees** beginnt ein romantischer Pfad über Holzbohlen und Brücken mit Badestellen und geschützten Rastplätzen. Von hier aus hat man fantastische Weitblicke über die ganze Länge des Sees bis zum **Kalksteinbruch Rüdersdorf**.

An der nördlichen Längsseite entfernt sich der Weg wieder ein wenig vom Seeufer und verläuft durch ausgedehnten Mischwald.

Ab **Tasdorf** empfiehlt es sich, den Blick für einen Augenblick nach innen zu richten, denn der Weg über eine staubige Dorfstraße, vorbei an heruntergekommenen Gewerberuinen und einer alten Bahntrasse gehört definitiv nicht zu den schönsten Abschnitten dieser Wanderung. Auch das alte Gutshaus ist leider nur noch eine Ruine.

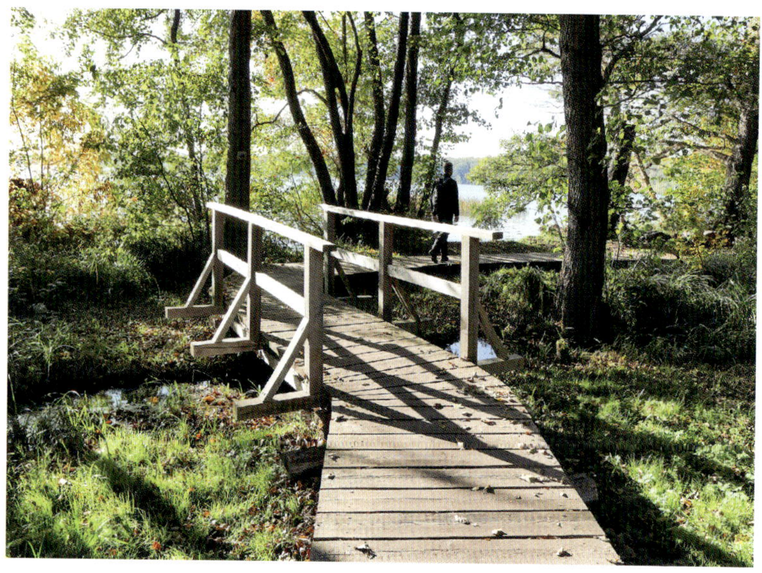

Steg über die Gummiwiesen am Stienitzsee

Aber nach einer kurzen Durststrecke erreichen wir schon das **Strausberger Mühlenfließ**, einen Stichkanal, der den Stienitzsee mit dem Kalksee verbindet. Der Weg verläuft jetzt wieder nah am Fließ unter Trauerweiden und Ulmen, passiert mehrere Brücken und erreicht schließlich **Rüdersdorf** am Eingang des Museumsparks (https://www.museumspark.de/).

Rüdersdorf: Ausflug zur Kathedrale des Kalks (Geländerundgang ca. 4 km)

Was haben das Brandenburger Tor und die Berliner Mauer gemeinsam? Sie sind aus dem gleichen Kalk gebaut. Und der stammt aus dem Tagebau in **Rüdersdorf**. Seit mehr als 750 Jahren wird hier Kalkstein gewonnen. »Unser Steinbruch ist ein Abdruck Berlins«, behaupten die Rüdersdorfer vollmundig. Und liegen damit gar nicht falsch. Denn ob im Auftrag preußischer Könige oder der DDR-Nomenklatura, über Jahrhunderte hinweg lieferte Rüdersdorf das Material für prominente Bauwerke in der Hauptstadt. Vor 20 Jahren wurde ein großer Teil der historischen Industrieanlage in einen **Museumspark** umgewandelt.

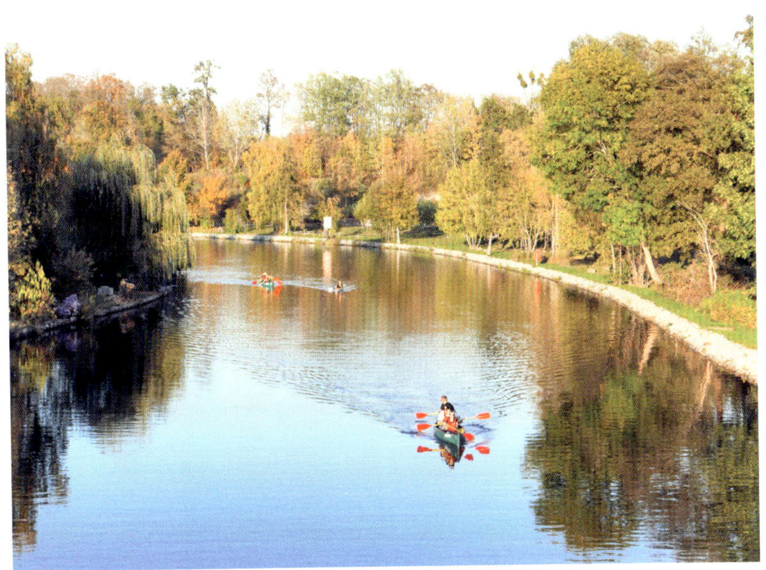

Strausberger Mühlenfließ

Gleich hinter dem Parkeingang tut sich noch immer eine riesige Grube auf, einer der größten Kalksteinbrüche Mitteleuropas. Auf mehr als vier Kilometern Länge und knapp einem Kilometer Breite haben sich die Bagger in den mittelmärkischen Boden gefräst, bis zu 50 Meter tief unter den Meeresspiegel. Das Zementwerk liegt heute ein paar Kilometer weiter östlich und ist am Horizont zu sehen. Vom Glockenturm an der Abbruchkante schauen wir auf die schmutzig weiße Grube hinunter, über der ein dunstiger Schleier klebt, und schmecken Kalkstaub auf der Zunge.

Kaum zu glauben, dass Ausflüglern an diesem Belvedere bis 1975 noch ein idyllischer See zu Füßen lag. Der **Heinitzsee**, der nach dem Fluten des alten Steinbruchs um 1914 entstand, war nicht nur ein beliebtes Ziel für erholungssuchende Berlinerinnen und Berliner, sondern wegen seiner schroffen Kalksteinfelsen auch eine gefragte Kulisse, die in den 20er und 30er Jahren Filmlegenden wie Ernst Lubitsch und Hans Albers nach Rüdersdorf lockte. Mitte der 1970er-Jahre musste der See dem Hunger der DDR-Baustoffindustrie weichen. Das Wasser wurde abgepumpt, der Tagebau weiter ausgebeutet.

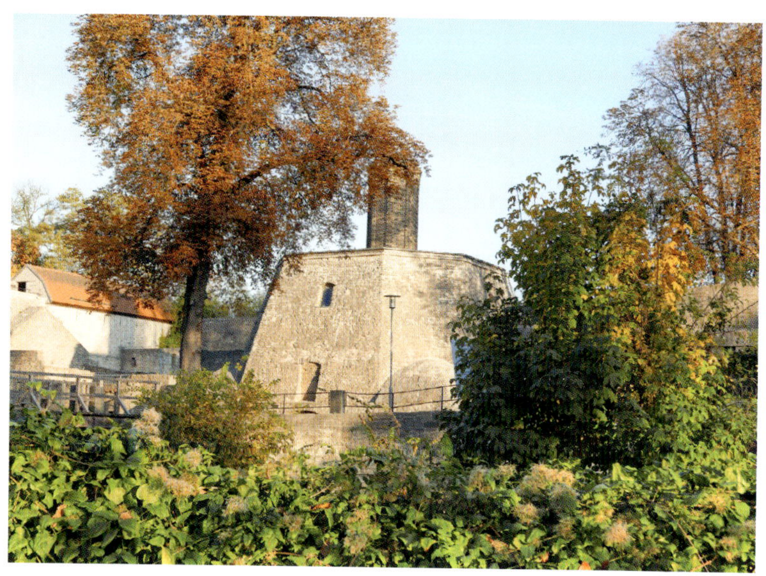

1804 wurde hier der erste Rumfordofen (Rüdersdorfer Ofen) erbaut.

Bis Anfang der 1990er Jahre hatte Rüdersdorf einen Namen als staubigster Ort der DDR. Nach dem Krieg verlangte die sozialistische Planwirtschaft nach Kalk, Zement und Beton für den Bau von Wohnungen und Industriegebäuden. Drei Zementwerke wurden auf dem Gelände errichtet. Und Rüdersdorf verschwand unter einer weißen Staubschicht, die Straßen, Häuser und Natur verschluckte. Verglichen damit wirkt das Örtchen heute wie ein Luftkurort.

Wir spazieren weiter entlang der Abbruchkante. Büsche sprießen zwischen Tagebaurelikten: verwitterte Schilder, verbeulte Loren, ausrangierte Baumaschinen. Vorbei an Verwaltungsgebäuden und Unterkünften kommen wir an ein imposantes Steintor, das auch der Überrest einer römischen Stadtmauer sein könnte, stünde daneben nicht ein rostiges Stahlviadukt mit Schaltkästen, Zahnrädern und Walzen. Der »Seilscheibenpfeiler«, ist auf einer der Tafeln zu lesen, diente früher als Aufzug. Denn der Kalkstein wurde früher an Stahlseilen über Schienen aus dem Tagebau gezogen und zum Zementwerk transportiert.

Hinter einem kleinen Wäldchen liegt das Herzstück des Museumsparks: die »Schachtofenbatterie«. 18 bauchige Schornsteine ragen in den

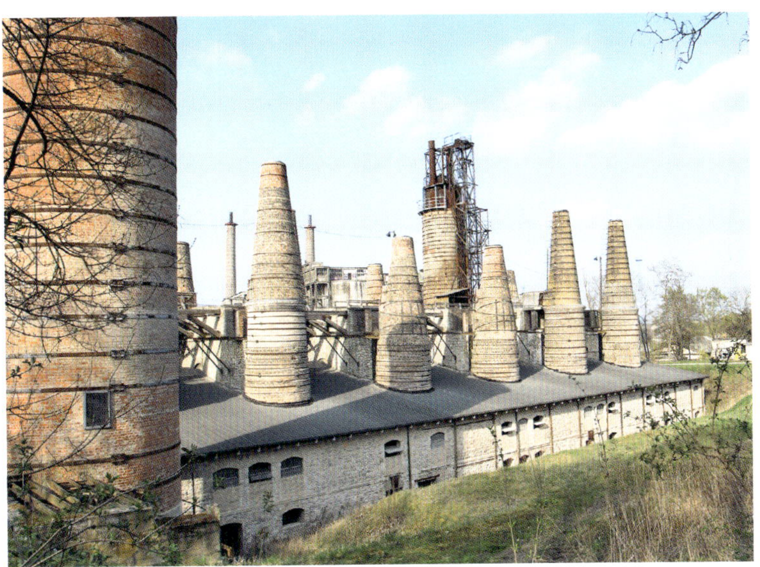

Schachtofenbatterie, auch »Kathedrale des Kalks« genannt

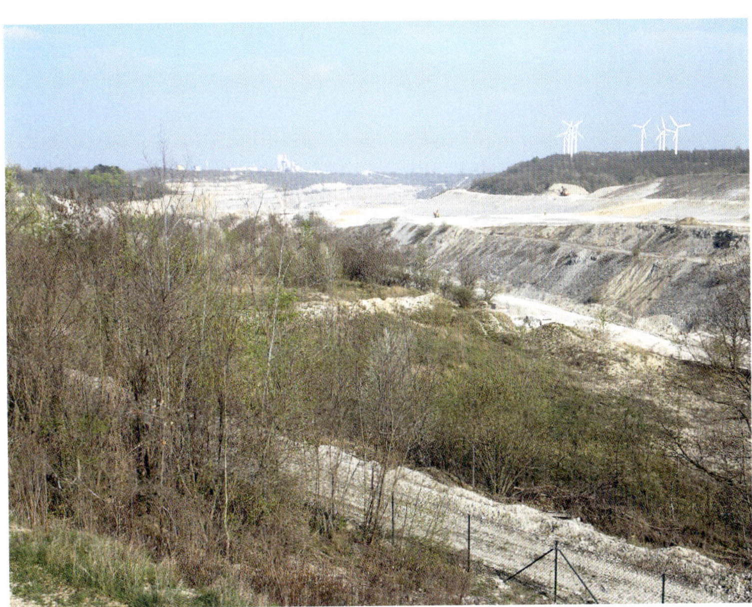

Im Kalksteinbruch Rüdersdorf wird seit 800 Jahren Kalk abgebaut.

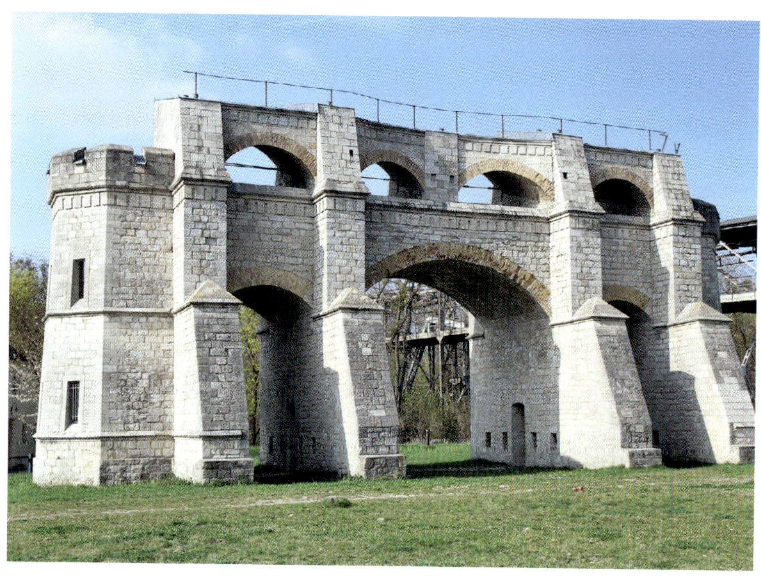

Seilscheibenpfeiler des Aufzugs in den alten Steinbruch

Himmel wie Türme eines Palasts – der Grund, warum die Ofenhalle darunter Kathedrale des Kalks genannt wird. Bis 1967 wurde in diesen Öfen Branntkalk hergestellt.

Die Schachtofenbatterie löste im späten 19. Jahrhundert die achteckigen Rüdersdorfer Öfen ab, die im vorderen Parkabschnitt zu besichtigen sind, und markierte den Beginn der industriellen Produktion von Branntkalk, aus dem Kalksandstein hergestellt wird. Die Knochenarbeit an den heißen Brennöfen wurde dadurch nicht weniger anstrengend. Und weil sich oft nicht genügend freiwillige Arbeitskräfte dafür fanden, schickten die Nazis Zwangsarbeiter und die DDR später Strafgefangene in den Tagebau.

Auf dem Rückweg zum Parkeingang laufen wir am Ufer des **Strausberger Mühlenfließ** entlang. Der Kanal ist einer der künstlich angelegten Wasserwege, auf denen der Kalkstein einst mit Lastkähnen aus dem Tagebau abtransportiert wurde. Viele dieser Kanäle wurden im Laufe der Zeit zugeschüttet, deshalb stehen das Bühlowkanal- und das Heinitzkanal-Portal heute auf dem Trockenen. Das könnte sich auch wieder ändern: Vor Jahren gab es Pläne, den Steinbruch in Rüdersdorf später einmal zu fluten.

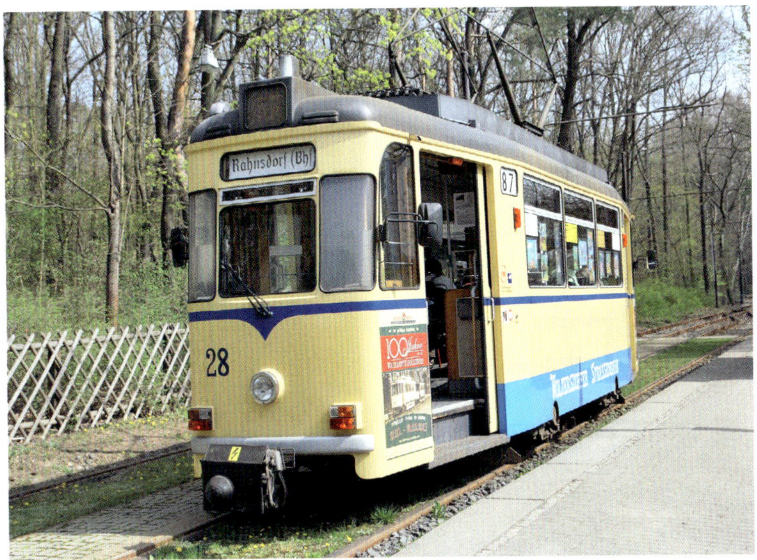

Tram 87 pendelt seit 100 Jahren zwischen Rahnsdorf und Woltersdorf.

Am Kalksee zur Schleuse Woltersdorf (ca. 5,5 km)

Am Ausgang des Museumsparks gibt es zwei Möglichkeiten: An der Haltestelle Heinitzstraße verkehrt die Trambahn 88, die in einer schönen, gut zehnminütigen Überlandfahrt den S-Bahnhof Friedrichshagen erreicht. Wer die Wanderung noch etwas verlängern will, kann aber auch dem 66-Seen-Wanderweg weiter folgen und am Kalksee entlang auf ruhigen, schattigen Wegen zur **Woltersdorfer Schleuse** wandern.

Am Ortseingang von Woltersdorf, am Fuß des Kranichbergs, sprudelt die **Liebesquelle** – der Legende nach ein Treffpunkt für verliebte Pärchen, die mit einem gemeinsamen Schluck aus der Quelle ihre lebenslange Liebe besiegeln. Heute kommt das Wasser zwar nicht mehr vom Berg, sondern aus der Leitung, der romantische Brauch wird aber weiter praktiziert.

Unweit der Quelle beginnt der Aufstieg zum **Woltersdorfer Aussichtsturm**. Vor den Fenstern der verglasten Aussichtsplattform in 25 Metern Höhe entfaltet sich ein 360-Grad-Panorama über die umliegenden Wälder und Seen. Der Aufstieg über die 90 Stufen kostet uns mehr Zeit als vermutet, denn der Woltersdorfer Verschönerungsverein hat im

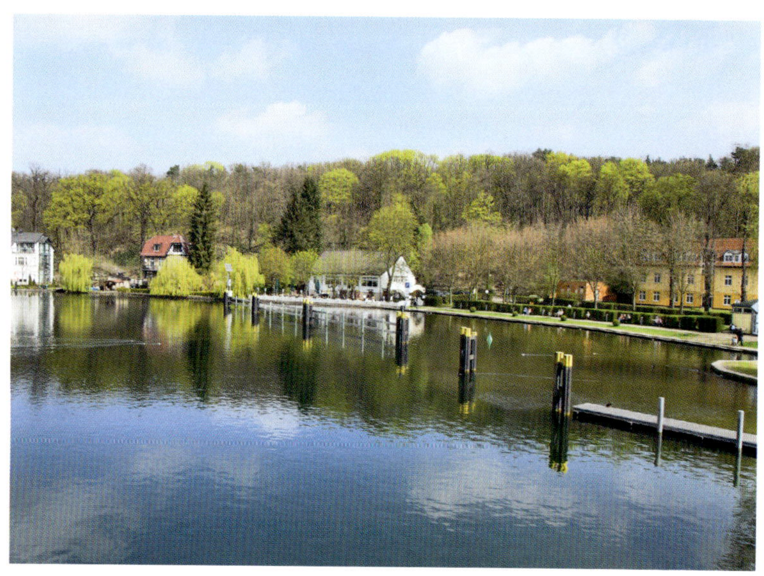

Die Woltersdorfer Schleuse verbindet Kalksee und Flakensee.

Turm ein Filmmuseum eingerichtet: »Als Woltersdorf noch Hollywood war«. Die Ausstellung zeigt Fotos und Requisiten aus der Stummfilmzeit, als der Woltersdorfer Kalksee und die Steinbrüche bei Rüdersdorf noch begehrte Filmkulissen waren.

Über die Schleusenbrücke geht es zur Haltestelle **Woltersdorf**. Von hier aus zuckelt die historische Tram 87 seit über 100 Jahren durch den Köpenicker Forst nach Rahnsdorf.

An der Strecke: Filmstadt Woltersdorf

Im Jahr 1914 gründete der österreichische Filmpionier und Regisseur Joe May in Woltersdorf seine Produktionsgesellschaft. Bis 1925 entstanden in der Region etliche damals beliebte Western, Abenteuer- und Historienfilme mit exotischem Flair. May selbst drehte hier zum Beispiel die Stummfilmklassiker »Das indische Grabmal« oder »Der Tiger von Eschnapur«. Aber auch andere berühmte Regisseure wie Ernst Lubitsch oder Harry Piel ließen sich von der Bergbaulandschaft faszinieren. Ende der 1920er-Jahre war die große Zeit des Films in Woltersdorf vorbei.

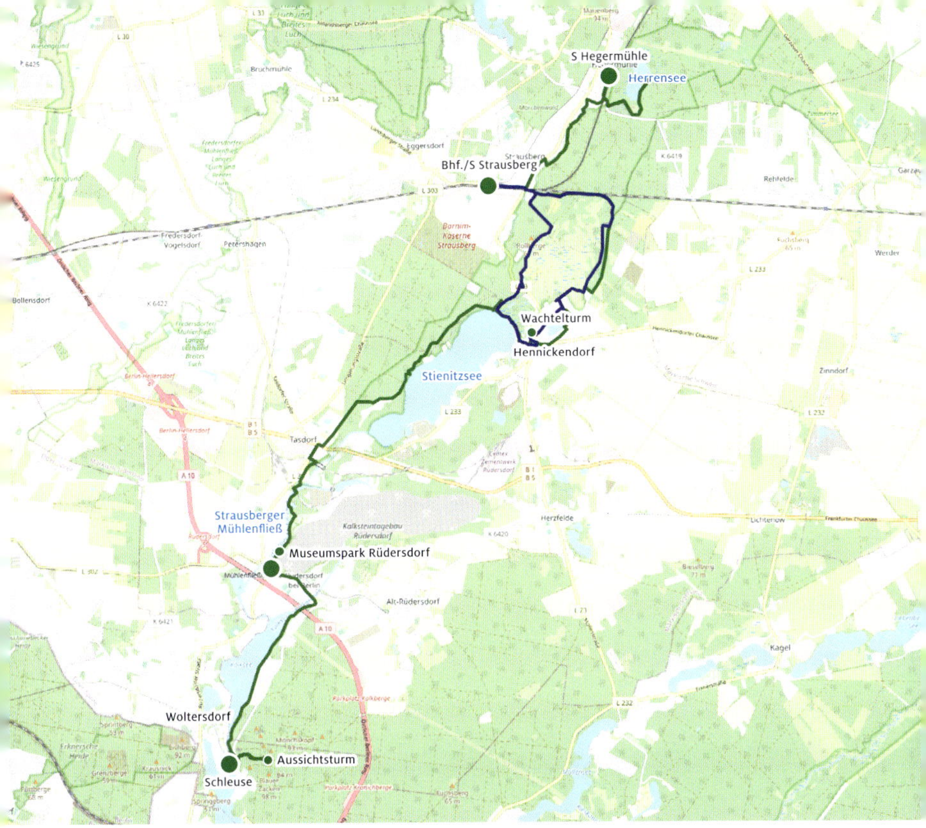

Hin und weg: Mit der S5 nach Hegermühle, zwischen Lichtenberg und Strausberg verkehrt die R26 (Fahrzeit ca. 20 min), zurück ab Rüdersdorf mit der Tram 88 Richtung S-Bahnhof Friedrichshagen, von dort mit der S3 oder ab Woltersdorfer Schleuse mit der Tram 87 nach S-Bahnhof Rahnsdorf, von dort mit der S3 zurück nach Berlin

Bonustipp: Am Ortseingang Hennickendorf lohnt sich ein Zwischenstopp am Hofladen Mühle-Lemke (www.muehle-lemke-hofladen.de). Die historische Wassermühle wird seit 1798 und inzwischen in der fünften Generation betrieben. Im Hofladen werden regionale Bioprodukte verkauft, zum Beispiel Brot, Käse, Mehl und Leinöl. Außerdem gibt es Kaffee und Kuchen. Öffnungszeiten: Mo–Fr von 8 bis 18 Uhr, Sa 8 bis 15 Uhr.

Tour auf Google Maps

20 Kaiserwetter im Herbst – ein Tag am Werbellinsee

Biosphärenreservat Schorfheide-Chorin

Kurz und knapp: Genussvolle Tageswanderung am weniger begangenen Ostufer des Werbellinsees von Joachimsthal Kaiserbahnhof nach Wildau/Am Spring. Besonders im Herbst, wenn der üppige Buchenwald rotgolden leuchtet und nach Pilzen duftet, ein Fest für alle Sinne.

Varianten: Wer etwas weiter wandern mag, verlängert die Tour und wandert auf der nordwestlichen Seeseite über Hubertusstock durch den Wald zurück zum Kaiserbahnhof. Gesamtlänge ca. 27 km. Von Mai bis Mitte Oktober verkehren außerdem Ausflugsschiffe zwischen den verschiedenen Anlegern am See, in Joachimsthal, Altenhof, Süßer Winkel und Wildau/Am Spring (www.werbellinsee-schorfheide.de)

Strahlendes T-Shirt-Wetter im Oktober – kann man das genießen? Auf jeden Fall, Klimakrise hin oder her. Und nirgendwo geht das besser als am bezaubernden Werbellinsee.

Unser Ausflug ins Biosphärenreservat **Schorfheide-Chorin** beginnt kaiserlich. Nicht nur wegen des Wetters, sondern auch weil sich der denkmalgeschützte Bahnhof **Joachimsthal** mit dem stolzen Beinamen »Kaiserbahnhof« schmückt. Was nicht so sehr der feudalen Architektur, als vielmehr der historischen Funktion des Bahnhofs geschuldet ist, wie man auf den Tafeln neben den Gleisen nachlesen kann. Den Bau veranlasste Kaiser Wilhelm II. Ende des 19. Jahrhunderts, damit seine illustren Jagdgäste aus der preußischen Hauptstadt in Joachimsthal bequem in die Kutsche umsteigen und ohne Umwege zum nahegelegenen Jagdschloss Hubertusstock gelangen konnten.

Denn anders als der Name vermuten lässt, besteht die Schorfheide hauptsächlich aus Wald. Das Gebiet nordöstlich von Berlin ist sogar eines der größten zusammenhängenden Waldgebiete Deutschlands. Ob preu-

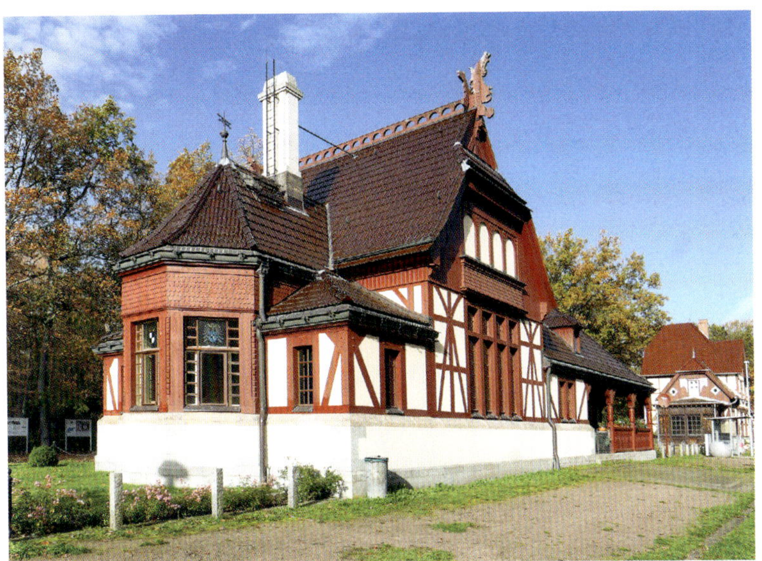

Kaiserbahnhof Joachimsthal

ßische Könige, Nazi-Größen oder DDR-Funktionäre, sie alle schätzen die Schorfheide als Jagdrevier – was die Wälder weitgehend von Rodungen verschonte.

Heute ist das im Fachwerkstil erbaute Bahnhofsgebäude originalgetreu restauriert und gilt als Geheimtipp unter Heiratswilligen.

Rauf in die Berge

Nur wenige hundert Meter südwestwärts erreichen wir über einen schmalen Pfad durch den Wald die Spitze des **Werbellinsees**, mit über 55 Metern nach dem Stechlin der zweittiefste See Brandenburgs. Wir folgen dem Uferweg in Richtung Altenhof, widerstehen der Versuchung, gleich am **Rastplatz Jägerberg** einen ersten Zwischenstopp einzulegen, und lassen auch den Schiffsanleger links liegen, denn der Ausflugsdampfer hat schon die Saison beendet. Auch der **Campingplatz Voigtswiese** liegt einsam und verlassen im Schatten der mächtigen Buchen, von denen das Herbstlaub segelt.

Nach etwa zwei Kilometern müssen wir uns entscheiden: Der Uferweg nach Altenhof ist zwar begehbar, aber steil und rutschig. Wer die-

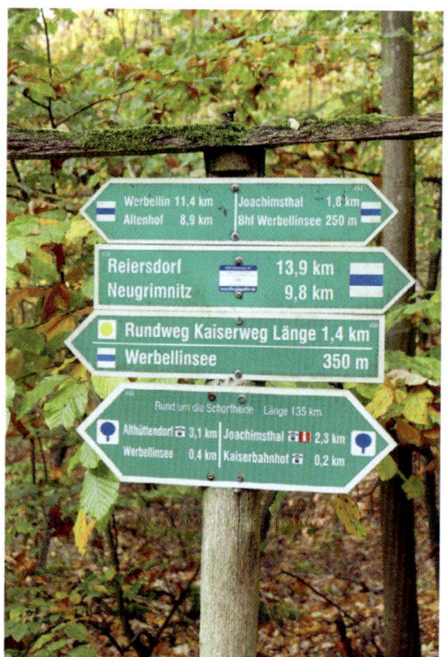

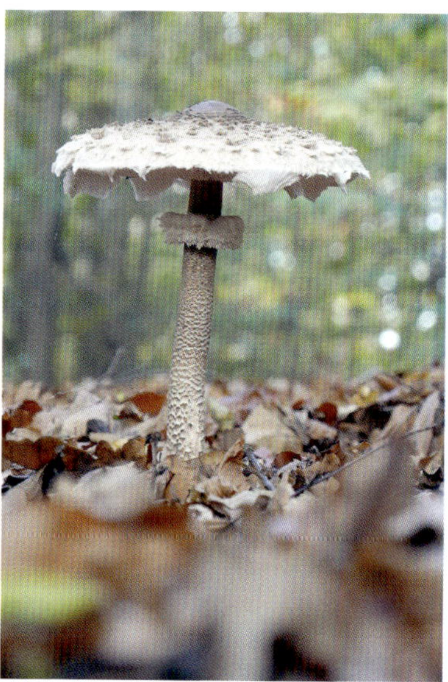

Herbstvergnügen: Wandern und Pilze sammeln (wenn man sich auskennt)

sen Abschnitt wählt, sollte einigermaßen trittsicher sein. Doch nicht nur aus Bequemlichkeit wählen wir den linken Abzweig und machen uns an den sanften Anstieg in die **Werbelliner Berge**. Gerade im Herbst lohnt sich nämlich der Schlenker durch den naturbelassenen Buchenwald. Die tiefstehende Sonne blinzelt durch das lichtgewordene Blätterdach und zeichnet lange Schatten auf den Boden. Lustvoll waten wir durch das knöcheltiefe Laub und können uns am Rascheln nicht satthören. Die Luft duftet nach Bucheckern, Moos und Pilzen.

Wasser wie Flaschenglas

Bevor wir das ehemalige Pionierlager »Wilhelm Pieck«, heute eine europäische Jugendbegegnungsstätte, erreichen, kehren wir wieder ans Seeufer zurück. Vom Aussichtspunkt auf dem steilen Hochufer hat man einen einzigartigen Panoramablick, unter uns schimmert das Wasser blasstürkis wie Flaschenglas.

Alles könnte perfekt sein, wenn uns nicht der röhrende Motorradlärm von der Landstraße am gegenüberliegenden Seeufer daran erinnern würde, dass Kaisers Zeiten längst vergangen sind.

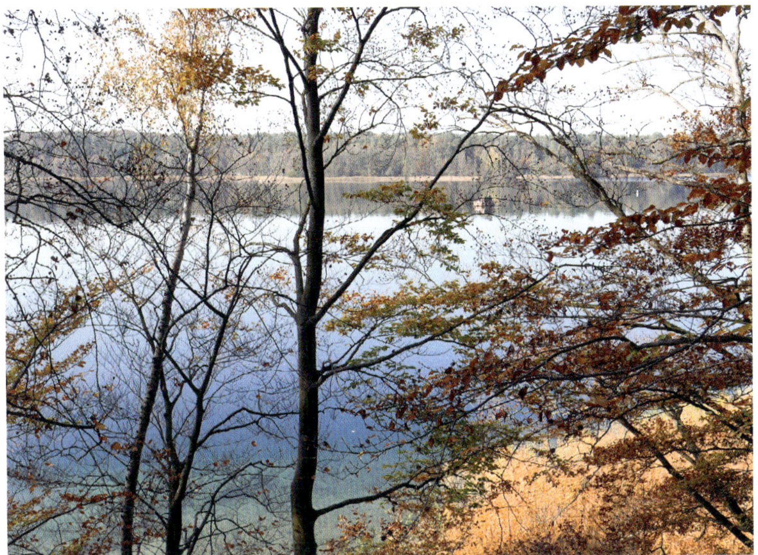

Traumhafte Aussicht auf den Werbellinsee, nördlich vom Seecamp

Laub wie Glut

Weiter westlich, wo das Ufer für einen kurzen Moment nach Süden abknickt, flutet die Sonne den Wanderweg mit aller Kraft, bringt das Laub am Boden zum Glühen und spannt über uns einen Schirm aus Licht. Foto-Spot reiht sich an Bank und Badestelle – wer hier nicht ins Bummeln gerät, dem fehlt jeder Sinn für Romantik.

Fisch vom Feinsten

Vom **Strandbad Werbellinsee** ist es nicht mehr weit bis zum reichlich trubeligen **Altenhof**, das mit allen touristischen Angeboten lockt, die Ausflügler sich wünschen können. Dass die Alte Fischerei am Ortsausgang zu den Hauptattraktionen zählt, ist ein offenes Geheimnis. An der reetgedeckten Kate gleich neben dem Fontane-Hotel werden seit anno dazumal ausgezeichnete heimische Fischspezialitäten serviert, vorausgesetzt man bringt etwas Stehvermögen mit.

Vorbei an ein paar Villen mit beneidenswertem Seeblick führt der Weg weiter am Ufer entlang durch üppigen Mischwald zur **Badestelle Süßer Winkel**, an die ein weiterer Campingplatz grenzt. Wer nicht mit

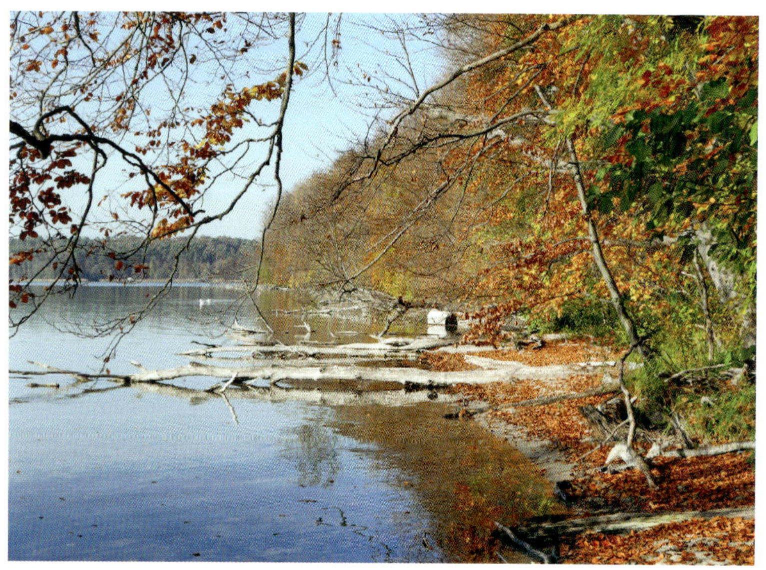

Bucht vor dem Strandbad Werbellin

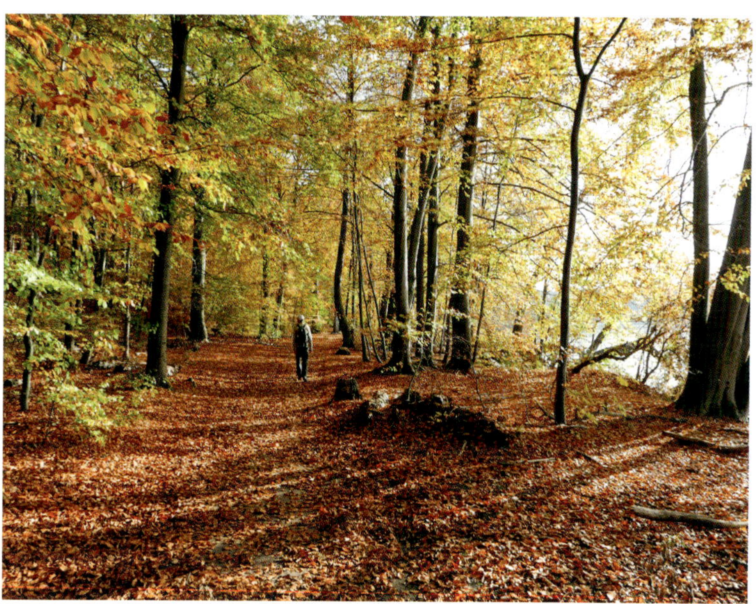

Zauberhafte Herbststimmung auf dem Weg nach Altenhof

Begegnung: Die versunkene Stadt Werbellow

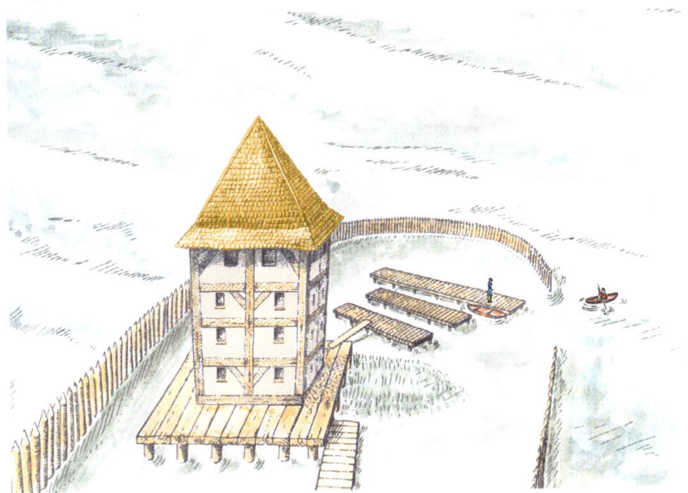

Besonders an warmen Sommertagen taucht der Frühnebel den Werbellinsee morgens in eine magische Atmosphäre. Kein Wunder, dass sich um ihn Mythen und Legenden ranken. Eine davon handelt von der versunkenen Stadt Werbellow, die in Bausch und Bogen unterging, weil die unermesslich reichen, aber auch habgierigen Bewohner einem hungrigen Bettler Essen und Unterkunft verwehrten. Alle bis auf einen: Im letzten Haus der Stadt wohnte ein gutherziger Mensch, der den Hungrigen versorgte. In der Nacht, nachdem der Bettler schon längst seiner Wege gezogen war, träumte der gute Mensch, er müsse sofort die Stadt verlassen. Das tat er auch. Weil er aber etwas vergessen hatte, kehrte er noch einmal zu seinem Haus zurück, doch anstelle der Stadt gab es nur noch einen riesigen See. Mag sein, dass der Ursprung der Legende sogar einen wahren Kern hat. Tatsächlich wurden in der Bucht nordöstlich der Alten Fischerei in Altenhof an die 200 Eichenpfosten auf dem Seegrund gefunden. Die Pfähle, die vermutlich aus dem späten Mittelalter stammen, könnten einmal Holzbauten getragen haben. Vielleicht eine Wehranlage, einen Turm oder eine hölzerne Burg, ganz geklärt ist das bis heute nicht. Sicher scheint nur, dass der Standort aufgegeben wurde, wahrscheinlich zugunsten der Askanierburg am Südende des Sees.

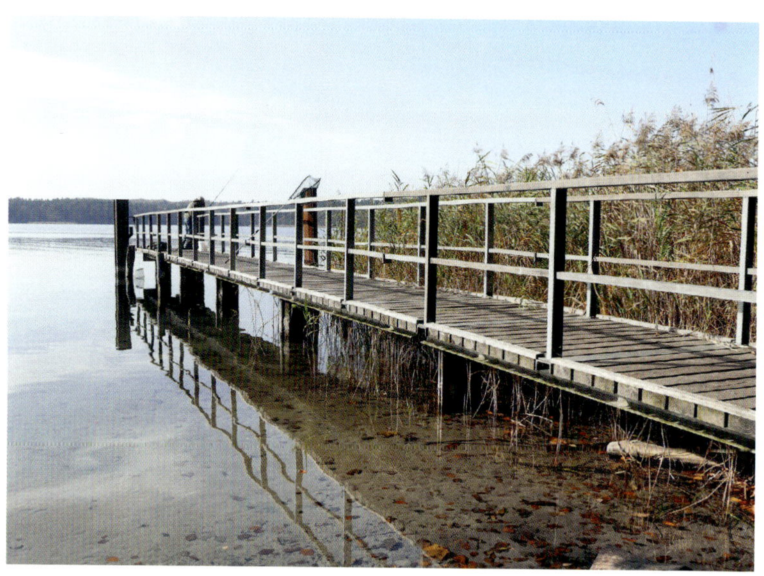

Steg am Wanderrastplatz vor Altenhof

einem Haus in Top-Seelage gesegnet ist, kann hier eine unvergessliche Nacht verbringen. Zwar ist das Berolina Campingparadies ziemlich fest in Dauercamperhand, durchreisende Zeltgäste dürfen sich aber meist über einen Platz direkt am Wasser freuen – mit einer traumhaften Badestelle unmittelbar vor dem Zelteingang. Wir haben das vor ein paar Jahren selbst ausprobiert.

Rapunzels Turm

Der **Askanierturm** an der Südspitze des Sees markiert den Schlusspunkt dieser Wanderung. Er liegt mitten im Wald auf einer kleinen Anhöhe und kann ganzjährig bestiegen werden. Angeblich steht er dort, wo Markgraf Albrecht aus dem Adelsgeschlecht der Askanier Anfang des 13. Jahrhunderts die Burg »Werbellin« errichten ließ. Es braucht nicht viel Fantasie, um sich vorzustellen, dass der schlanke Feldsteinturm vor ein paar Jahren den perfekten Drehort für das Märchen Rapunzel abgegeben hat.

Wer sich jetzt hungrig gewandert hat, kann noch einen Abstecher ins nahe gelegene Café Wildau machen, das für seine regionalen Wild- und

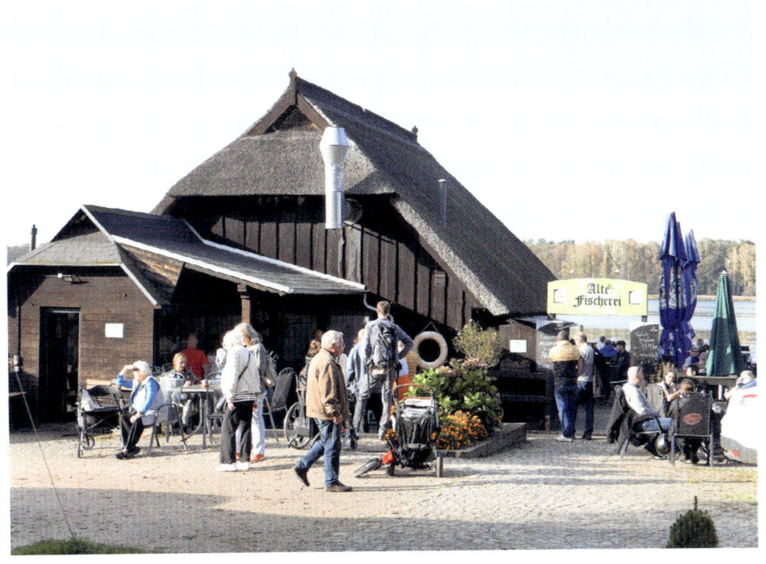

Großer Andrang an der Alten Fischerei

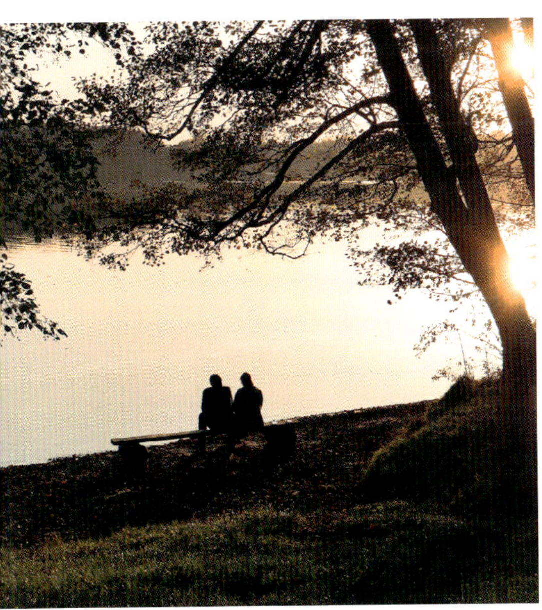

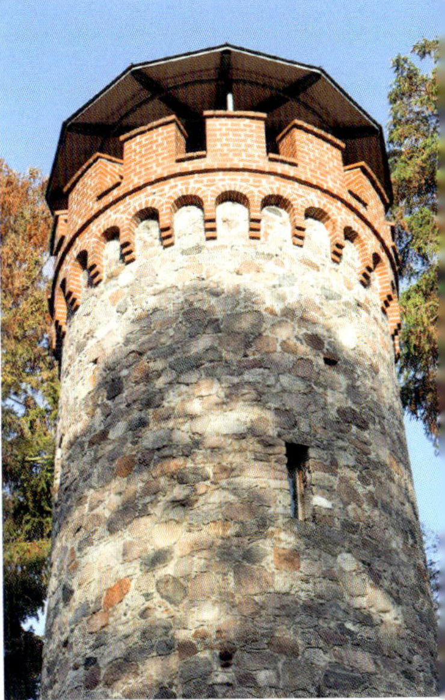

Den Tag an der Badewiese Am Spring ausklingen lassen, Askanierturm

Fischgerichte bekannt ist. Wir ziehen ein Picknick auf der sanft abfallenden **Badewiese Am Spring** der gediegenen Gastronomie vor und lassen die Gedanken zum Abschied noch einmal über den See schweifen.

Abstecher: Biorama

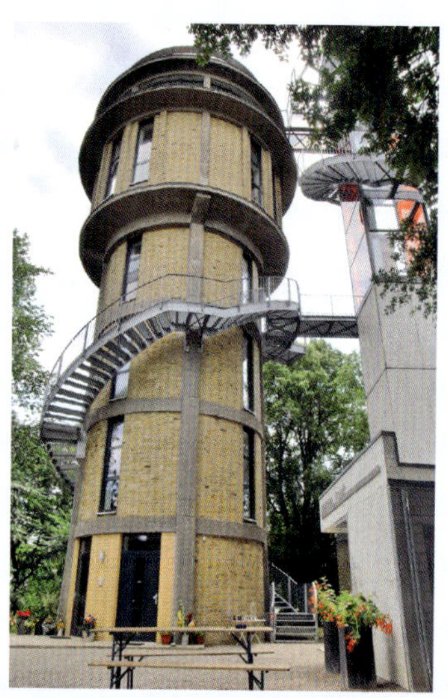

Im Speicher des alten Wasserturms in Joachimsthal hat sich ein britisches Künstlerpaar ein Designerdomizil in luftiger Höhe eingerichtet, das Biorama-Projekt, 360-Grad-Panorama inklusive. Gegen Eintritt dürfen Besucher den engagierten Eigentümern aufs Dach steigen, um von der Plattform über dem Wohnzimmer die Aussicht über die sanften, waldbedeckten Hügel des UNESCO-Biosphärenreservats zu genießen. Die Aussichtsplattform ist auch barrierefrei über einen Aufzug zu erreichen. In der Villa neben dem Turm werden Wechselausstellungen gezeigt, außerdem gibt es ein kleines Café. Das Biorama liegt an der Eberswalder Straße in Johannesthal, etwa 1,5 km von Joachimsthal Kaiserbahnhof entfernt. https://www.biorama-projekt.org

Hin und weg: Mit dem RE 3 nach Eberswalde, dort umsteigen in die RB 63 bis Joachimsthal Kaiserbahnhof (ca. 1:50 h), zurück ab Wildau (Haltestellen Eichhorst/Schleuse oder Wildau, u. a. Bus 917) über Bahnhof Joachimsthal und Eberswalde nach Berlin (Fahrzeit ca. 2:20 h). Der Ausstieg ist mit verschiedenen Busverbindungen möglich, aber etwas umständlich (unbedingt vorher Fahrplan prüfen)

Tour auf Google Maps

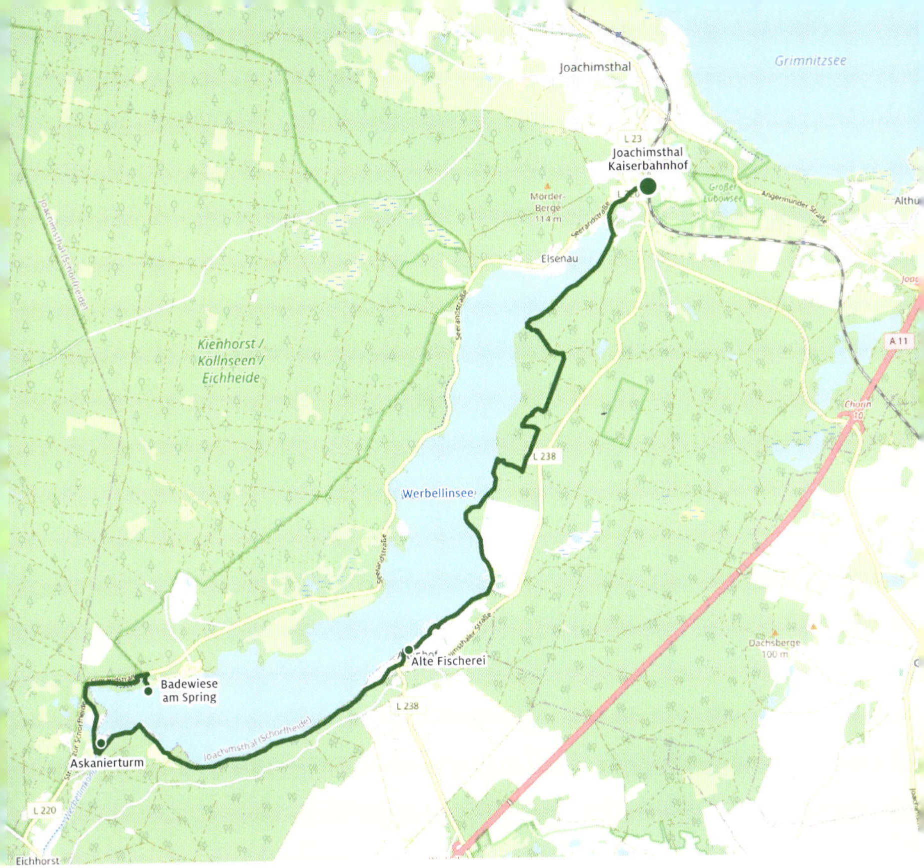

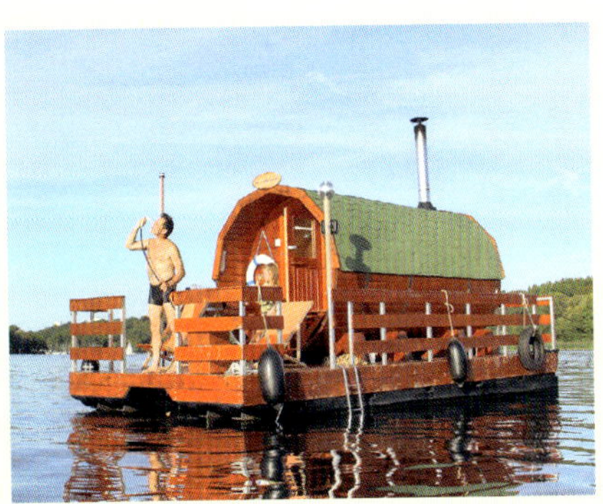

Bonustipp: Eine Sauna auf dem See ganz für sich allein – diesen Traum kann man sich auf dem Werbellinsee erfüllen. Das Saunafloss ist an 364 Tagen im Jahr zu mieten. Los geht's am Steg an der Badewiese Michen. Wir haben die »Nachtschicht« ab 17 Uhr am Steg gebucht und eine winterliche Vollmondnacht erwischt – Romantik pur! (https://saunafloss.info/)

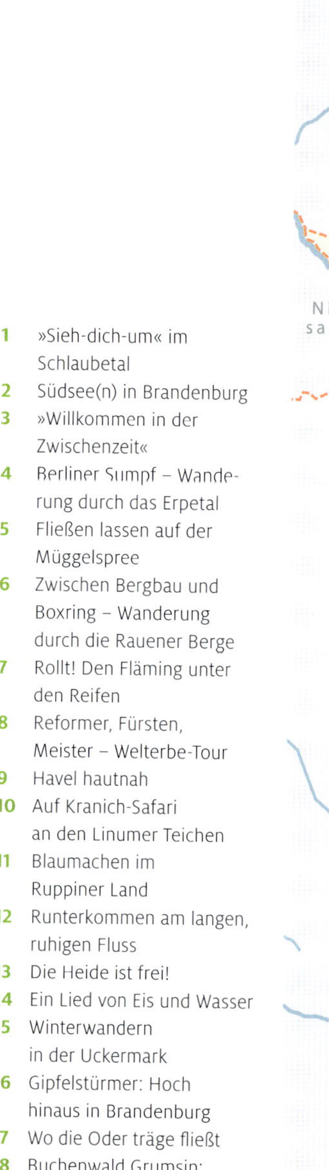

1 »Sieh-dich-um« im Schlaubetal
2 Südsee(n) in Brandenburg
3 »Willkommen in der Zwischenzeit«
4 Berliner Sumpf – Wanderung durch das Erpetal
5 Fließen lassen auf der Müggelspree
6 Zwischen Bergbau und Boxring – Wanderung durch die Rauener Berge
7 Rollt! Den Fläming unter den Reifen
8 Reformer, Fürsten, Meister – Welterbe-Tour
9 Havel hautnah
10 Auf Kranich-Safari an den Linumer Teichen
11 Blaumachen im Ruppiner Land
12 Runterkommen am langen, ruhigen Fluss
13 Die Heide ist frei!
14 Ein Lied von Eis und Wasser
15 Winterwandern in der Uckermark
16 Gipfelstürmer: Hoch hinaus in Brandenburg
17 Wo die Oder träge fließt
18 Buchenwald Grumsin: Im Rausch der Farben
19 Im Land der wilden Orchideen
20 Kaiserwetter im Herbst – ein Tag am Werbellinsee

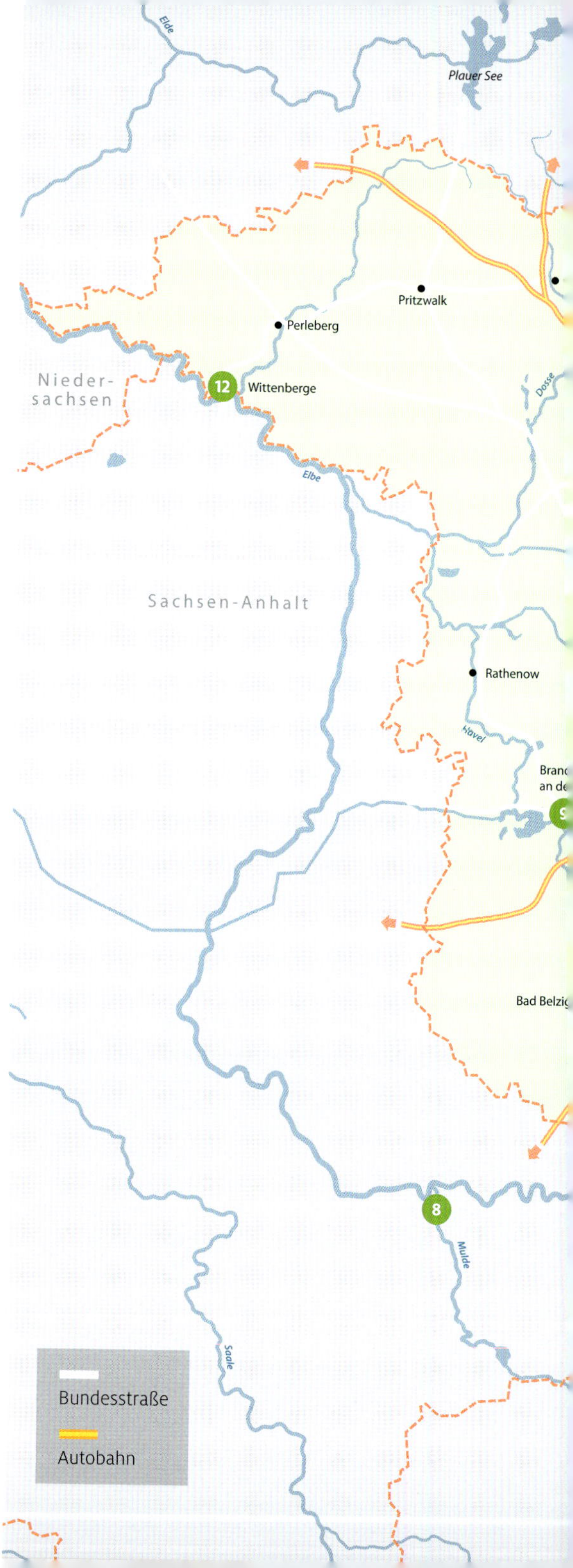

Elde
Plauer See
Pritzwalk
Perleberg
Nieder-
sachsen
12
Wittenberge
Dosse
Elbe
Sachsen-Anhalt
Rathenow
Havel
Bad Belzig
8
Mulde
Saale
Bundesstraße
Autobahn

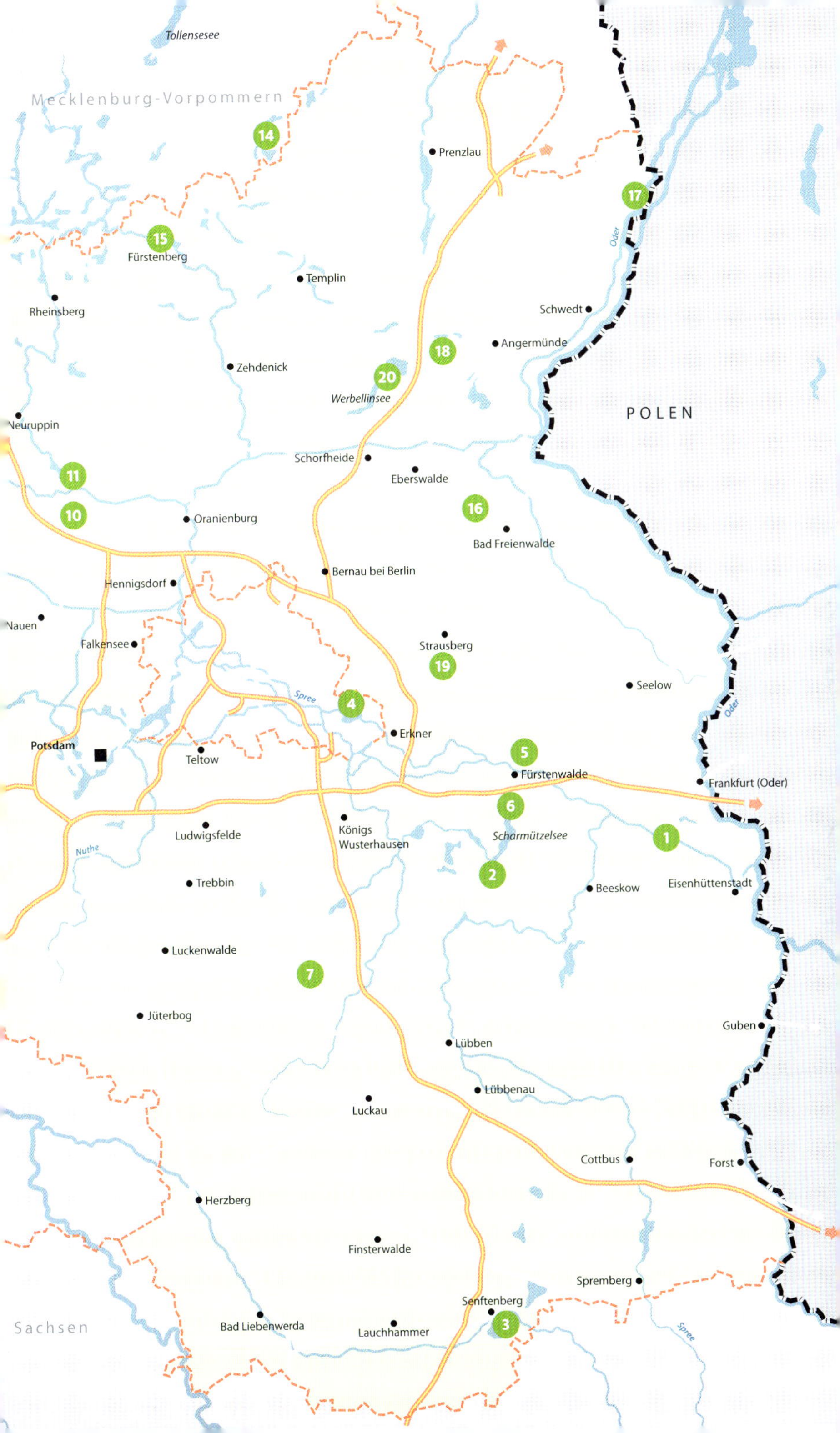

Tollensesee
Mecklenburg-Vorpommern
14
Prenzlau
17
Oder
15
Fürstenberg
Templin
Rheinsberg
Schwedt
Angermünde
18
Zehdenick
20
Werbellinsee
POLEN
Neuruppin
Schorfheide
Eberswalde
11
16
10
Oranienburg
Bad Freienwalde
Bernau bei Berlin
Hennigsdorf
Nauen
Strausberg
Falkensee
19
Seelow
Spree
4
Oder
Erkner
Potsdam
5
Teltow
Fürstenwalde
Frankfurt (Oder)
6
Ludwigsfelde
Königs
Wusterhausen
Scharmützelsee
1
Nuthe
2
Trebbin
Beeskow
Eisenhüttenstadt
Luckenwalde
7
Jüterbog
Guben
Lübben
Lübbenau
Luckau
Cottbus
Forst
Herzberg
Finsterwalde
Spremberg
Senftenberg
Sachsen
3
Bad Liebenwerda
Lauchhammer
Spree

GPS-Tourendaten

Die QR-Codes in den einzelnen Kapiteln führen Sie direkt zur jeweiligen Tour auf Google Maps. Wer mit einem GPS-Empfänger unterwegs ist oder die GPS-Tracks für die eigene Tourenplanung auf dem PC oder in anderen Anwendungen nutzen möchte, kann sich alle Tracks im GPX-Format auf der Webseite des Verlages herunterladen:

www.bebraverlag.de/images/verlag/medien/1256-gpx-dateien-zum-buch.zip

Die GPX-Dateien werden ausschließlich für die private, nicht kommerzielle Nutzung zur besseren Orientierung und zur Vorbereitung von Ausflügen zur Verfügung gestellt.

Alle Tracks und Wegpunkte wurden sorgfältig erstellt. Bitte beachten Sie jedoch, dass die Situation vor Ort je nach Navigationsgerät, Kartenmaterial, Software oder örtlichen Gegebenheiten, z. B. dichtes Blätterdach oder Streckensperrungen, von der aufgezeichneten Wegführung abweichen kann. Die Autorin übernimmt daher ausdrücklich keine Haftung für die Richtigkeit der Streckendarstellung.

Allerdings sind in vielen Ausflugsgebieten auch grafische Übersichtskarten und Wegweiser zu finden, die die Orientierung im Gelände erleichtern. Im Zweifelsfall kann eine topografische Karte im Reisegepäck nie schaden.

Über die Autorin

Ilona Schäkel arbeitet als freiberufliche PR-Beraterin und Redakteurin in Berlin. In ihrer Freizeit betreibt sie den Blog »Kleine Fluchten«, in dem sie verrät, in welchen grünen Oasen sie sich eine Auszeit nimmt, wenn die Metropole sie nervt – auf Reifen, Rollen und zu Fuß, mit Paddel, Rucksack oder Klettergurt.

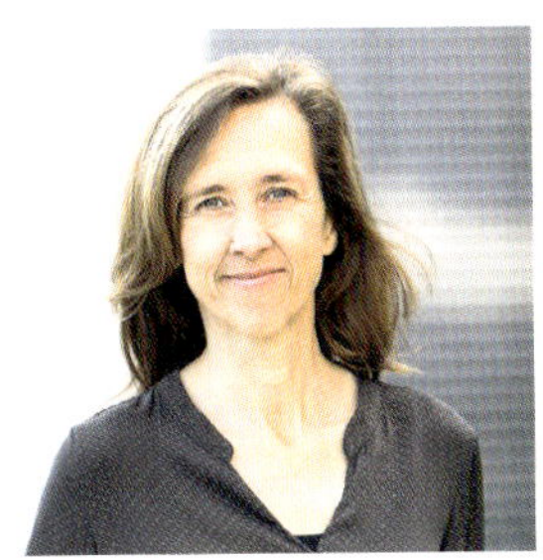

Bildnachweis

Adobe Stock: S. 69, 146
Besucherbergwerk F60: S. 40
Biermann, Felix: S. 197 (Zeichnung: Ottilie Blum), erschienen in: F. Biermann/ R. Blum/ J. Seifert: Ein markgräflicher Pfahlbau im Werbellinsee: die spätmittelalterliche Kemlade von Altenhof (Brandenburg). In: Burgen und Schlösser 61, 2, 2020, S. 66–94. (kostenloser Download über www.academia.edu)
Engelhardt, Dirk: S. 201 unten
Gundlach, Lars: S. 156 oben
JokeAir Berlin: S. 14
Museum Fürstenwalde: S. 54 (Carl Bürmann)
Palm, Peter: S. 202/203 (Kartenbearbeitung typegerecht berlin)
Pawelke, Britta: S. 149
picture alliance / dpa / Stephan Schulz: S. 73 oben
picture alliance / dpa / Bernd Settnik: S. 128
Schwabe, Christian: S. 7
Alle übrigen Fotografien stammen von Ilona Schäkel.

Karten: © OpenStreetMap contributors (Bearbeitung typegerecht berlin)

ENTDECKEN SIE BRANDENBURG!

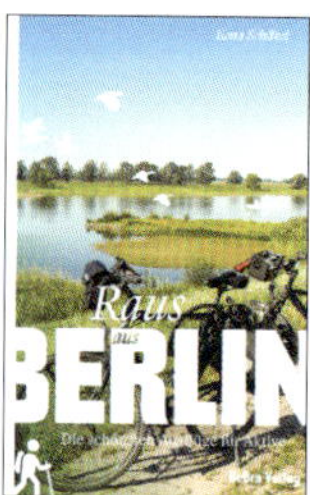

Ilona Schäkel
Raus aus Berlin
Die schönsten Ausflüge für Aktive
ISBN 978-3-89809-241-8

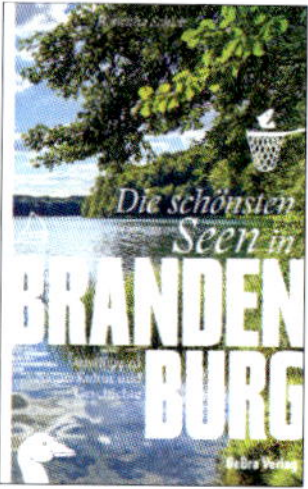

Roswitha Schieb
Die schönsten Seen in Brandenburg
Ausflüge zu Natur, Kultur und Geschichte
ISBN 978-3-89809-240-1

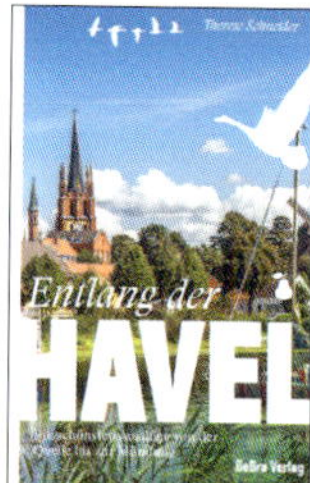

Therese Schneider
Entlang der Havel
Die schönsten Ausflüge von der Quelle bis zur Mündung
ISBN 978-3-89809-242-5

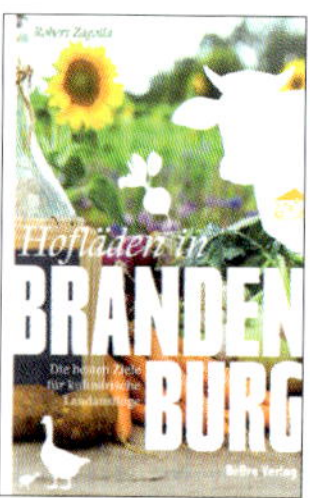

Robert Zagolla
Hofläden in Brandenburg
Die besten Ziele für kulinarische Landausflüge
ISBN 978-3-86124-758-6

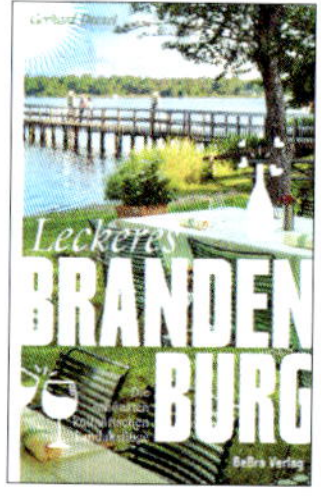

Gerhard Drexel
Leckeres Brandenburg
Die schönsten kulinarischen Landausflüge
ISBN 978-3-89809-219-7

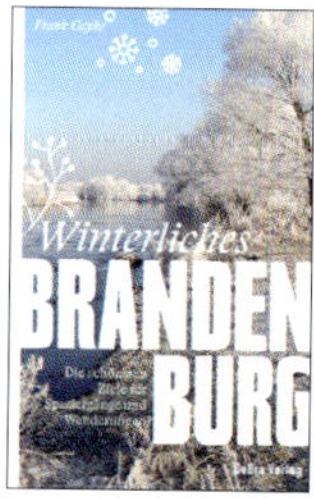

Frank Goyke
Winterliches Brandenburg
Die schönsten Ziele für Spaziergänge und Wanderungen
ISBN 978-3-86124-757-9

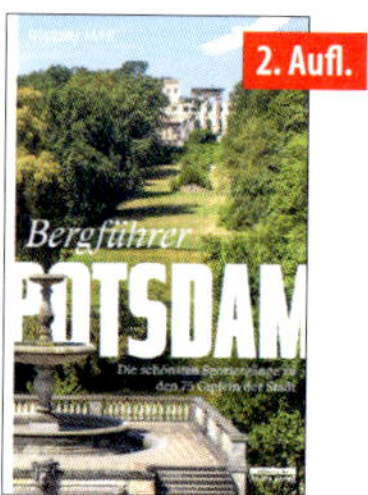

Wolfgang Mörtl
Bergführer Potsdam
Die schönsten Spaziergänge zu den 75 Gipfeln der Stadt
ISBN 978-3-86124-745-6

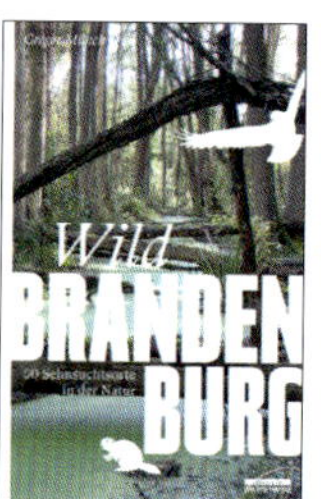

Gregor Münch
Wild Brandenburg
50 Sehnsuchtsorte in der Natur
ISBN 978-3-86124-755-5

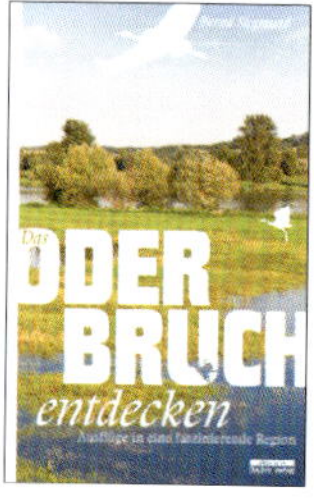

Bernd Siegmund
Das Oderbruch entdecken
Ausflüge in eine faszinierende Region
ISBN 978-3-86124-747-0

DIE BESTEN AUSFLUGSIDEEN FÜR BERLIN

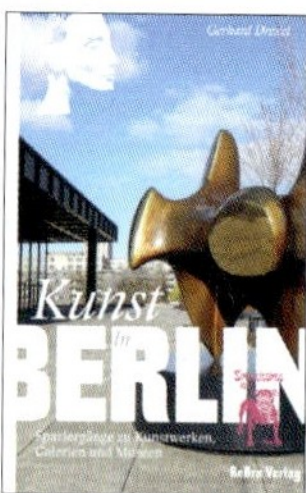

Gerhard Drexel
Kunst in Berlin
Spaziergänge zu Kunstwerken, Galerien und Museen
ISBN 978-3-8148-0283-1

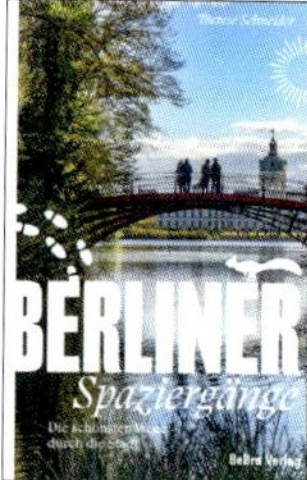

Therese Schneider
Berliner Spaziergänge
Die schönsten Wege durch die Stadt
ISBN 978-3-8148-0284-8

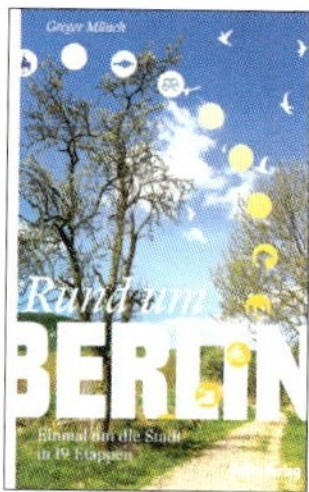

Gregor Münch
Rund um Berlin
Einmal um die Stadt in 19 Etappen
ISBN 978-3-8148-0298-5

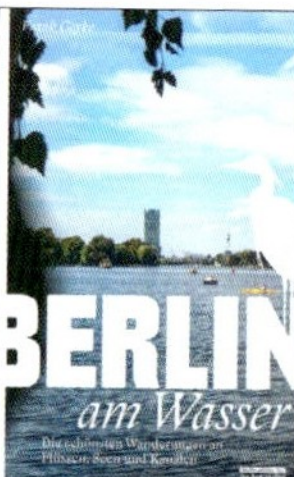

Frank Goyke
Berlin am Wasser
Die schönsten Wanderungen an Flüssen, Seen und Kanälen
ISBN 978-3-8148-0253-4

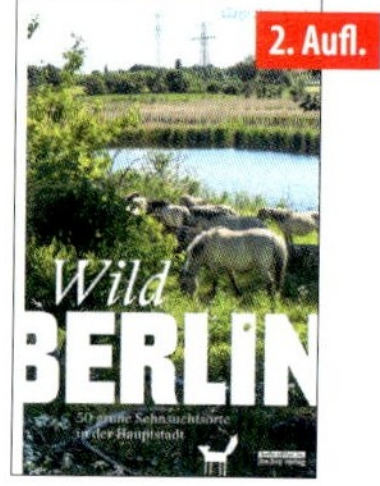

Gary Schunack
Wildberlin
50 grüne Sehnsuchtsorte in der Hauptstadt
ISBN 978-3-8148-0254-1

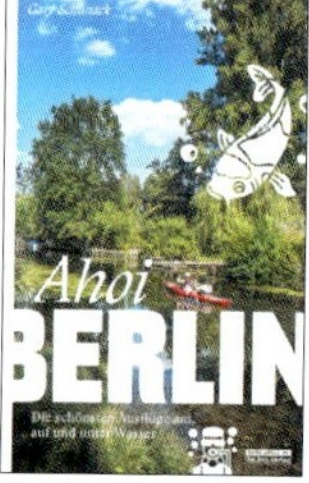

Gary Schunack
Ahoi, Berlin
Die schönsten Ausflüge am, auf und unter Wasser
ISBN 978-3-8148-0255-8

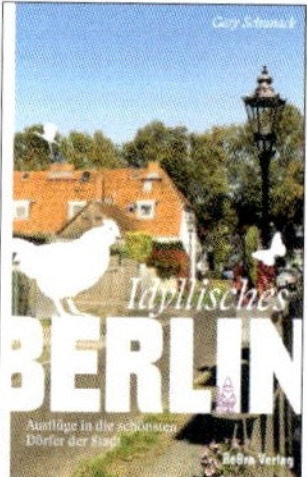

Gary Schunack
Idyllisches Berlin
Ausflüge in die schönsten Dörfer der Stadt
ISBN 978-3-8148-0257-2

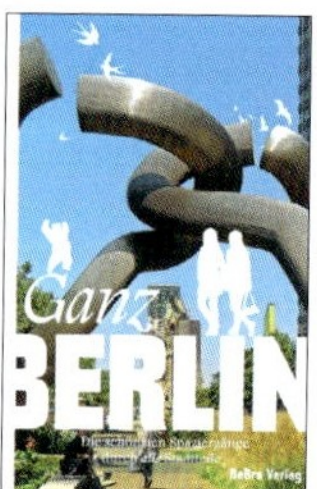

Ganz Berlin
Die schönsten Spaziergänge durch alle Stadtteile
ISBN 978-3-8148-0276-3

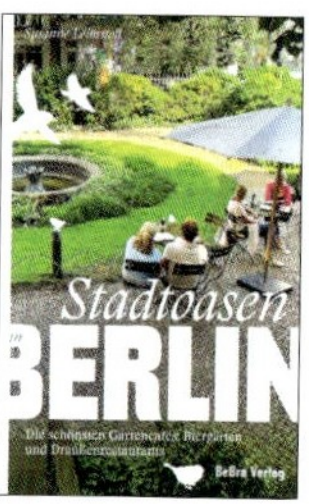

Susanne Leimstoll
Stadtoasen in Berlin
Die schönsten Gartencafés, Biergärten und Draußenrestaurants
ISBN 978-3-8148-0268-8